高等职业教育建设工程类"十三五"规划教材　关学增·总主编

创业与职业拓展

——大学生创业之九问

主　编　赵　霖
副主编　张俊君　种明慧
参　编　程　磊　王山青　杨彦凯

河南大学出版社
HENAN UNIVERSITY PRESS
·郑州·

图书在版编目(CIP)数据

创业与职业拓展:大学生创业之九问/赵霖主编. —郑州:河南大学出版社,2016.8
ISBN 978-7-5649-2547-5

Ⅰ.①创… Ⅱ.①赵… Ⅲ.①大学生－创业－高等职业教育－教材 Ⅳ.①G647.38

中国版本图书馆 CIP 数据核字(2016)第 208559 号

责任编辑:朱春华　辛豫杰
责任校对:朱春华
封面设计:郭　灿

出　版	河南大学出版社		
	地址:郑州市郑东新区商务外环中华大厦2401号	邮编:	450046
	电话:0371-86059701(营销部)	网址:	www.hupress.com
排　版	郑州市今日文教印制有限公司		
印　刷	新乡市凤泉印务有限公司		
版　次	2016年8月第1版	印　次	2016年8月第1次印刷
开　本	787mm×1092mm　1/16	印　张	15.75
字　数	373 千字	定　价	30.00 元

(本书如有印装质量问题,请与河南大学出版社营销部联系调换)

前　言

"大众创业、万众创新"简称"双创"已成为当今最流行的发展关键词。其实人类历史的每一次技术飞跃和发展进步,都无不与"创新创业"紧密联系,尤其是跨入21世纪知识经济时代后,拥有创新创业人才将是推动各国经济发展的核心竞争力。步入新常态的中国经济,其增速从高速转为中高速,经济结构需不断优化升级,以投资、外贸为主的传统增长模式要转换为创新驱动发展模式。顺应新形势、重塑新动力是我们保持中高速、迈向中高端的必由之路。新常态中的新动力就是创新创业,其目的就是要激发出蕴藏在13亿人口、9亿劳动力、7000万企业和个体工商户中的无穷创意和无限潜力,使国家经济机体充满生机活力。加强大学生创新精神和创业能力的培养,关系到高等教育培养的人才是否具有主动适应复杂多变的周边环境和积极应对未来世界挑战的能力,是否能够适应社会经济发展需要,是否能够承担振兴民族大业。习近平总书记在十二届全国人大会议上强调"要抓住时机,瞄准世界科技前沿,全面提升自主创新能力,力争在基础科技领域作出大的创新、在关键核心技术领域取得大的突破",李克强总理在《政府工作报告》中特别指出"双创"是推动发展的强大动力。党的十八大对创新创业人才培养作出了重要部署,国务院也对加强创新创业教育提出了明确的要求。

我们根据教育部关于大学生创新创业教育的最新精神,立足高职学生实际,以大学生创业九问为切入点,通过案例学习,将创新创业的基本知识、基本理论和基本技能进行讲解和训练,在理论够用、实践为主的原则指导下,将国际劳工组织开发的创业教育培训贯穿于始终,以培养大学生创新意识、创业精神和创业能力为宗旨,开拓学生视野和引导学生自主学习并举,并对大学生互联网创业进行了分析和展望。

本教材在课程设计中以学习目标和技能要求为问题开篇,引入理论概要、知识点、实践拓展、阅读思考等栏目,内容新颖,形式活泼,让学生更多地参与到教学的过程中,融知识性、实践性、趣味性于一体。编写组成员分工如下:赵霖撰写前言、创业之问一、九,张俊君撰写创业之问七、八,种明慧撰写创业之问二、六,杨彦凯撰写创业之问三,程磊撰写创业之问四,王山青撰写创业之问五。

本书在编写过程中得到了教学同行的支持和帮助,参考了相关文献和引用了相关网络资源(见参考文献),在此一并表示衷心感谢！由于编者水平所限,在本书编写中,难免会有疏漏和错误,恳请广大读者批评指正！

编者
2016年6月

目　录

创业之问一：我的专业能创业吗？ ……………………………………………（1）
　　知识点1　专业与职业 ………………………………………………………（1）
　　知识点2　创新与创业 ………………………………………………………（5）
　　知识点3　创新意识与创业精神 ……………………………………………（10）
　　【实践拓展】大学生创新创业思维开发 ……………………………………（13）
　　【阅读思考】从40后华为老总任正非和90后CEO王锐旭身上你看到了什么？
　　　　　　　………………………………………………………………………（13）

创业之问二：我适合创业吗？ ……………………………………………（17）
　　知识点1　认识自我 …………………………………………………………（17）
　　知识点2　认知职场 …………………………………………………………（34）
　　知识点3　创业与职业生涯发展 ……………………………………………（37）
　　【实践拓展】"双创"时代下的大学生职业生涯设计 ………………………（42）
　　【阅读思考】从360老板周鸿祎的创业谈里你听到了什么？ ……………（43）

创业之问三：我如果创业能成功吗？ ……………………………………（48）
　　知识点1　创业者 ……………………………………………………………（48）
　　知识点2　创业团队 …………………………………………………………（56）
　　【实践拓展】大学生创业者潜力评估及创业团队组建模拟 ………………（67）
　　【阅读思考】研究生"六味面馆"的倒闭带给你的启示是什么？ …………（73）

创业之问四：我该选择什么样的创业项目？ ……………………………（75）
　　知识点1　创意与创业构想 …………………………………………………（75）
　　知识点2　创业机会识别 ……………………………………………………（81）
　　知识点3　创业风险评估 ……………………………………………………（84）
　　知识点4　商业模式开发 ……………………………………………………（90）
　　【实践拓展】大学生创业项目选择与商业模式开发 ………………………（97）
　　【阅读思考】"互联网＋"让碎片化需求成为创业方向，你发现了吗？ …（98）

创业之问五：我具备什么样的创业资源？ (100)
    知识点1　创业资源概述 (100)
    知识点2　资源整合 (104)
    知识点3　创业融资 (107)
    知识点4　创业资源管理 (113)
    【实践拓展】大学生创业资源整合攻略 (119)
    【阅读思考】新一代网红PAPI酱融资 (120)

创业之问六：我的创业计划该怎么写？ (122)
    知识点1　创业计划概述 (122)
    知识点2　创业计划书的撰写步骤及规范 (124)
    【实践拓展】大学生创业计划书展示 (132)
    【阅读思考】撰写一份专业的创业计划书就等于你的创业成功了一半吗？ (136)

创业之问七：我怎么开办新公司？ (155)
    知识点1　认识创业政策与法规 (155)
    知识点2　选择企业的法律形式 (161)
    知识点3　新企业注册登记流程 (173)
    【实践拓展】大学生初创企业模拟 (177)
    【阅读思考】大学生互联网创业的起步选择有哪些？ (186)

创业之问八：我如何管理新公司？ (190)
    知识点1　新企业的营销管理 (191)
    知识点2　新企业的财务管理 (203)
    知识点3　新企业的顾客管理 (208)
    【实践拓展】大学生初创企业的风险控制 (215)
    【阅读思考】你认为互联网创业成败的关键是什么？ (217)

创业之问九：互联网时代大学生创业的风口在哪里？ (220)
    知识点1　"大众创业、万众创新"引领新常态 (220)
    知识点2　互联网时代的商业创新模式 (221)
    知识点3　"互联网＋"与"＋互联网"的创新创业浪潮 (223)
    知识点4　大学生互联网创业与职业拓展 (225)
    【实践拓展】大学生互联网创业需要注意的几个误区 (226)
    【阅读思考】你了解互联网大佬们和新宠都在想什么、干什么吗？ (227)

参考文献 (243)

创业之问一:我的专业能创业吗?

学习目标

通过寻求这一问题的答案,使学生了解专业、职业、创新与创业的概念,理解专业与职业的关系、创新与创业的关系,以及创新意识与创业精神在"大众创业、万众创新"时代背景下的意义和价值,正确认识并理性对待大学生创业与创业教育。

技能要求

◎创新思维开发

理论概要

专业与职业、创新与创业

知识点1 专业与职业

专业和职业,这两个词组对于大学生这个群体来说并不陌生,通俗地讲,是回答"我现在学习什么"和"我以后做什么"的问题。

一、专业

专业是指高等学校或中等专业学校根据社会分工的需要设立的学业类别。中国高等学校和中等专业学校,根据国家建设需要和学校性质设置各种专业。各专业都有独立的教学计划,以实现专业的培养目标和要求。

根据《普通高等学校高等职业教育(专科)专业目录(2015年)》,我们高职院校设置的专业大类是19个,专业类是99个,专业是747个。也就是说,现在我们学习的专业是这747个专业中的一个。例如:"建筑工程技术"专业,它属于"土木建筑"大类中的"土建施工"类;"工程造价"专业属于"土木建筑"大类中的"建筑工程管理"类;"汽车检测与维修技术"专业属于"装备制造"大类中的"汽车制造"类;"会计"专业属于"财经商贸"大类中的"财务会计"类;"投资与理财"专业属于"财经商贸"大类中的"金融"类;"学前教育"专业属于"教育与体育"大类中的"教育"类;等等。

另外,涉及医学、教育、公安与司法等与国家安全、公共安全、特殊行业密切相关的专业为国家控制的专业,简称"国控专业"。

对专业的分类不是一成不变的,随着时代的发展,专业的设置也是与时俱进的。2015版高职专业目录中,专业大类维持原来的19个不变,但排序和划分有所调整;专业类由原来的78个调整增加到99个;专业由原来的1170个调整缩减到747个。调整后的《专业目录》能够更好地推动专业设置与产业需求对接,课程内容与职业标准对接,教学过程与生产过程对接,毕业证书与职业资格证书对接,职业教育与终身学习对接,最终促进高等职业教育更好地服务经济社会发展和人的全面发展。

 知识链接

专业的划分主要是根据产业分类,下面是专业目录中讲到的19个专业大类。

1. 农林牧渔大类
2. 资源环境与安全大类
3. 能源动力与材料大类
4. 土木建筑大类
5. 水利大类
6. 装备制造大类
7. 生物与化工大类
8. 轻工纺织大类
9. 食品药品与粮食大类
10. 交通运输大类
11. 电子信息大类
12. 医药卫生大类
13. 财经商贸大类
14. 旅游大类
15. 文化艺术大类
16. 新闻传播大类
17. 教育与体育大类
18. 公安与司法大类
19. 公共管理与服务大类

二、职业

职业是个人在社会中所从事的、有稳定收入的工作,既是人们实现人生价值、为社会作贡献的舞台,也是人们谋生及在社会中生存、发展的手段。

职业的内涵有四个要点:

第一,稳定的收入;

第二,要承担相应责任;

第三,是实现人生价值和进行自我完善的途径;

第四,是个人与社会相互联结的纽带。

职业是人的社会角色的一个极为重要的方面,往往成为一个人最基本的符号、最主要的特征。职业同时也是可以分类和分层的,职业分类往往由政府组织做出,具有权威性、法律性;而职业分层由社会做出,是社会的价值取向,为社会公众所认可和遵从。

目前,2015版《中华人民共和国职业分类大典》正式出版,标志着历时五年、七易其稿的1999版国家职业分类大典修订工作圆满结束。新版《大典》职业分类结构为8个大类,75个中类,434个小类,1481个职业。与1999版相比,维持8个大类、增加9个中类和21个小类,减少547个职业。

8个大类分别是:

第一大类:党的机关、国家机关、群众团体和社会组织、企事业单位负责人。包括23个职业。

第二大类:专业技术人员。包括451个职业。

第三大类:办事人员和有关人员。包括25个职业。

第四大类:社会生产服务和生活服务人员。包括278个职业。

第五大类:农、林、牧、渔业生产及辅助人员。包括52个职业。

第六大类:生产制造及有关人员。包括650个职业。

第七大类:军人。包括1个职业。

第八大类:不便分类的其他从业人员。包括1个职业。

 知识链接

表1-1 职业分类不同版本比较

	1999版	2015版
大类	8个	8个
中类	66个	75个
小类	413个	434个
职业	2028个	1481个

三、职业发展的趋势

随着科学技术的不断进步,经济和社会的迅猛发展,社会职业的数量、种类、结构、要求都在不停地变迁着,其发展趋势主要表现在以下几个方面:

(一)职业种类日益增多

古代社会中职业的种类很少,随着社会的发展,尤其进入工业社会后,职业的数量、种类越来越多,已远远超过了"三百六十行"。据有关资料介绍,全世界有职业种类近43000种。美国劳工部的一项研究指出,在2010年热门的10个职业,在2004年时并不存在。

(二)职业结构变化加快

纵观人类社会的历史,产业结构和行业结构变迁逐渐加快的速度是十分明显的。从农业革命到工业革命经历了数千年,而自18世纪60年代的第一次工业革命到目前的工业4.0,仅用了200多年。就在这200多年的时间里,不但经常出现新行业,且各行业主次地位的变化亦越来越快。第一次工业革命时期,主要行业是纺织业,直到20世纪,钢铁、汽车和建筑业才先后超过纺织业。但是,电子信息技术从产生、发展到成为一个主行

业,只用了几十年的时间。进入21世纪,知识经济时代的发展,将会给职业结构的变化带来又一次的飞跃。

(三) 脑力劳动职业增加

进入20世纪后,随着教育、文化、科学技术等领域的发展,脑力劳动职位在社会职位总额中所占的比重越来越大。中国社会科学院院长李强在《每日经济新闻》里给出预测:2050年我国白领劳动者占全体从业者的比例可达60%。

(四) 职业要求不断更新

有些职业,因新的工作设备和条件变化要求从业者必须更新知识和技术才能够胜任。例如,行政工作人员,在以前要求其具备较好的协调能力、文字能力、口头表达能力即可,但现在除要求他们具备上述能力以外,还要求具备公关、危机处理、计算机辅助管理和办公自动化操作能力等。另一些职业由于任务、职责有一定改变,对从业者的要求也会发生一定的变化。

四、专业与职业的关系

从数字上看,2015版《中华人民共和国职业分类大典》阐述分析了1481种职业。而专业,普通高等学校高等职业教育(专科)专业目录(2015年)把高职类专业分为747个。

(一) 专业学习是通向职业的桥梁

专业学习包括专业知识的学习、专业技能的掌握和专业能力的培养。大学生在校的专业学习,是为将来走向社会从事某一职业做必要准备,是通向职业生涯的桥梁。作为高职院校的学生,我们的培养目标是面向生产、建设、服务、管理第一线的技术技能型劳动者,也就是社会专业职业岗位的需求者。

(二) 专业与职业的关系

专业和职业呈现出的是一种复杂的相关关系,具体可以概括为3种。

(1) 一对多。一个专业不是针对一种职业,而是针对一个职业群。

(2) 多对一。一种职业需要多个专业的人才,即不同的专业可以发展成为同一个职业方向。

(3) 一对一。一个专业方向对应一个职业岗位,一般为技术性较强、专业分工明确的专业。

(三) 树立正确的专业与职业观念

在职业规划与升学决策中,专业选择是一个非常重要的战略抉择。要做好自己的职业生涯规划,必须客观、全面地看待专业与职业的关系。

【想一想】你对职业了解多少?通过什么方式了解的?现在的热门职业有哪些?

【头脑风暴】你的专业可以从事哪些职业?列举20种未来可能的热门职业。

知识点 2　创新与创业

一、创新

创新是以新思维、新发明和新描述为特征的一种概念化过程。在英语里,创新(innovation)一词起源于拉丁语的(innovare),意思是更新、制造新的东西或改变。创新是人类特有的认识能力和实践能力,是人类主观能动性的高级表现形式,是推动民族进步和社会发展的不竭动力。其实,创新的本质是"突破",即突破旧的思维定势、常规戒律,打破原有的体系和方法。创新活动的核心是"新",即提出全新的技术方案和方法,它或者是产品的结构、性能、外部特征的变革,或者是造型设计、内容的表现形式和手段的创造。

目前,中国正在实施创新驱动发展战略、促进经济提质增效升级,对创新型人才需求倍增,教育部对高校加强创新创业教育提出明确要求,提高创新创业能力是高校人才培养的重要任务之一。创新的魅力在于最大限度地激活主体的各种能量与潜力。教育家陶行知先生说过:"处处是创新之地,天天是创新之时,人人是创新之人。"

【精选案例 1-1】

创新·财富·情怀

1. 武大毕业生卖"校花"遭疯抢　一日进账过万

随着 6 月毕业季的到来,各大高校都在举办"闲鱼毕业集市",毕业生们纷纷在校内摆摊,低价出售自己带不走的书籍和生活用品。在武汉大学闲鱼毕业集市的众多摊位中,一个拉着"买武大校花,上闲鱼"横幅的摊位尤其吸引人眼球,走近才发现,卖的竟是武汉大学的"校花"——武大樱花。这些历年掉落的武大樱花被有心人拾起压干,裱在相框里。摊主是武汉大学新闻与传播学院的大四毕业生小险,据了解,"校花"刚摆出来就引来了许多人的围观购买,仅几个小时,小险竟已有 5 位数进账。

谈到卖"校花"的初衷,小险表示更多的是为了分享。在校期间他就经常通过闲鱼(一款专卖闲置物品的 APP)出售自己的旧物,来赚零花钱。临近毕业,即将离校的他为了纪念四年的青春,将他从 2013 年到 2016 年,大学四年收集的武大樱花标本,裱成相框,顺手放在闲鱼上卖,不料颇受毕业同学的关注,便联想到了这个商机。虽然现场也有多名同学试图与小险讨价还价,但依然不断地有同学愿意出高价"为情怀买单",尤其是 2013 年的樱花正值武大 120 周年校庆,更具纪念意义。因为人气爆棚,眼看几百份"校花"即将售空,却依然陆续有人问询,小险决定,让大家扫码预订,让学弟学妹们继续收集未来武大的樱花标本,打算毕业后在网上继续售卖。

2. 让筷子刻上温馨提醒带来超值利润

黑龙江有一家生产一次性卫生筷的企业,产品全部销往日本。该企业表面上经营得红红火火,但由于产品售价太低,利润很有限。后来该厂派专人到日本考察。考察人员发现:快节奏的生活使日本不少公司职员都忘记了日期。他将这个信息及时反映给公司领导,该厂马上改进生产工艺:在筷子上印上星期一到星期日的字样,一套七双,卖给快餐店。除此之外,还生产一些印有"母亲节"、"樱花节"、"情人节"、"成人节"等字样的祝福筷。这样,筷子起到了提醒日期的作用,情调和人情味也大大增强了,筷子的价格也因此水涨船高,由以前的每箱90元人民币提高到320元人民币。此举让该企业获利颇丰。

3. 给饺子"印名"引生意火爆

在山东诸城刘家村镇,有一对加工水饺的年轻夫妇。由于从事加工水饺的人有很多,他们的生意不温不火。在一次加工水饺时,他们偶然发现水饺底部有一些漂亮的花纹——这些花纹都是盛放饺子的器皿印上去的。这一意外发现让他们惊喜万分:何不将水饺都印上吉祥的文字,给客户在节日、生日、婚嫁时增添一份喜庆气氛呢?想到就做,他们专门请人设计制作了一套模具,分成福、禄、寿、喜四大系列,顾客可以根据自己的需要随意挑选。这种"吉祥"水饺一推出便大受客户的欢迎,不仅在当地畅销,而且还吸引了青岛等地的客商前来订货。一时间,这家水饺加工店的生意火爆异常,产品供不应求。这对颇有经营头脑的年轻夫妇还为自己的"吉祥"水饺注册了商标。

【点评】

上述三个案例中,无论是武大毕业生卖"校花"留纪念的创意,还是筷子企业日期的温馨提醒,以及"吉祥"水饺的祝福呈献,他们的成功都源于一个小小的创新。因为这一创新顺应了市场需求,在一定程度上满足了顾客的某种心理需要,产品卖得好自然在情理之中了。

知识链接

创新与创新教育

"创新"一词在国外最早出现于20世纪初。它的出现是和工业经济、社会先进技术的发展紧密联系在一起的。

美籍奥地利经济学家熊彼特1912年在其著作《经济发展理论》中首次提出了"创新"的概念。他将创新定义为"新的生产函数的建立",按照这一观点,创新包括技术创新(产品创新与过程创新)与组织管理上的创新。具体来说,创新包括以下五种情况:

(1)引入一种新产品,或提供一种新的产品质量;
(2)采用一种新的生产方法,可以是以新的商业方式来处理某种产品;
(3)开辟一个新的市场;
(4)获得一种新的供给来源;
(5)实行一种新的企业组织形式。

由此可见，创新是一种理念，它的概念包含的范围很广，可以说任何能提高资源配置效率的新活动都是创新。其中，既有涉及技术性变化的创新，如技术创新、产品创新、过程创新；也有涉及非技术变化的创新，如制度创新、组织创新、管理创新、市场创新、观念创新；等等。

1916年美国教育家杜威率先提出了"创造型人才"的学说。苏联教育家赞科夫在1957年至1977年间，通过教育实践研究使创新教育趋向系统化，他提出创新教育应发展学生三个方面的能力，即观察能力、思维能力、实际操作能力。20世纪60年代开始，日本把创新能力当作国家兴旺的关键，1982年成立了创造学会和创造开发研究所，在创造教育的教材建设、课程设置以及创造教育的教学方法等方面取得了显著的成绩。

中国教育史上对"创新"的提出可以追溯到公元前490年，墨子是中国历史上第一个实践并论述"创新精神"的教育家。他不同意儒家"信而好古，述而不作"的保守态度，提出了"述而且作"的创新精神。近代著名教育家陶行知，是中国近代创新教育的开拓者，他在教育实践中提出了"行知行"的思想，认为："行动产生、发展理论。行动所产生的发展理论还是为了指导行动，引着整个生活冲入更高境界。"

创新是不分国界的，也不分年龄和职业，它能够跨越空间与时间，每一代参与创新的人都为之付出了青春、激情和梦想。

一个民族要想走在世界前列，就不能没有科技创新，也不能停止理论创新。

二、创业

创业在《辞海》里的解释是：一个发现和捕获机会并由此创造出新颖的产品、服务或实现其潜在价值的过程。创业的内涵可归纳为：

第一，创业是一个创造、形成新价值的过程。是创业者或创业团队通过寻求机会对其所拥有的技术、商业方案、想法等有形与无形资源，通过努力进行优化整合，获得市场认可与接受，从而创造出更大经济或社会价值的过程；

第二，创业是一种劳动方式，也是一种生活方式。因此创业可以挖掘个人潜力，把自己的优势发挥得淋漓尽致，从而体现自身价值；

第三，创业面对的不确定因素多，没有固定的模式和标准。创业过程本身就是一个不断发现问题、解决问题、自我完善的过程；

第四，创业需要具备敏锐发现、把握机会的能力；

第五，创业成功的要素：机会、团队和资源。

三、创新与创业的关系

(一) 两者的联系

1. 创新与创业有着本质上的契合。创新的本质是打破原有的旧体系和方法及建立新体系和方法的过程，创业的本质在于把握机会，创造性的资源整合、创新和快速行动。

2. 创业是一个从无到有的实践过程。所以说创业的本质是创新，创新是创业的灵魂,两者之间存在密切的内在联系。

3. 创新是创业的基础,创业推动着创新。

(二) 两者的区别

1. 创新是创业的源泉。创业者只有在创业过程中持续保持旺盛的创新思维和创新意识,才可能产生新的富有创意的想法和方案,才可能不断寻求新的模式、新的出路,最终获得创业成功。

2. 创新的价值在于创业,创业推动并深化创新。创新的价值就在于将潜在的知识、技术和市场机会转化为现实生产力,实现社会财富的增长,造福于人类社会。而实现这种转化的根本途径是创业。

【精选案例 1-2】

大学生创业的得与失

1. 在校大学生办公司第一人——被誉为"清华爱迪生"的邱虹云

人物背景:邱虹云 1977 年出生于四川威远。1996 年以威远理科第一名考入清华,就读材料科学与工程专业,从大一的 1997 年起,连续 4 年参加清华大学每年一届最高规格的学生科技竞赛——"挑战杯"科技大赛,均获大奖:1997 年发明的"超长焦距变焦镜头"获第十五届"挑战杯"一等奖;1998 年发明的"新概念天文望远镜"获第十六届"挑战杯"特等奖;1999 年发明的"使用边缘弥散技术的彩色液晶视频投影装置"获第十七届"挑战杯"一等奖;2000 年发明的"实时视频色彩特技处理系统"获第十八届"挑战杯"一等奖,同年获"首届全国大学生创业计划大赛"金奖,1999 年发明的"使用边缘弥散技术的彩色液晶视频投影装置"获国家专利;2001 年被评为三年一评的"清华学生十杰",当年连续做出"三大发明":即"避免电磁辐射的手机耳机及话筒"、"长寿命高亮度大屏幕家用液晶投影电视"和"彩扩机数码冲扩附加装置"。2002 年,先后获上年"三大发明"的国家专利。

创业经历:1999 年 4 月,邱虹云、王科和徐中三位清华学生靠打工挣的钱和朋友、家人的资助,筹集 50 万元创办了"北京视美乐科技发展有限公司",即后来的"北京澳柯玛视美乐信息技术有限公司",旨在生产销售自己的专利产品"多媒体超大屏幕投影电视"。他边读书边创业,成为全国在校大学生办公司的第一人。两个月后,上海第一百货商店股份有限公司与"视美乐"签订分两期注入 5250 万元风险投资的协议,这是中国第一例本土化的风险投资。1999 年 12 月,"视美乐"的专利产品——多媒体超大屏幕投影机试验成功。2000 年 4 月 25 日,视美乐公司与青岛澳柯玛集团有限责任公司共同组建北京澳柯玛视美乐信息技术有限公司,注册资金 3000 万元,双方各占 50% 的股份。原视美乐公司的主要技术人员全部进入澳视公司。如今,青岛澳柯玛集团控股澳视 70% 的股份,三位视美乐创始人只作为小股东存在,相继退出了公司管理层。对于过去的创业经历以及后来的退出,这些曾经的创业大学生们都不愿再谈。而随着澳柯玛侵占上市公司资金案发的伤筋动骨,视美乐也从此一蹶不振。

2. 经历过三次创业失败的80后大学生李克的创业故事

李克是一个80后,2003年毕业于郑州一所不知名的高校,他选择了自己创业,而这个决定,源自他大学期间的一段打工经历。暑假时,为了挣些零花钱,李克在大街上找工作,莽莽撞撞地就进了连锁店避风塘当服务员。没想到由于工作卖力,开学后店长硬是拉着他不让走,不仅提升他为领班,还让步同意李克上午上学、下午上班。"正是这段经历,让我开始了创业之路,"李克说,"避风塘有着规范的经营模式,我管理着30多人。我觉得自己拥有了创业的能力。"于是,毕业后李克在学校附近模仿避风塘的模式开起了茶餐厅。DIY的室内设计,良好的成本控制,只经过四五个月,茶餐厅就开始盈利了。在茶餐厅经营蒸蒸日上之时,一个人提着80万元找到李克,希望和李克共同经营茶餐厅。李克也觉得这是一个可以扩大店面规模的机会,便欣然接受,并且连合同都没有签。没想到,两人不仅经营思路不同,那个合伙人还有很强的占有欲。李克慢慢觉得自己被排挤了,内讧对于一个企业来说是致命的,生意日渐冷清。终于有一天,李克拿着当天的营业额300元净身出户。第一次创业以失败告终,让他变得一无所有,而且进入了一个长达两年的低谷。但李克说,他一直把时间视作生命。在短暂的调整后,他又先后开了饭店和烟酒店,都是小投资,但同样以失败告终。

绝境中发现商机,无意中看到一条关于居民寻找家电清洗的新闻,让李克觉得这里大有商机。由于这是一个新兴行业,一无所知的他先是研究整个行业的发展趋势,又辗转多个地方进行实地市场调研。在确定了这是个好项目以后,李克便一头扎进当地的一家家电维修部,从零开始,学习基本功,了解家电的内部结构和维修。苦心学习半年后,有了项目、有了技术的李克开始寻找资金。这次,他吸取了最初的教训,在找到了一个志同道合的出资人的基础上,利用合同对双方的责任义务等作了详细说明。李克在2006年创办郑州蓝清科技有限公司(下称蓝清),最初是以清洗家电为主要业务,而现在已将业务重点放在了带电清洗上。到2009年,蓝清营业额已经突破300万元,净利润已经增长到150万元以上。短短三年,这家公司就从最初投入的2万元升值到了数百万元。在三年内,李克公司的地址换了三次,也代表了三个不同阶段,从最初的居民楼,到有些破旧的办公楼,现在,蓝清又挪到了繁华的郑州国贸中心。郑州移动公司、中国电信的河南多个分公司、河南省委、小浪底枢纽管理局等多家企事业单位都成为了他们的客户。交换机、移动基站、室外空调等内部很容易布满灰尘,通过清洗,可以防止设备故障,提高设备的工作效率和使用寿命。李克的目标是40岁之前创业板上市,成为行业领袖。他认为:"创业成功的含义是创造出一番值得你自己骄傲的事业,也许你并没有从事业中得到很多的金钱,但可以得到人们对你事业的赞赏和对你本人的欣赏,而不是用物质的富裕来证明成功。如果你单纯地为了金钱而去干,那不叫创业,你只是在挣钱而已。"

【点评】

清华高才生虽然拥有自己的专利技术,但缺乏对风险投资的认识和把控,最终只能黯然离场,但一个名不见经传的80后大学生凭借自己敏锐的市场嗅觉和对家电清洗业务的拓展,三年时间从2万做到营业额300万,目标40岁前公司创业板上市。可见,创业是否成功不取决于是"精英"还是"草根",更在于天时、地利、人和。

【课堂讨论】从这两个案例中你对大学生创业有哪些体会和感想？

知识点3　创新意识与创业精神

一、创新意识

创新意识是指人们根据社会和个体生活发展的需要，引起创造新事物的观念和动机，并在创造活动中表现出的意向、愿望和设想。其内容包括创造动机、创造兴趣、创造情感和创造意志。

创新意识与创造性思维不同，它是引起创造性思维的前提和条件，创造性思维是创新意识的必然结果。创新意识的培养和开发是培养创造型人才的起点，一个具有创新意识的民族才有希望成为知识经济时代的科技强国。

二、创新精神

创新精神是指要具有能够综合运用已有的知识、信息、技能和方法，提出新方法、新观点的思维能力和进行发明创造、改革、革新的意志、信心、勇气和智慧。创新精神是一个国家和民族发展的不竭动力，也是一个现代人应该具备的素质。

三、创业精神

创业精神是创业者在创业过程中的重要行为特征的高度凝练，主要表现为勇于创新、担当风险、团结合作、坚持不懈等。创业精神的本质是创新意识和主动精神。创业精神与学历无关，与企业大小无关，它是在创业过程中激发出来的一种潜能。

四、"双创"时代背景下培养创新意识和创业精神的意义和价值

我国经济发展进入新常态，既面临着重要的机遇，也伴随着新矛盾、新问题，政府、企业、学校为了更好地适应新常态，就要把握好创新驱动促进经济转型升级这个大方向，转型升级的根本就是要靠创新、创业，要着重关注新技术、新产品、新业态和新模式，让创新真正落到创造新的增长点上，把创新成果变成实实在在的产业活动，即创新转化为创业。显然，创新已经成为引领中国发展的第一动力。培养创新意识和创业精神就是顺应新常态，塑造新动力，是我们保持中高速、迈向中高端的必由之路。

中国开启"双创"行动，推进"大众创业、万众创新"是发展的动力之源、富民之道、公平之计、强国之策。从2014年9月总理首次提出"大众创业、万众创新"至今，"双创"的顶层

设计先后出炉,各级政府支持鼓励创新创业的政策措施不断完善升级。国家从"简"字入手激活市场,从"钱"字入手保障资金,从"机制"入手打造制度环境,对"双创"进行了全方位的政策布局,释放了清晰而明确的信号,创新创业在中国经济中的地位正在被提到前所未有的高度,也正在获得空前的大力支持。"创"时代已经来临,你准备好了吗?

其实,"大众创业、万众创新"的重点就是要推进各项产业"互联网化"发展。信息化是当今时代的突出特点,互联网已经成为人们生产和生活的重要组成部分,这就必然要求我们各项产业要适应"互联网化"的时代要求,在"互联网化"发展中创造更多的经济和社会价值。比如,美国推出了"工业互联网+"规划,德国的"工业4.0",中国的"互联网+"和"中国制造2025"规划等,都将利用互联网的平台,利用信息通信技术,把互联网和包括传统行业在内的各行各业结合起来,在新的领域创造一种新生态。只有具备了创新意识和创业精神的人,才会成为"双创"时代的弄潮儿,才会成为知识经济时代中国转型升级发展的生力军。

【精选案例1-3】

创新精神做事,创业精神做人

——深圳大疆创新科技有限公司创始人汪滔:做打动世界的产品

2015年初,美国《时代》杂志评选出2014年度十大科技产品,深圳市大疆公司的"精灵"系列航拍飞行器"Phantom2 Vision+"成为唯一入选的中国产品。在随后《纽约时报》发布的2014年杰出高科技产品中,大疆"悟"系列的无人机产品"DJI Inspire 1"则荣登榜首。作为大疆掌门人的汪滔是个80后"理工男",几年前还在深圳一套民房里办公,现如今已成长为一家有3000多名员工,客户遍布全球100多个国家,占有国际市场份额近七成的高科技公司。

"从小我就有一个关于'飞行'的梦想。"汪滔说。2005年,在香港科技大学电子及计算机工程学系就读的汪滔,把直升机自主悬停技术作为本科毕业设计课题。学校给了1.8万元港币作为课题的启动经费,但最终在做演示时,飞机却掉了下来。"毕业课题的评价仅仅是个C。"汪滔回忆。

毕业作品的失败,没有让汪滔气馁。他一个人跑到深圳,经过几个月没日没夜地钻研,终于在2006年1月做出第一台样品,得到航模爱好者的认可。

2006年,汪滔在导师支持下,拉上当年一起做毕业课题的两位同学,在深圳创立大疆。创业初期,公司只有五六个人,在居民区里办公。"那几年比较艰难,根本招不到优秀的人才。"大疆公司副总裁邵建伙回忆,"人来了,门一开,看是小作坊,基本上掉头就走。"面对困难,汪滔很从容。他认为,无论在哪个领域,困难都是所有创业者必须去面对的。对创业者而言,最重要的是保持一颗纯粹的心。"只有抱着'把事情做好的决心'坚持下去,才能在创业的道路上走得更远。"汪滔的坚持很快就得到了回报。2008年,大疆第一款较为成熟的直升机飞行控制系统XP3.1面市。"当时能够采用自主悬停技术的产品非常稀缺,一个单品就能卖到20万,钱很好赚。"汪滔说。创业的初步成功,并不能让汪滔满意,在他看来,过高的价格门槛会带来市场的局限。汪滔决定转型。

当时,多旋翼飞行器已经开始兴起,这给汪滔带来了灵感。大疆很快把在直升机上积累的技术运用到多旋翼飞行器上。"多旋翼市场起来之后,那时人人都在搞航拍。"汪滔说,大疆最初的核心产品是飞行控制系统。他发现,即便解决了飞机的操作难题,摄像机还是需要另外购买安装。"我们为什么不能做一个一体化的解决方案?"

2012年,大疆推出全球首款航拍一体机"大疆精灵Phantom1"。经由高度技术集成,大疆精灵将之前局限于航模爱好者的专业市场推广至大众消费市场,将单纯的飞行体验拓展至航拍体验后,不仅让大疆走上了高速发展的快车道,也引爆了整个无人机行业的市场需求。"大疆的成功,源自始终专注于产品的态度。"汪滔说。

固定悬停、自动返航、影像实时回传、GPS自动导航……在接下来的几年里,大疆始终以用户的体验反馈为依据,不断实现产品的升级换代。如今,大疆的产品已经占据全球70%的市场份额,大疆成为民用无人机领域当之无愧的领航者。

对于越发激烈的行业竞争,汪滔并不担心,而是始终保持着开放的态度。2014年11月,大疆推出SDK软件开发套件,把大疆已有的核心技术向后来的开发者开放。"希望此举能够将无人机产业推向一个新的高度。"汪滔说。

汪滔对竞争开放的态度,源于对大疆技术优势的绝对自信。"我们在无人机领域有着近10年的技术积累。"他表示,图像传输、云台技术和飞行系统是大疆的核心技术。这些技术拼接在一起,才形成了大疆现在的领先地位。

"无人机未来的发展方向,是在应用领域的创新,而不是价格上的竞争。"创业9年来,大疆始终将创造力作为发展的根本。目前,大疆3000多名员工中,研发人员数量超过700人,"研发力量是竞争对手的10倍以上。"汪滔说。

汪滔当年创业的初衷是做一个"容易飞的飞行器",后来逐步延展到"让更多的人体验不同的世界"。如今,这两个目标都已实现,汪滔的目光已看得更远。"一直以来,中国都缺少一个能够打动全世界的产品。'中国制造'也很难摆脱靠性价比优势去获得市场的尴尬局面。"汪滔表示,希望通过大疆对产品的精益求精,让中国制造贴上高质量、高品位的标签。

【点评】

大疆的成功源于它的掌门人汪滔志存高远的一颗纯粹的创业之心和专注于产品的态度。他永不放弃的创业精神,激励着他一直走在创新的路上,不管前方有多少困难和障碍,立志做"打动世界的产品"是多么令人敬佩。

 知识链接

创新思维的内涵

1. 定义:创新思维就是不受现成的、常规的思维束缚,寻求对问题全新的、独特的解决方法的思维过程。它不是与生俱来,是通过人们的学习和实践而不断培养和发展起来

的,创新思维是创新能力的核心。

2. 特点:新颖性、求异性、灵活性、突发性、反常性。

3. 类型:逻辑思维与形象思维、发散思维与收敛思维、求同思维与求异思维。

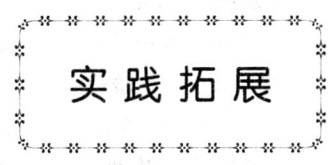

大学生创新创业思维开发

1. 对号入座票:小李去看电影,票价有两种:对号入座的16元,不对号的12元。小李拿出两张10元递进去,售票员问:要对号吗?后面的人递进去的也是20元,售票员问也没问,给了一张对号入座票,小李很奇怪,问售票员:他是你熟人吗?你知道他一定要对号入座票?售票员摇摇头。小李想了一会,忽然明白了,你知道是为什么吗?

2. 谁跟谁是夫妻:有三对夫妻聚会,先生们分别姓赵、钱、孙,女士们分别姓周、吴、郑。已知钱先生和周女士的丈夫,吴女士和郑女士均为第一次见面,所以请和大家都熟悉的孙先生给大家作介绍。根据这些条件,请回答,谁和谁是夫妻?

3. "传统××+互联网"有了××模式,如"传统集市+互联网"有了淘宝,"传统交通+互联网"有了滴滴出行,请你仿写一种新的业态,并分析"互联网+"战略对市场主体的影响。

4. 近年来社会上出现很多中介服务行业,如婚介所、房屋中介、留学中介、家政中介、职业介绍服务、大型会议服务、旅馆介绍服务、技术转让中介服务等,请思考,根据社会需求可成立哪些与上述服务内容不同的中介公司?

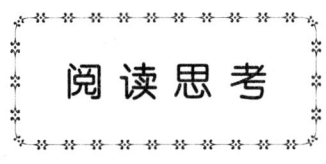

从40后华为老总任正非和90后CEO王锐旭身上你看到了什么?

1. 任正非和他的华为

4月16日,72岁的华为创始人任正非,深夜独自一人在上海虹桥机场排队等出租车的照片,刷爆朋友圈。5月30日他在全国科技创新大会上的发言"迷茫论"更是引发轩然大波。这位44岁时因被骗200万,不得不走上创业之路的"老头子",在近几年频频被奉为传奇,他所创办的华为被视为国内高科技产业的标杆企业,2015年的业绩超过了BAT(百度、阿里、腾讯)的总和,甚至颇有与苹果逐鹿天下的势头,为什么还会感到前途茫茫,找不到方向?其实,华为的迷茫,实际上是中国企业的困境。任正非认为,虽然近年来在应用创新上到达极限,但在理论创新上还是一片空白,长此以往,我们原有的优势必然被德国、美国等国家击溃。这样的话语从一位72岁但正如日中天的企业家嘴中说出,具有强烈的反差效果。但是,任正非和华为从来不惧怕危机,反而要在迷茫中完成"跟随者"向"引导者"的转变。不容否认,作为通信设备的后来者,华为从固网到移动网,之前都是跟随者。华为跟着领先者选定的目标,聚焦+发挥自身优势,逐渐缩小了与领先者的差距,目前已在多个领域与领先者并驾齐驱,甚至成为领先者。这时候,华为找不到直接学习的"标杆"了,"无人区"、"无人领航"、"无既定规则",华为自己成为了领航者,成为规则的制定者,成为全球产业生态中最积极的因素,这与之前跟随者的做法完全不一致,风险更高,失败可能性更大。有的领域自己孤独前行,"无人跟随",而有的领域又需要华为去吸引全球领先的、志同道合的企业和专业人才,一起共同推进。这对华为决策层提出了全新的考验,任正非表示,华为跟着人跑的"机会主义"高速度,会逐步慢下来,创立引导理论的责任已经到来。

同时,任正非抛出一个雄心勃勃的目标:2020年销售收入要超过1500亿美元。这相当于要在五年内在2015年608亿美元的基础上再增近900亿美元。要实现这个目标,建立在华为的持续创新基础之上。

任正非表示,要以战略耐性和巨大投入追求重大创新,用最优秀的人去培养更优秀的人。华为有八万多名研发人员,每年研发经费中,约20%～30%用于研究和创新,70%用于产品开发。未来几年,每年的研发经费会逐步提升到100亿～200亿美元。作为一家民营企业,这样的研发投入不仅让中国的企业汗颜,而且世界也刮目相看。

任正非表示,封闭的人才金字塔已炸开塔尖,开放地吸取"宇宙"能量、加强与全世界科学家的对话与合作,支持同方向科学家的研究,积极地参加各种国际产业与标准组织,华为创立引导理论的责任已经到来。华为不仅是我们中国民族企业的骄傲,更是企业创新发展的典范。

2. 90后CEO王锐旭和他的伙伴

在广州大学城国家家庭数字示范基地,入驻了很多大学生创业团队。其中,最有名气的是一家推出"兼职猫"APP的九尾科技公司。创始人王锐旭在2015年1月27日受邀参加中南海教科文体座谈会,与李克强总理进行面对面交流。王锐旭成为此次座谈会上唯一的广东代表,也是最年轻的代表。

王锐旭是广州中医药大学2014届毕业生,大学时就开始兼职,大二时和女朋友甄蔼仅成立了校园推广团队"魔灯",月入20万元。2013年8月,广州九尾信息科技有限公司成立,9月份APP"兼职猫"上线,短短5天内下载量超过5000次。不过,兼职猫上线以后因为需要大量人力和财力的投入,团队在2013年的冬天进入了调整期。当时有几个月时间收支无法持平,进入了亏损期。就在急需资金的时候,广州VC机构创新谷向其抛来了橄榄枝。创新谷合伙人朱波注意到了王锐旭团队,想要看看他们的商业计划书,当时他们连商业计划书都没有,连夜赶制了一份PPT发过去,后来和朱波见面,不到半小时就敲定了融资。当时是想要70万人民币融资,朱波给了100万。获得融资后,兼职猫APP在产品研发上加大了投入。产品设计了两个端口,一个是面向求职者的C端,一个是面向企业的B端。一方面,大学生用户通过兼职猫APP找到附近靠谱的兼职工作,利用闲散时间赚钱攒生活费;另一方面,企业通过平台发布招聘信息以及广告推广。

2014年12月,九尾科技公司又获得A轮千万级别的风险投资,挚信资本投资300万美元,公司估值近亿元。

目前,兼职猫已经开通了200多座城市,求职者端口的下载量是500万,企业端口的下载量15万,月活跃量100万,月营业收入在100万元左右。

受总理接见让团队获得了过多关注,王锐旭向记者坦言:"有段时间我们有些浮躁,但很快就调整过来了,把更多精力放在产品上。"目前,他们的B轮融资也基本敲定,金额可能达到亿元人民币。

在最新的版本中,兼职猫推出了"兼职保险"。据悉,只要报名兼职猫带有认证标志的兼职,如果用户被骗,兼职猫将会提供赔付,赔付金额250元/次。

对于兼职APP而言,用户的安全保障至关重要。入驻平台的所有企业,兼职猫团队都会进行上门认证、实地考察,确保大学生兼职环境的安全。另外,兼职猫同步推出与认证企业合作的"快结兼职",只要用户完成工作,工资将马上获得结算,绝不拖欠。

兼职猫目前盈利模式主要有三部分,都是从企业方获取,包括服务费、佣金以及增值服务。与其合作的大部分企业都希望平台能够承接公司所需的兼职,招聘临时劳务派遣所有工作,平台收取相应的服务费。与此同时,一旦促成招聘,平台会收取一定比例的佣金。增值服务主要是页面广告信息,为了不影响用户体验,他们目前没有接太多广告。最近,平台上线了特定板块"喵任务",采用"众包兼职"的概念,帮助企业完成问卷调查、市场评估以及消费者体验回馈等调查。以前企业都会雇佣专人团队来完成大学生市场调查。现在,兼职猫平台可以帮助企业完成。未来,平台将上线更多个性化的服务。

目前,兼职猫平台还和支付宝芝麻信用达成战略合作,共同建立大学生征信系统。支付宝也是看中了兼职猫平台上的大学生兼职大数据,中国大学生征信系统基本处于空白阶段,而兼职工作经验就是很好的数据。

成功得益于市场定位和创业态度。对于兼职猫来说,它无论是在市场流量还是用户基数上都难敌综合型网站,大学生兼职市场是一个很好的切入点,找准一个好的切入点不仅不会限制它的发展,还可利于它长期发展。随着中国大学不断进行扩招,大学生群体也在不断扩大,大众创业的时代,大学生对实践更加渴望,大学生兼职市场可挖掘空间非常大。相比大量的 APP 开发者而言,兼职猫的盈利模式还是比较清晰的,只不过它也没能打破从传统在线招聘网站盈利模式的桎梏。兼职猫盈利水平与大多数处于起步阶段的互联网公司一样,并不算高。兼职猫的市场定位比较清晰,用户积累量和活跃度也在不断提升,未来盈利能力有望提高。兼职猫正在计划推出企业版 APP,为企业提供更多的增值服务,以丰富利润来源。

【点评】

无论是年逾 70 的任老总还是 20 刚出头的小王总,他们虽然年龄相差半个世纪,但他们身上都有一个共同的特质:创新与专注。任正非曾说,华为的成功在于二十多年来,坚持一条路走到黑,只在一个领域做到世界最好。"兼职猫"在资本寒潮下,仍然风光在线,主要也是得益于它小而专的市场定位和团队用心做产品的创业态度。

现在我们来回答开篇之问:"我的专业能创业吗?"答案是不言而喻的。从 40 后到 90 后,从"大疆"到"蓝清",从"白手起家"到"风险投资",他们的故事告诉我们,创业不问出身,创业人人可为,但创业成功需要不断创新,创新是一种素质,创业是一种能力。作为"双创"时代下的大学生,要勇于创新,敢于创业,但创业的道路是坎坷和曲折的,你需要做好准备再出发,成功永远属于怀揣梦想有责任有担当的创业者!

创业之问二:我适合创业吗?

学习目标

通过本篇学习,使学生更加清楚地认识自己与职场,了解创业对个人职业生涯发展的积极作用,以及创业能力和创业精神在个人职业生涯设计中的意义和价值,正确认识并理性对待创业。

技能要求

◎明确自身优势与职业方向。
◎掌握个人职业生涯规划的步骤。

理论概要

自我、职场、创业与职业生涯规划

知识点1 认识自我

千百年来,人们就对自我表现出浓厚的兴趣,老子说:"知人者智,自知者明,胜人者有力,自胜者强。"对于每个人来说,清晰地了解自己是一个重大的人生课题,只有清楚自己的优势与特长、劣势与不足,才能知道自己适合做什么,对自己的职业发展方向作出正确的选择,才能选定适合自己发展的职业生涯路线。

【课堂小练习】学会认识自己。

用一张A4白纸写下"我的理想生活是什么"?

1. 要尽量写,不要有所限制,不必管那些目标该用什么方式实现,否则,将来的成就也会受限。

2. 下面的关键词有助于你完成这个练习:价值取向、收入、家庭、工作方式、生活方式、人际关系、休闲娱乐。

 知识链接

自我探索的重点领域

1. 价值观和职业价值观。
2. 兴趣和职业兴趣。
3. 能力和职业能力。
4. 性格和职业性格。
5. 目标和职业目标。

一、价值观

"什么样的工作才算是好工作?"

对你而言什么是最重要的?家庭?工作?金钱?

大多数时候,我们根据自己的价值观采取行动,虽然往往没有意识到这一点。我们必须明白,人生的方向完全受控于个人价值观的指引,它就像一股无形的力量,无时无刻不在影响着我们作出何去何从的决定,最后也就决定了我们的一生。

研究发现,约有93%的人不清楚自己的价值观是什么,甚至也不知道自己忙来忙去究竟要到哪里去,如同水面上的浮萍一样,糊里糊涂地过了一生。

职业价值观是人们谋取一份职业的社会行为目的,决定人的职业方向和职业行为,影响人在职业活动中的态度,是人在从业过程中的驱动力。不同的人职业价值观不同。美国心理学家洛克奇(Milton Rokeach)在《人类价值观的本质》(The Nature of Human Values)(1973年)一书中,提出了13种价值观。

1. 成就感:提升社会地位,得到社会认同;希望工作能受到他人的认可,对工作的完成和挑战成功感到满足。
2. 美感的追求:能有机会多方面地欣赏周围的人、事、物,或自己觉得重要的有意义的事物。
3. 挑战:能有机会运用聪明才智来解决困难;舍弃传统的方法,而选择创新方法处理事务。
4. 健康:包括身体和心理健康,工作能够免于焦虑、紧张和恐惧;希望能够心平气和地处理事务。
5. 收入与财富:工作能够明显、有效地改变自己的财务状况;希望能够得到金钱所能买到的东西。
6. 独立性:在工作中能有弹性,可以充分掌握自己的时间和行动,自由度高。
7. 爱、家庭、人际关系:关心他人,与别人分享,协助别人解决问题;体贴关爱他人,对周围的人慷慨。
8. 道德感:与组织的目标、价值观、宗教观和工作使命能够不相冲突,紧密结合。

9. 欢乐:享受生命,结交新朋友,与别人共处,一同享受美好时光。

10. 权力:能够影响或控制他人,使他人按照自己的意思去行动。

11. 安全感:能够满足基本的需求,有安全感,远离突如其来的变动。

12. 自我成长:能够追求知识上的刺激,寻求更圆融的人生,在智慧、知识与人生的体会上有所提升。

13. 协助他人:体会到自己的付出对团体是有帮助的,别人因为你的行为而受惠颇多。

一般来讲,绝大多数人的职业价值取向不是单一的,往往有多种,是综合性取向。但不同的人既在取向范围上有区别,也在取向重要性排序上有区别。

 知识链接

职业价值观从何来

1. 父母。
2. 自己崇拜的人。
3. 影视作品。
4. 自己内在心理需求。

【感悟与训练1】

你的价值观是什么

价值观是在生活中有最重要、具有最高优先度的事情,它将直接影响我们如何付出自己的时间、精力和金钱,也决定了我们的生命品质;价值观支配着生活中的每一件事,是决定我们如何作出选择和行动的关键因素。从你所穿的衣服、所看的书籍、所开的汽车,所住的房子,到教育孩子的方式,这一切都受价值观的影响。

不能清楚地说出自己最想要的是什么,请试一试这三个办法。

方法1:拿一张A4纸,写下所有想要的东西。

健康、金钱、幸福的家庭、爱情、事业、自由自在、旅行、安定……

写完之后,画去你认为最不重要的一项,再在剩下的项目中画去一个最不重要的,一直画下去,直到只剩下一项,它就是你最重视的东西。

方法2:以下提供了一些有关价值观的形容词,把你觉得应该选的词和你真正想选的词都画出来。你也可以把自己认为重要但没有出现的词或词组加进去。

创新、成功、富有、卓越、挑战、冒险、亲情、快乐、健康、自由、美丽、勇气、自信、幸福、关心、学习、服务、奉献、真诚、真实、兴奋、爱、尊重、尊严、安全、稳定、活泼、智慧、伟大、权利、幽默、高雅、高尚、和谐、正义、简洁、乐趣、活力、公平、和平、自律、毅力、诚信、体贴、吸引、热情、忠诚、舒适、享受、完美、娱乐、独立、耐心、浪漫、感激、激情、家庭、同情、发明、鼓舞、控制、休闲、平静、造诣、教导、公正、认同、助人为乐、成就感、创造力。

方法3：心理测试。

这份问卷的目的是要了解你考虑未来的工作选择时,有些工作性质或条件对你的重要性。请在下列每题前的方格中,填上1～5的数字。其中,5:非常重要,4:很重要,3:重要,2:不太重要,1:不重要。	
□1.能参与救难、济贫工作。	□31.能减少别人的苦难。
□2.能常欣赏完美的艺术作品。	□32.能运用自己的鉴赏力。
□3.能经常尝试新的构想。	□33.常需要构想新的解决办法。
□4.必须花精力去深入思考。	□34.必须不断解决新的难题。
□5.在职责范围内有充分的自由。	□35.能自行决定自己的工作方式。
□6.可以经常看到自己的工作成果。	□36.能知道自己的工作绩效。
□7.能在社会上扮演更重要的角色。	□37.能让你觉得出人头地。
□8.能指导别人如何处理事务。	□38.可以发挥自己的领导能力。
□9.收入能比相同条件的人高。	□39.可使你存下很多的钱。
□10.能有稳定的收入。	□40.有完善的保险与福利制度。
□11.能有清静、不受干扰的工作场所。	□41.工作场所有很现代化的设备。
□12.主管善解人意。	□42.主管能采取民主开放的领导方式。
□13.能经常与同事从事休闲活动。	□43.不必和同事有利益冲突。
□14.能经常变换职务。	□44.可以经常变换工作场所。
□15.能成为你想成为的人。	□45.常让你觉得如鱼得水。
□16.能帮助穷困、不幸的人。	□46.能常帮助他人解决困难。
□17.能增添社会的文化气息。	□47.能创作优美的作品。
□18.可以自由提出新颖的构想。	□48.常需要提出多种不同处理方案。
□19.必须不断学习才能胜任。	□49.必须对事情作深入的分析研究。
□20.在工作时可以不受他人干涉。	□50.可以自行调整工作进度。
□21.常觉得自己的辛劳没有白费。	□51.工作结果能受到别人的肯定。
□22.能使你更有社会地位。	□52.能够很自豪地介绍自己的工作。
□23.能够分配、调整别人的工作。	□53.能为团体拟订工作计划。
□24.能常常加薪或分红。	□54.收入比其他行业高。
□25.生病时能得到妥善的照顾。	□55.不会轻易被解雇或裁员。
□26.工作地点的光线、通风良好。	□56.工作场所整洁、卫生。
□27.有一个考核公正的主管。	□57.主管的学识或品德能让你敬佩。
□28.能与同事建立深厚的友谊。	□58.能认识很多风趣的伙伴。
□29.工作的性质常会变化。	□59.工作内容常随时间而变化。
□30.能实现自己的理想。	□60.能充分发挥你的专长。

计分方式：

职业价值观	题　号	分　数
1. 利他主义	1,16,31,46	
2. 美的追求	2,17,32,47	
3. 创造发明	3,18,33,48	
4. 智力激发	4,19,34,49	
5. 独立自主	5,20,35,50	
6. 成就满足	6,21,36,51	
7. 声望地位	7,22,37,52	
8. 管理权力	8,23,38,53	
9. 经济报酬	9,24,39,54	
10. 安全稳定	10,25,40,55	
11. 工作环境	11,26,41,56	
12. 上司关系	12,27,42,57	
13. 同事关系	13,28,43,58	
14. 多样变化	14,29,44,59	
15. 生活方式	15,30,45,60	

二、兴趣

兴趣可以影响人们的职业定向和职业选择，兴趣还可以开发人的能力，激发人们的探索和创造。广泛的兴趣可以使人善于应付多变的环境，即使变换工作性质，也能很快熟悉和适应新的工作。

职业兴趣是指人们对某种职业活动具有的比较稳定而持久的心理倾向。不同的人对于同一职业可能抱有积极的态度，同一个人对不同的职业可能抱有积极的态度。总之它表现为有从事相关工作的愿望和兴趣，拥有职业兴趣将增加个人的工作满意度、职业稳定性和职业成就感。

职业兴趣对职业的影响主要体现在三个方面。第一，职业选择的重要依据是兴趣。在关于外界环境信息较少时，人们更倾向于选择自己感兴趣的职业，如有的人喜欢机械类的工作，有的喜欢艺术类工作，还有的喜欢研究型的工作。因此，应对自己职业兴趣进行正确的评估，通过相应的测评，可以帮助个体获得较为有效的鉴定，从而帮助自己预测和进行职业选择。第二，兴趣可以增强职业的适应性。曾经有人在其研究中得到这样的结论，如果你从事的是自己感兴趣的职业，你的才能能发挥出全部的 $80\%\sim90\%$，而且能保持长效工作而不感觉疲劳；如果从事的是不感兴趣的职业，才能仅能发挥出全部的 $20\%\sim30\%$。所以说，兴趣可以促进能力的发挥和工作效率的提高，它是工作持久的原动力。第三，兴趣对工作满意度的影响很大。感兴趣的工作不仅会做得更长久，而且会使个体对自己的工作更加满意。在兴趣的驱动下，个体能够更大地发挥能力，使工作进行得顺利。有人曾对美国成功人士进行过一次调查，结果表明，被调查的人士中，有 94% 以上的人从事的都是自己感兴趣的职业。这充分表明，兴趣对自己的职业和职业的发展产生很大的影响。

(一)霍兰德的人职匹配理论

美国著名职业指导专家霍兰德(Holland)提出了职业活动意义上的人格类型——职业类型匹配理论。在《类型论》(1982年)中认为,个体的职业选择是人格特质的表现。他提出两个假设。

(1) 在我们的职场中,大多数的人可区分为六种类型:现实型、研究型、艺术型、社会型、企业型、事务型。

(2) 工作环境亦可区分为上述六种类型。

表 2-1 霍兰德模型的个性和环境特点

类型	劳动者个性特点	职业环境特点
现实型 (实际型)	攻击性 机械呆板倾向 重视现实 体魄强壮 传统的男子气质 借助手势表达问题 避免人际关系的任务	要求明确的、具体的、体力的任务 户外的 需要立即行动 需要立即强化 较低的人际关系要求
研究型	思考问题透彻 讲究科学性 有创造力 简明扼要	要求思考和创造性 思考任务倾向 极少社会要求 要求实验室设备但不需要强体力劳动
艺术型	成就感 害羞 彻底性、独创性 不合群 不喜欢有程序和内容要求的任务 较多的传统女性气质 情绪性的	解释和修正人类行为 对于优异有模糊的标准 喜欢长时间地埋头苦干 单独工作
社会型	责任感 人道主义 具有人际技能 解释和修正人类行为	要求高水平的沟通 帮助他人
企业型 (领导型)	依靠权力和威望来解决问题 善于口头表达 倾向于权力和地位	强调威望 完成督察性角色 需要说服他人 需要有管理行为
事务型 (传统型)	偏爱有程序和内容要求的工作 高度的自我控制 权力和地位的强烈认同	体力要求极低 户内的 人际技能需要较低

(二) 兴趣与职业

兴趣对人生事业的发展至关重要,所以兴趣自然是职业选择应考虑的重要因素之一。表 2-2 所示是加拿大职业分类词典中各种职业兴趣类型的特点与相应的职业。

表 2-2 各种职业兴趣类型的特点与相应的职业

类型	类型特征	适应的职业
1	愿与事物打交道,喜欢接触工具、器具或数字,而不喜欢与人打交道	制图员、修理工、裁缝、木匠、建筑工、出纳员、记账员、会计、勘测、工程技术、机械制造等
2	愿与人打交道,喜欢与人交往,对销售、采访、传递信息一类的活动感兴趣	记者、推销员、营业员、服务员、教师、行政管理人员、外交联络等
3	愿与文字符号打交道,喜欢常规的、有规律的活动。习惯于在预先安排好的程序下工作,愿干有规律的工作	邮件分类员、办公室职员、图书馆管理员、档案整理员、打字员、统计员等
4	愿与大自然打交道,喜欢地理地质类的活动	地质勘探人员、钻井工、矿工等
5	愿从事农业、生物、化学类工作,喜欢种养、化工方面的实验性活动	农业技术员、饲养员、水文员、化验员、制药工、菜农等
6	愿从事社会福利类的工作,喜欢帮助别人解决困难,这类人乐意帮助人,他们试图改善他人的状况,帮助他人排忧解难,喜欢从事社会福利和助人的工作	咨询人员、科技推广人员、教师、医生、护士等
7	愿做组织和管理工作,喜欢掌管一些事情,以发挥重要作用,希望受到众人尊敬和获得声望,愿做领导和组织工作	组织领导管理者,如行政人员、企业管理干部、学校领导和辅导员等
8	愿研究人的行为和心理,喜欢谈涉及人的主题,对人的行为举止和心理状态感兴趣	心理学、政治学、人类学、人事管理、思想政治教育研究工作以及教育、行为管理工作、社会科学工作者、作家等
9	愿从事科学技术事业,喜欢通过逻辑推理、理论分析、独立思考或实验发现和解决问题的、推理的、测试的活动,善于理论分析,喜欢独立地解决问题,也喜欢通过实验有所新发现	生物、化学、工程学、物理学、自然科学工作者、工程技术人员等

续表

类型	类型特征	适应的职业
10	愿从事有想象力和创造力的工作。喜欢创造新的式样和概念,大都喜欢独立的工作,对自己的学识和才能颇为自信。乐于解决抽象的问题,而且急于了解周围的世界	社会调查、经济分析、各类科学研究工作、化验、新产品开发,以及演员、画家,创作或设计人员等
11	愿做操作机器的技术工作,喜欢通过一定的技术来进行活动,对运用一定技术,操作各种机械,制造新产品或完成其他任务感兴趣,喜欢使用工具,特别是大型的、马力强的先进机器,喜欢具体的东西	制造等,飞行员、驾驶员、机械
12	愿从事具体的工作,喜欢制作看得见、摸得着的产品并从中得到乐趣,希望很快看到自己的劳动成果,并从完成的产品中得到满足	室内装饰、园林、美容、理发、手工制作、机械维修、厨师等

实际上,一种兴趣类型可以对应许多种职业,而每一个职业往往又都同时具有其中几种类型的特点。假如你要成为一名护士,那你就应有愿与人打交道(类型2)、愿热心助人(类型6)、愿做具体工作(类型12)这三个兴趣类型的特点;如果你对其中的某一方面缺乏兴趣,那就应努力培养和发展这方面的兴趣以适应护士职业的要求;否则,还是选择更适合你兴趣类型的职业为好。

【精选案例 2-1】

职业兴趣和责任

中央电视台《绝对挑战》有一期节目,是阿里巴巴旗下的淘宝网招聘商务谈判经理,当时,马云先生问了三个很经典的问题,其中一个是:"如果你感兴趣的事情你的上司偏不让你做,而你不感兴趣的事情,上司偏让你做,这时候,你会怎么办?"

当时二号选手说:"和上司沟通。"

"如果沟通不成呢?"马云接着问。

二号选手说:"那我要告诉他,不为结果负责任。"

马云先生意味深长地点了点头。

这个问题应该怎样回答?我们必须先搞清楚兴趣和职业究竟如何匹配。

第一,对于个人来讲,一定要做自己感兴趣的工作。

几乎每一个人都知道,人如果要长期发展,就要有动力,而"兴趣"是人发展中最重要的动力之一。但是,在现实中,很多人在选择职业时要"做自己喜欢的",实际行动中,选择的却是"看似不错的行业"、"容易进入的企业"、"待遇不错的工作"、"听上去有发展前景的事业"。尽管这些选择并没有错误,但是如果缺乏了兴趣——动力的来源,很可能出现的情况就是缺乏足够的竞争力,或者在面临困境和压力时难以坚持下去。

第二,对于职业人来说,不仅有兴趣,还要有责任。

有兴趣的人经常在职业中会受挫,因为很多事情不符合自己的兴趣,于是很多人疑惑:我应该选择自己感兴趣的工作,还是做工作感兴趣的事情。于是,对兴趣的看法也是衡量职业人成熟度的一个话题。

对于职业人来讲,只有兴趣还不够,还要有责任。经常是一部分工作让你感兴趣,也有一部分让你不感兴趣。比如,你喜欢和人打交道,但是不一定喜欢和各种类型的人打交道。所以每个人都会在工作中遇到兴趣和工作的冲突,这个时候,成熟的职业人会采取"暂时忍耐"的策略,以工作需要为重。

第三,对于职业经理人来讲,兴趣和职业的匹配是一个渐进和艰难的过程,很多时候不得不暂时放弃自己的兴趣。

成功的人都会讲,自己是如何感兴趣自己的工作,但是在成功的道路上,更多的时候很难做到兴趣和职业的匹配,比如,你喜欢自由,但是职业会有很多约束;你喜欢管理,但是经常被人管;你喜欢创意,但是经常要循规蹈矩;你喜欢做事,但是经常陷入在"办公室政治"中不能自拔。

【点评】

职业生涯的道路上,太多的职业人面临着"如何接纳一个不喜欢的职业状态"的挑战,有的时候甚至是改变自己的核心价值观的问题。在多年摸索的道路上,职业经理人必须明白一个事实,那就是:兴趣是可以培养的,也是可以管理的;有的时候,可以放弃一种旧兴趣来焕发一种新兴趣。

因此,对马云先生的问题可以这样回答:

"如果领导总是让我做我不喜欢的事情,短期来讲,我可以接受,毕竟工作是第一位的,不能按照我的喜好来行事,但是长期来讲,我需要考察这个工作是不是符合我的兴趣,如果长期做不符合我的兴趣的事情,我不能做得出色,我也不会接受这样的任用。作为管理人员,我一直在学会管理自己的兴趣,在工作中,尽量做到不要让自己失去兴趣的动力,同时也会考虑企业的大局和利益,不被个人的兴趣所左右。"

 创业小贴士

1. 职业生涯规划中一个最重要的原则就是:可持续发展,其中搞清自己的兴趣所在,做自己想要的和喜欢的工作,是非常关键的一个环节。

2. 虽然职业兴趣在职业活动中起着重要的作用,但是,当一个人能够做到兴趣和责任两条腿走路的时候,持久发展的可能性才会更大。

【感悟与训练 2】

了解你的职业兴趣

岛屿游戏

恭喜你！你获得了一次免费度假的机会：去下列六个岛屿中的一个。唯一的要求就是你必须在岛上待至少半年的时间，不要考虑其他因素，仅按照自己的兴趣和喜欢程度挑出你最想前往的三个岛屿。

1. A岛为自然、原始的岛屿：岛上保留着热带的原始植物，自然生态保持得很好，也有相当规模的动物园、植物园、水族馆。岛上居民以手工见长，自己种植花果蔬菜、修缮房屋、打造器物、制作工具。

2. B岛为深思、冥想的岛屿：岛上人迹较少，建筑物多僻处一隅，平畴绿野，适合夜观星象。岛上有多处天文馆、科博馆以及科学图书馆等。岛上居民喜好沉思，追求真知，喜欢和来自各地的哲学家、科学家、心理学家等交流心得。

3. C岛为美丽、浪漫的岛屿：岛上建有许多美术馆、音乐厅，弥漫着浓厚的艺术文化气息。同时，当地的居民还保留了传统的舞蹈、音乐与绘画，许多文艺界的朋友都喜欢来这里寻找灵感。

4. D岛为温暖、友善的岛屿：岛上居民个性温和、十分友善、乐于助人，社区均自成一个密切互动的服务网络，人们多互助合作，重视教育，弦歌不辍，充满人文气息。

5. E岛为显赫、富庶的岛屿：岛上居民热情豪爽，善于企业经营和贸易。岛上的经济高度发展，处处是高级饭店、俱乐部、高尔夫球场。来往者多是企业家、经理人、政治家、律师等。

6. F岛为现代、井然的岛屿：岛上建筑十分现代化，是进步的都市形态，以完善户政管理、地政管理、金融管理见长。岛上居民个性冷静保守，处事有条不紊，善于组织规划。

- 你最想前往的三个岛屿是：_____、_____、_____。
- A岛对应的是R，B岛对应的是I，C岛对应的是A，D岛对应的是S，E岛对应E，F岛对应的是C。转换之后，你的霍兰德代码是：_____。

【感悟与训练3】

你对什么职业活动感兴趣

请在最符合你的描述项目前画"√";在最不符合的项目前画"×";若不确定,则画"?"。	
□1.强壮而敏捷的身体对我很重要。	□31.我喜欢独立完成一项活动。
□2.我必须彻底地了解事情的真相。	□32.我渴望阅读或思考任何可以引发我好奇心的事物。
□3.我的心情受到音乐、色彩、写作和美丽事物的影响极大。	□33.我喜欢尝试创新的概念。
□4.和他人的关系丰富了我的生命。	□34.如果我和别人发生摩擦,我会不断尝试化干戈为玉帛。
□5.我自信会成功。	□35.要成功,就必须定高目标。
□6.我做事时必须有清晰的指示。	□36.我不喜欢为重大决策负责。
□7.我擅长于自己制作、修理东西。	□37.我喜欢直言无讳,不愿转弯抹角。
□8.我可以花很长时间去想通事情的道理。	□38.我在解决问题前,必须将问题彻底地分析过。
□9.我重视美丽的环境。	□39.我喜欢重新布置我的环境,使其与众不同。
□10.我有意花时间帮别人解决个人危机。	□40.我常借着和别人交谈来解决自己的问题。
□11.我喜欢竞争。	□41.我常发起一个计划,而由别人完成小细节。
□12.我在开始一项活动前会花很多时间去计划。	□42.准时对我而言非常重要。
□13.我喜欢使用双手做事。	□43.从事户外活动令我神清气爽。
□14.探索新构思使我满意。	□44.我不断地问:为什么?
□15.我总是寻求新方法来发挥我的创造力。	□45.我喜欢自己的工作能够抒发我的情绪和感觉。
□16.我认为能把自己的焦虑和别人分享是很重要的。	□46.我喜欢帮助别人找出可以关注其他人的方法。
□17.成为团体中的关键人物,对我很重要。	□47.能够参与重大决策是件令人兴奋的事。
□18.我对自己能重视工作中的所有细节感到重要。	□48.我经常保持整洁、有条不紊的习惯。
□19.我不在乎工作时把手弄脏。	□49.我喜欢周围环境简单而实际。
□20.我认为教育是个发展和磨练脑力的终生学习过程。	□50.我会不断地思索一个问题,直到找出答案为止。
□21.我喜欢非正式的穿着,尝试新颜色和款式。	□51.大自然的美深深地触动我的灵魂。
□22.我常能体会到某人想要和他人沟通的需要。	□52.亲密的人际关系对我很重要。
□23.我喜欢帮助别人自我改进。	□53.升迁和进步对我是极其重要的。
□24.我在做决定的时候,通常不愿冒险。	□54.当我把每日工作计划做好时,我会较有安全感。
□25.我喜欢买小零件,做成成品。	□55.我非但不害怕过重的工作负荷,而且知道工作重点是什么。
□26.有时我可以长时间地阅读、玩拼图游戏或冥想生命本质。	□56.我喜欢使我思考、给我新观念的书。
□27.我有很强的想象力。	□57.我期望能看到艺术表演、戏剧及好电影。
□28.我喜欢帮助别人发挥天赋和才能。	□58.我对别人的情绪低潮相当敏感。
□29.我喜欢监督事情完工。	□59.能影响别人使我感到兴奋。
□30.如果我将处理一个新情境,我会在事前做充分的准备。	□60.当我答应做一件事时,我会竭尽所能地监控所有细节。

计分方式：

职业兴趣类型	题　　号	分　　数
1. 现实型	1、7、13、19、25、31、37、43、49、55	
2. 研究型	2、8、14、20、26、32、38、44、50、56	
3. 艺术型	3、9、15、21、27、33、39、45、51、57	
4. 社会型	4、10、16、22、28、34、40、46、52、58	
5. 领导型	5、11、17、23、29、35、41、47、53、59	
6. 常规型	6、12、18、24、30、36、42、48、54、60	

三、能力

能力往往是我们评价一个人的重要标准。从心理学角度看，能力指顺利地完成某种活动所具备的稳定的个性心理特征。能力直接影响人们工作和学习的效率。能力是一个人能否进入职业的先决条件。各行各业为了保证职业活动顺利完成，都要求从业者必须具备该项职业活动所需的能力。个人能力是否符合职业要求，直接影响着职业生涯的发展。

人们的能力可分为一般能力和特殊能力两大类。一般能力通常又称为智力，包括注意力、观察力、记忆力、思维能力和想象力等，一般能力是指人们顺利完成各项任务必须具备的一些基本能力。特殊能力是指从事各项专业活动的能力，也可称特长，如计算能力、音乐能力、动作协调能力、语言表达能力、空间判断能力等。由此可见，能力是一个人完成任务的前提条件，是影响工作效果的基本因素。因此，了解自己的能力倾向及不同职业的能力要求对合理地进行职业选择具有重要意义。能力的不同，对职业选择就有差异。

同时，人们的职业能力存在着个体差异，比如，有的人擅长绘画，有的人擅长音乐。就同种能力，个体间也表现出不同的差异。如言语能力，不同的人就在其形象性、生动性或是逻辑性等方面各有所长，这都适合于不同职业活动的要求。

 **知识链接**

由于分类依据不同，能力可以有多种形式的分类。

1. 从使用范围角度可分为一般能力和特殊能力，前者适于一般的工作与生活，后者适于某种专业的特殊工作。

2. 从发展水平角度可分为再造能力和创造能力，前者是指在活动中能把掌握的知识、技能按照所提供的式样予以实现，具有模仿性；后者是指会创造新的、独特的东西。

3. 心理学还把能力分为显能和潜能。显能指一个人现在已经具有的现实能力；潜能是指一个人经过进一步学习和训练，而达到更高水平的可能性能力。

职业能力是从业者在职业活动中表现出的、能动地改造自然和改造社会的实践能力，由专业能力、方法能力以及社会能力构成。

专业能力指从业者对从事职业活动所需要的专业知识、技能的掌握和运用水平,强调应用性、针对性。方法能力指从业者对从事职业活动所需要的工作方法、学习方法的掌握、选择和运用水平,强调合理性、逻辑性、创新性。社会能力指从业者在从事职业活动时适应社会和融入社会的水平、程度,强调适应性和积极的人生态度。

人的能力有差异,科学家依据能力与职业的关系,把职业能力划分为9类。

1. 一般学习能力。指人认识、理解客观事物并运用知识、经验等解决问题的能力。它包括记忆能力、观察能力、注意能力、想象能力、逻辑思维能力,核心是逻辑思维能力。

2. 语言能力。指对词语、句子、段落、篇章的理解和使用能力,以及清楚而正确地表达自己的观念和向别人传达信息的能力,包括书面、口头两种形式。

3. 算术能力。指迅速而准确地进行运算的能力。

4. 空间判断能力。指理解几何图形,识别物体在空间运动中的联系,解决几何问题的能力。

5. 形态知觉能力。指正确而迅速地感知物体或图形的细微差异的能力。

6. 文秘能力。指对言语或表格式的材料具有知觉细节的能力,发现错别字(含数字)和正确地校对的能力。

7. 眼手协调能力。指眼和手迅速准确和协调地做出精确的动作和运动反应的能力。

8. 手指灵活能力。指手指迅速而准确地活动和操作小的物体的能力。

9. 手的灵巧能力。指手灵巧而迅速活动的能力。

表2-3所示为部分职业与其所需职业能力的标准。

表2-3 部分职业与其所需职业能力的标准

职业	一般学习能力	语言能力	算术能力	空间判断能力	形态知觉能力	文秘能力	眼手协调能力	手指灵活能力	手的灵巧能力
建筑师	强	强	强	强	较弱	一般	一般	一般	一般
律师	强	强	一般	较弱	较弱	一般	较弱	较弱	较弱
医生	强	强	较强	强	较强	一般	较强	较强	较强
护士	较强	较强	一般	一般	一般	一般	一般	一般	一般
演员	较强	较强	较弱	一般	较弱	较弱	较弱	较弱	较弱
秘书	一般	一般	一般	较弱	较弱	较强	一般	一般	一般
统计员	一般	一般	较强	较弱	较弱	较强	较弱	较弱	较弱
服务员	一般	一般	较弱	较弱	较弱	较弱	较弱	较弱	较弱
驾驶员	一般	一般	较弱	较弱	一般	弱	较强	较弱	较弱
纺织工	较弱	较弱	较弱	较弱	一般	弱	较强	较强	较强
机床工	一般	一般	较弱	较弱	较弱	较弱	较强	较强	较强
裁缝	一般	一般	较弱	一般	一般	较弱	一般	较强	一般

【感悟与训练4】

认识自己的职业能力

下表是为了检视你对职业的认识，以及你所具备的能力与理想工作应具备的能力。

请你根据目前的职业目标，选定一项工作或职位，然后查阅相关资料，试着回答下面的问题。（工作所需及自己已具备能力两部分，确定打√，不确定或不知道打△，不需要或自己缺乏此能力打×。）

工作职位名称	工作所需具备的能力	自己已具备的能力
	1.语文能力	□1.语文能力
	2.表达能力	□2.表达能力
	3.沟通协调能力	□3.沟通协调能力
	4.领导统御能力	□4.领导统御能力
	5.专业能力	□5.专业能力
	6.电脑软件操作能力	□6.电脑软件操作能力
	7.中文打字及英文打字	□7.中文打字及英文打字
	8.营销能力	□8.营销能力
	9.会计能力	□9.会计能力
	10.机械操作能力	□10.机械操作能力
	11.法律知识	□11.法律知识
	12.判断力	□12.判断力
	13.创造力	□13.创造力
	14.直觉与敏感度	□14.直觉与敏感度
	15.其他重要专业知识	□15.其他重要专业知识

整体心得感想：_____
_____。

以上的各项，你在工作中所具备的能力部分确定打√的多，还是不确定、不知道打△的多？如果三角形超过五个，表示你对外界资讯的探索仍不充足，"知彼"的工作仍需加强。

你在自己已具备能力的部分,打√的多还是缺乏此能力打×的多,或者不确定或不知道自己是否具备此能力而打△的多呢?如果打×及打△过多,显示你需要加强自我的了解或自己的能力,以便达到工作、职位上的要求。

你也可以向自己提出类似于下面的一些问题来帮助认识自己的职业能力。

1. 你现在掌握了哪些技能?你的技能水平如何?
2. 你如何去发展和学习新的技能?发展和学习哪方面的技能最为可行?
3. 目前你在工作岗位上真正的需要是什么?如何才能在目前的工作岗位上既达到使上司满意,又使自己满意的程度?
4. 根据目前的知识和技能,你是否有可能从事更高一级的工作?
5. 你下一步朝哪个职位(或工作)发展为好?你如何去实现这个目标?
6. 你的计划目标定得是否符合本企业的情况?如果要在本企业实现目标的话,你应该接受哪方面的培训?

 知识链接

关于能力,是该"补短"还是"扬长"

短板效应:也称木桶理论,一个木桶能装多少水,取决于最短的一块木板的长度,而不是最长的那块。短板效应提示大家"补短"。

盖洛普优势理论:盖洛普倾其一生的研究,发现了取得成功的人,都是在自己喜欢或擅长的领域里,把自己的优势发挥得淋漓尽致。当人们把有限的精力和时间用于弥补短板时,就无暇顾及增强和发挥优势了,更何况任何人的欠缺都比才干多得多,而且大部分的欠缺是无法弥补的。这个理论提示大家"扬长"。

四、性格

性格是指个人稳定的态度和习惯化了的行为方式,尤其是指一个人在各种场合一贯表现出来的某种特征。例如,一个人在各种场合总是表现出热情忠厚、与人为善、严于律己、坚决果断等;另一个人在各种场合总是表现出对人尖酸刻薄、冷嘲热讽、自高自大等。

(一) 性格与职业选择

很多学者认为,性格受后天影响,是可以改变的。确实,性格可以因生活环境、学习经历等因素的变化而发生改变。

性格类型与职业之间存在一定的关联性:一方面是不同性格类型适应不同的职业环境和要求;另一方面是从事某种特定职业的人,会按照职业要求不断巩固或者调整原有的性格特征,甚至改变原有的一些特点。但是,性格和职业之间并不存在严格的一一对应关系。不同性格类型的人在同一职业领域中能够各具特色;同一性格的人在不同职业领域中也会各显魅力。

(二) 了解你的性格

目前,心理学家已经开发出很多种有关性格的分类方法,如 16PF、MBTI、大五人格、九型人格等。

表 2-4 性格心理测试简介(部分)

16PF	A 乐群性　B 聪慧性　C 稳定性　E 恃强性 F 兴奋性　G 有恒性　H 敢为性　I 敏感性 L 怀疑性　M 幻想性　N 世故性　O 忧虑性 Q1 实验性　Q2 独立性　Q3 自律性　Q4 紧张性 二元个性因素 X1 适应与焦虑型　　　　X2 内向与外向型 X3 感情用事与安详机警型　X4 怯懦与果敢型 Y1 心理健康者人格因素 Y2 专业有成就者人格因素 Y3 创造力强者人格因素 Y4 新环境中有成长能力的人格因素	16PF 是指 16 种人格因素问卷。是美国伊利诺州立大学人格及能力测验研究所卡特尔教授编制的用于人格检测的一种问卷,简称16PF。 在企业和学校中被广泛应用。
MBTI	1. 外向型和内向型(E—I) 2. 感觉型和直觉型(S—N) 3. 思考型和情感型(T—F) 4. 判断型和知觉型(J—P)	MBTI 指"梅尔斯·布瑞格斯心理类型指标"。 基于著名心理学家荣格的心理类型理论而开发。
大五人格	E 外倾性 A 宜人性 C 责任心 N 情绪稳定性 O 开放性	简称 Ocean,常被称为"人格的海洋"。
九型人格	1. 完美型　　2. 助人型 3. 成就型　　4. 自我型 5. 理智型　　6. 疑惑型 7. 活跃型　　8. 领袖型 9. 和平型	九型人格是一个近年来倍受美国斯坦福大学等国际著名大学MBA 学员推崇并成为现今最热门的课程之一,近十几年来已风行欧美学术界及工商界。用以培训员工,建立团队,提高执行力。

另外需要说明的是,由于性格的多维度性和丰富性,关于性格特征与职业的匹配问题,只能提供一个大致的方向,在实际运用过程中,还应根据性格特征与职业的具体要求采取有针对性的方法进行选择。

【感悟与训练 5】

请大家自测 16PF,全面了解自己的性格。

五、目标

我的生活目标是什么？这是生命中最大的问题。如果能明白设立目标在生命中的真正意义，我们就会发现，目标是一个非常有力量的工具，它能带领我们走向成功。目标的建立可以为你提供一个从此起步的平台。那些取得了巨大成就的人，都是因为他们制定了明确的目标。当你制定了目标以后，大脑会直接引导我们注意和目标有关的一切东西，就会帮助你去达成目标。

在自己的头脑中形成目标是走向成功的第一步。如果你不知道自己的未来远景，你就永远到不了那里；如果你没有自己的主见，别人就会为你做主；如果你对自己的未来没有计划，你就会成为别人计划里的一个棋子。记住：没有目标的人终将会被有目标的人利用。

想一想如果在过往的日子里，你有一个明确的目标并且能够一如既往地朝着这个目标迈进，那么你将会少走多少弯路，与如今的成就会有什么不同呢？

然而，没有人能告诉你什么才是你的目标，只有你才能够深刻了解自己，才能挖掘出根植在内心深处的目标。

 创业小贴士

年轻人，你不去创业，不去旅游，不去接受新鲜事物，不去给身边的人带去正能量，整天挂着QQ，看看微信，逛逛淘宝，拿着包月的工资，干着不计流量的工作。千篇一律地重复着昨天的生活，干着80岁老人都能做的事，等着天上掉馅饼的美事，你要青春有什么用？

有目标的人在奔跑，没目标的人在流浪；有目标的人在感恩，没目标的人在抱怨；有目标的人睡不着，没目标的人睡不醒；给人生一个梦，给梦一条路，给路一个方向！跌倒了要学会自己爬起来，受伤了要学会自己疗伤！生命只有干出来的精彩，没有等待出来的辉煌！

——马云

 创业小贴士

1. 通过对成功人士的研究而得出的最重要的结论就是：成功的关键在于有目标，其他一切都是次要的。

2. 几乎每个人都清楚地知道制定目标的重要性，但很少有人认真考虑并制定自己的目标。

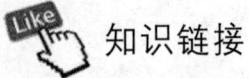 知识链接

成功者与平庸者的区别
——职业目标的重要性

1953年哈佛大学曾对毕业生做过一次调研,就目标对人生的影响进行过一项长达25年的跟踪研究,研究对象在智力、学历等其他条件上都差不多。比较25年前和25年后,研究结果如下:

27%没有目标的人,生活在社会的最底层,生活过得很不如意;并且常常在抱怨他人、抱怨社会、抱怨这个"不肯给他们机会"的世界;

60%目标模糊的人,生活在社会的中下层,并无突出成就;

10%有清晰但较短期目标的人,生活在社会的中上层,在各自所在的领域取得了相当的成就;

3%有清晰且长期目标的人,成为各领域的顶尖人士。

关于人职匹配原则的应用,最关键和最难的是对自己的价值观、兴趣、能力、性格、目标等作出准确的分析和定位,大学生可利用专业的人才测评软件来对自己进行辅导分析。总之,为减少选择职业的盲目性,避免学非所用、用非所长,坚持人职匹配,以完善自我、发展自我。

知识点2　认知职场

【精选案例2-2】

认识职场,科学择业

王晓现在在武汉某大型国有企业从事人事工作。回想起当初高考填报志愿,她有一种庆幸的感觉。当初填报高考志愿时,本来她想报新闻专业,因为她想当一名记者。她觉得记者这一职业非常好,不仅很体面而且看起来还很"风光"。当妈妈的同事得知她这一想法时,觉得王晓不仅对记者这一职业的认识不全面,而且还带有偏差。因此,他建议王晓对记者这一职业进行实地调查一番。在他的帮助下,王晓联系到了武汉一家知名报社的记者,并对这名记者连续全程跟踪了一个星期。第一天,她带着兴奋而来,觉得记者很自由,可以经常到外面出差。第二天,她带着几分沮丧、失望回来了。因为今天她跟着这名记者出去采访时,不仅被他人粗暴地拒绝了,而且还挨了骂。第三天,通过与这名记者交谈,王晓得知记者这一职业的压力非常大,不仅经常要到外地去采访,而且经常加班加

点赶稿子。第四天,王晓有点想打退堂鼓了。可是,在妈妈的一再要求下,她不得不继续自己的实地调查之旅。经过7天的工作,王晓对记者这一职业有了更加全面、客观的了解,认为自己并不适合从事记者工作。最后,经过对其他备选职业进行深入了解,她觉得从事人力资源管理工作挺适合自己。于是,王晓报考了某重点大学的人力资源管理专业。毕业后,她就进入了现在这家企业从事人事工作。她觉得这份工作挺适合自己的,她对工作内容和环境也挺满意。

【点评】

王晓是幸运的,如果她当时抱着自己那一点点对记者模糊的认识而选择了新闻专业,那么在人生发展道路上,她就走了弯路。

在开展职业生涯规划时,"认知职场"是一个重要的步骤和环节。一份有效的职业生涯规划应该是在全面认识和了解自己的同时,也应该清楚地认识到外部职场环境特征,以评估就业和创业机会。即看看外面有没有可以让自己施展拳脚的机会,哪里有机会,是什么样的机会。

职场认知包括:社会环境分析、行业环境分析和组织(企业)环境分析。

一、社会环境分析

(一) 社会各行业对人才的需求状况

随着社会的变革,对各种人才的需求也在不断发生变化。大学生要了解国家经济建设对人才的需求状况、当年大学生就业市场的供求状况,尤其是要了解本专业及相近专业的社会需求状况,用人单位对毕业生的选择标准及素质要求等。例如,随着信息技术的发展和应用,对计算机、网络等方面的应用人才的需求不断增加;同时,对各种管理人才的需求也越来越多。对这方面信息的分析可以使个体认识到自己目前所具备的知识和技能是否为社会所需要,需求程度如何,自己应该在哪些方面学习和提高,才能适应社会的需要。

(二) 社会中各种人才的供给状况

对人才资源供给状况的分析实际上是分析人才竞争的状况。通过对这些信息的分析,可以使个体认识到与自己竞争相似职业的人的状况,自己与他人相比较优势在哪里,不足在哪里,如何才能在竞争中取胜。

(三) 国家地方政策

对社会有关政策的分析,可以使个人了解到一些新的就业机会和创业机会,以便在进行职业设计时利用这些机会。例如,《个人独资企业法》的出台使得有志于独立创业的个人找到新的职业发展路线。

(四) 社会价值观的变化

不同时代有不同的社会价值观,人们在从事职业时也需要得到社会的认同。了解社会的价值观,有利于在职业设计时作出与社会价值观相一致的职业选择。

二、行业环境分析

行业环境分析包括对目前所想从事行业和将来想从事的目标行业的环境分析。分析内容包括：

(一) 行业的发展状况、国际或国内重大事件对该行业的影响

如注意国家政策的影响，看一看国家对某一行业是扶持、鼓励还是限制、制约，尽量选择有前景、发展空间较大的行业。比如煤炭和钢铁行业，应在去产能、进行供给侧改革。

(二) 行业优势与问题何在，行业发展趋势如何

例如，科技发展会使某些行业如夕阳坠落，逐渐萎缩、消亡；更有许多极具发展前途的朝阳行业不断出现、发展起来。

三、组织(企业)环境分析

如果创业，大学生要清楚自己的专业、能力等在组织中的位置和作用。如果就业，大学生要了解自己所学专业有哪些单位需要，需求量有多大，有什么具体要求，还要了解用人单位的地理位置、工作和生活环境、生产经营状况、发展前景、人才结构、福利待遇以及对新进大学生的具体要求和使用意向。具体包括以下内容：

(一) 组织(企业)的特色

企业的特色包括企业结构、企业文化、企业规模和企业实力。企业的文化是否与自己的价值观相符？企业在本行业中是否具备很强的竞争力？发展前景如何？

(二) 组织(企业)发展战略

企业发展战略主要包括：企业未来发展的目标是什么？企业的发展领域在哪些方面？有哪些阶段性的发展目标？在本行业中的地位和发展前景如何？目前企业所处的发展阶段是怎样的？企业在社会中的地位和声望如何？企业的产品在市场上的表现和发展前景如何？

(三) 组织(企业)中的人力资源状况

企业中的人员状况是指，目前人员的年龄、专业、学历结构是什么样的，企业中的人力资源发展政策是怎样的，企业会采取哪些促进员工发展的行动等状况。企业领导人的情况是指，企业领导人是真心想干一番事业，还是就想捞钱获利？他的能力是否胜任？有没有战略的眼光和措施？

(四) 组织(企业)制度

企业制度涉及的范围比较广，包括管理制度、用人制度、培训制度等。尽可能了解这些信息，并分析这些对自己的未来可能带来什么样的影响。特别要注意企业用人制度。能提供教育培训机会吗？提供的条件是什么？自己将来有没有可能在此企业中担任更高级的职务或担负更大的责任？个人待遇提升的空间有多大？

通过对组织环境的分析,个体可以确认该组织是否是自己所偏好的职业环境、自己在组织中的发展空间和发展机会如何,从而决定是在该组织中寻求发展,还是脱离该组织而到其他组织中寻求发展,哪些类型的组织(企业)将是适合自己未来发展的平台。

知识点3 创业与职业生涯规划

创业是职业生涯中的一种选择,也是一种非同一般的生活方式,它是一种精神。选择了创业,也就选择了一种非常态的生活工作模式。可以说创业是职业生涯发展的飞跃。

我国社会主义市场经济体制的不断完善,为越来越多的人成为企业家创造了条件。有越来越多的青年人把创业作为人生的奋斗目标。创办自己的企业,失败与成功都由自己负责,把别人支配自己变成了自我支配,甚至支配别人,这种支配权不是来自于"上级"任免,而是靠自己财富的积累,无疑是职业生涯发展过程中一次质的飞跃。

这种飞跃,不但是在向社会、自然挑战的过程中得到的,也是在向自己挑战的过程中得到的。在创业经受挫折时品尝烦恼,在创业获得成功时品尝欢乐,在烦恼、欢乐的交织之中体验个人价值的实现。创业过程是锻炼、提升自我的过程,是不断学习、提高、发展的过程。在创业过程中,个人的阅历和经验越来越丰富,能力越来越高,知识越来越渊博,意志越来越坚强,人的发展得到了全方位的体现。

一、职业生涯规划流程

职业生涯规划＝知己＋知彼＋抉择＋目标＋行动

职业生涯规划有五大要素:知己、知彼、抉择、目标、行动。其中,知己和知彼是后面各项的基础。

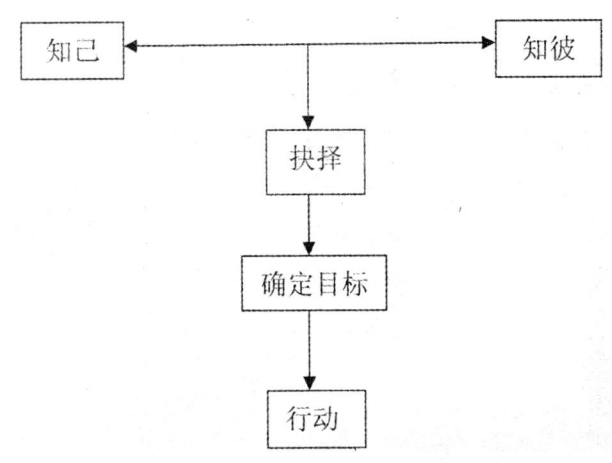

图 2-1 职业生涯规划流程图

(1)知己。主要是了解自己,看看自己的性格、兴趣、特长、能力、个性、智商、情商、价值观,以及家庭、学校和社会教育对个人产生的影响等。360度测评很常见。

(2) 知彼。主要是了解外在的世界,包括行业职业的特性、所需的能力、就业渠道、工作内容、工作发展前景、行业职业的薪资待遇、晋升发展机会等。知己和知彼之间的关系如图 2-1 所示。

(3) 抉择。在知己知彼的基础上,进行最终的抉择,就是下定决心的选择。在职业规划中会面临各种选择,包括行业、地域、发展前景、阻力、助力等。在要与不要、接受和不接受的反复考虑后决定。

(4) 确定目标。目标包括长远目标、中期目标和短期目标。

(5) 行动。设计完成职业生涯规划之后,不等于就已经大功告成。职业生涯规划的意义不只是在于设计,更重要的是在于具体的实施。实施过程是职业生涯规划能够实现的重要步骤。

在具体的实施过程中还要不断地评估职业生涯规划的合理性与可行性,如果发现其中含有不合理的成分,应该及时地进行修改。因此,对于职业生涯规划的评估与反馈也是非常重要的,这是不断调整你的人生航向的罗盘。

二、个人职业生涯设计的原则

(一) 择己所爱

择己所爱就是要选择自己所喜欢的职业。职业在人们的生活中占有重要的地位,一个人一生当中能够从事自己喜欢的职业,对于自身来说会具有强烈的幸福感,因为工作本身就能带来一种满足感,从事自己喜欢的职业可以说是享受生活的一种方式。如果从事一项自己非常喜爱的职业的话,就能在工作中激发出强大的热情和动力,可以全身心地投入到工作中,这样就很有可能在工作中取得佳绩。因此,在设计职业生涯时,首先要从自己的兴趣和爱好出发,选择自己所喜欢的职业。

(二) 择己所长

择己所长是指要尽量选择自己擅长的领域作为所从事的职业。因为任何职业都要求从业者掌握一定的专业知识和技能,具备一定的职业能力。但每个人都不是适合从事所有职业的全才,不可能将所有职业所需要的技能全部掌握。因此,在自己的能力范围内选择职业,并且尽量选择能够最大限度发挥自身能力的职业是至关重要的。择己所长就能够充分发挥自己的优势,扬长避短,这是你的事业能够取得成功的关键所在。

(三) 择世所需

择世所需是指在职业选择中,对于所从事的职业一定是这个社会所需要的行业。如果你选择了一个社会上并不需要的行业,那么即便是你有再大的本事,也是"英雄无用武之地"。因此,在设计职业生涯时,一定要分析社会需要。随着经济的发展和社会的进步,社会的需求也在不断演化着,旧的需求不断消失,新的需求不断产生,这就使其中一些职业被淘汰,而另一些新职业则悄然诞生。所以你需要把目光放得长远一些,能够准确预测未来的行业或者职业发展方向,所选的职业不仅有社会需求,而且这个需求要长久地存在和发展才行。

(四) 择己所利

从某种意义上来说,职业只是个人谋生的手段,从事工作的目的在于追求个人的幸福。因此,当你在选择职业时,必须要考虑的是自己的预期收益是多大,这里的收益指的是追求个人幸福的最大化,而不仅仅是收入的最大化。择己所利的意义在于我们需要综合考虑收入、社会地位、成就感和工作付出等变量,在这些变量组成的函数中找出一个最大值,也就是职业选择中的幸福最大化原则。

 创业小贴士

在创业前问问自己:我是谁?我想干什么、能干什么?我喜欢什么?擅长什么?我哪些地方是弱项?准确地定位自己,客观冷静地分析自己,深刻清醒地认识自己,对创业者非常重要。

三、创业与职业生涯规划的关系

(一) 职业生涯规划能帮助大学生制定更精确的创业目标和创业计划

职业生涯规划帮助大学生深入进行自我探索,包括性格、兴趣、特长、学识、技能、思维以及社会中的自我评价等,挖掘自身的潜力,帮助学生在发扬其现有优势、特长的前提下规避、改进不足,提高技能,必要时放弃那些与自己不擅长的技能相关的职业目标。因此,职业生涯规划教育可以帮助大学生在制订创业计划和设定创业目标时,根据自身的实际情况,扬长避短,克服和规避创业的艰难险阻,调整自身的创业期望值,形成最优方案,提高创业的成功率。大学生职业生涯规划的个性化原则,有助于大学生制定更精确的创业目标和创业计划。

(二) 创业能使大学生的职业生涯规划更具有主动性和创新性

通过创业教育可以帮助大学生树立创业意识、培养创业心理品质、提高创业能力、形成创业知识结构。使大学生将自己的专业知识、商业经营知识以及管理知识有机整合,培养课本理论之外的发现问题和解决问题的能力,养成主动学习和终生学习的理念。同时,帮助大学生将理念、知识和技能融会贯通,最终具备运用已有各种知识、技能解决职业发展中实际问题的本领。帮助大学生掌握了这种本领,就能使他们在进行自己的职业生涯规划的时候,主动、积极地规划职业未来,以乐观向上的心态,不断调整、更新、完善自我,使自身的职业规划与社会发展互动;帮助大学生掌握了这种本领,就能使他们在职业生涯规划中根据自己的个人特点,有针对性、创新性地设计自己的职业生涯,而不是跟风而行,只按照某一条道路发展,从而更好地实现自己的人生价值。

四、创业是职业生涯发展的一种方式

人生是一段的旅程。创业是度过其中一段旅程的方式,是一种生活方式。对创业者来说,创业只是其生涯的一个阶段。

如今,创业已经成为大学生职业选择的一种。但是,创业是一项实践性很强的过程,要求创业者不仅要拥有创业精神、创业意识,同时还要具备足够的创业能力。

当大学生选择了创业这个没有上司的职业之后,就成为了一名真正的创业者,这时就需要自我管理、自我决策、自我规划。选择创业就选择了挑战、压力、风险,甚至失败和挫折,同时也就告别了养尊处优,告别了得过且过。一些成功的企业家所说的快乐创业应该是在成功之后。我们看到坐在台上指点江山的企业家们意气风发,其实他们每一分钟都在博弈,和自己、和对手、和市场,只不过是在不同的层面上而已。创业的艰难是大多数人无法承受的,同时也应该让所有的创业者和准备创业的人调整自己的心态。你的决心有多大?你的信心能持续多久?你的承受力有多大?你能接受多大程度的挫折和失败?失败是绊脚石还是垫脚石,更多地在于我们怎样对待它。当情况看起来很糟的时候我们应该看看是否看错了方向,是否只看到身后长长的影子,而没有看到阳光照来的方向。

创业是一种生活方式。一旦选择创业,就要时刻在项目、资金、人员、管理、环境、市场等因素和环节中思考、实施、调整、应对,在失败和成功的不断变换之中螺旋式上升,在毁誉评说之中沉淀和成熟。唯有如此,才能有更多成功的可能。

 创业小贴士

1. 创业者需要进行的自我管理:压力管理、时间管理、情绪管理、挫折管理和健康管理。

2. 创业,既是一件极具诱惑力的事,又极具挑战性。创业的道路充满曲折,并非适合每一位同学。但是,创业意识和创新精神绝不仅仅是希望创业者的专利,我们都不该失去创业创新之"心"。

 【精选案例 2-3】

一个园林绿化公司老板的职业生涯规划

现实基础:徐良是一名职业院校毕业的学生,在校学习了两年,具有与园林绿化相关知识的基础。

第一阶段目标:通过拜师学艺的方法,在实践中边干边学积累了实践操作经验。

第二阶段目标:在了解掌握了园林栽培技术后,调查了解到花木市场前景较好,他就建立了一个花木场。

第三阶段目标：花木场运营后，又组建了园林绿化工程队，加长了产业链。

远期目标：已经完全掌握了园林绿化的全套技术，具备了独立开办园林工程公司的经验和能力。

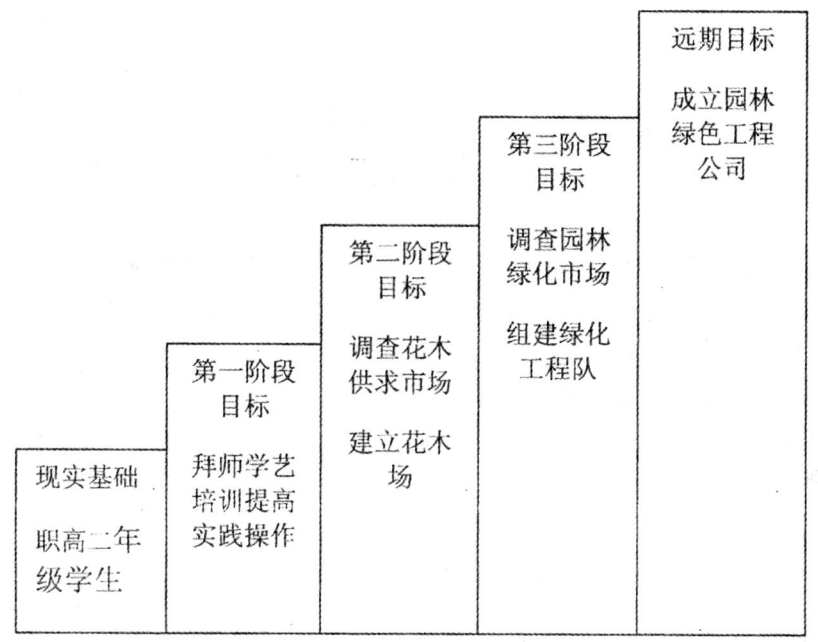

【精选案例 2-4】

执着追求的"小文姐姐"

小文是个非常阳光自信的女孩，平时特别喜欢跟小孩子打交道，喜欢唱歌、跳舞、绘画，总希望自己的生活充满创意。她在幼师专业学习，知道幼儿教师是太阳底下最光辉的职业。她立志要成为一名优秀的幼儿教师，将来创办自己的幼儿园。

她怀着这个目标努力学习，成绩名列前茅。两次在市幼师专业技能大赛上获得一等奖。

毕业后她在工作中脚踏实地、精益求精，赢得了小朋友们的喜爱，小朋友们都亲切地叫她"小文姐姐"。有了多年幼儿教育经验的她，开始向自己的梦想迈进。她多方筹集资金，借校舍、聘老师，"智慧幼儿园"终于成立了。在她的精心经营和管理下，幼儿园蓬勃发展，她的梦想成真了。

【点评】

只有符合自身条件的职业生涯发展目标，才能通过自己的努力得以实现。

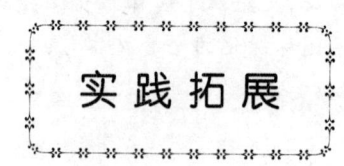

"双创"时代下的大学生职业生涯设计

一、客观分析自身条件训练

1. 用三个形容词描述自己的性格：_____
2. 你最喜欢做的三件事情：_____
3. 你最擅长的三件事情：_____
4. 你最不擅长的三件事情：_____
5. 生命中,你最重视的是：_____

二、全景想象训练

请在安静的环境中,坐在舒适的椅子上,尽量放松自己,均匀地呼吸。
1. 远景想象
毕生的梦想和心愿想象：是什么？具体的情景：何时？何地？何种场景和人物？
2. 长期的目标规划想象
未来20年：是什么？具体情景：何时？何地？何种场景和人物？
未来15年：是什么？具体情景：何时？何地？何种场景和人物？
未来5～15年：是什么？具体情景：何时？何地？何种场景和人物？
3. 中期的目标规划想象
未来3～5年：是什么？具体情景：何时？何地？何种场景和人物？
4. 短期的目标规划想象
1～2年：是什么？具体情景：何时？何地？何种场景和人物？
6个月：是什么？具体情景：何时？何地？何种场景和人物？
3个月：是什么？具体情景：何时？何地？何种场景和人物？
1个月：是什么？具体情景：何时？何地？何种场景和人物？
1周：是什么？具体情景：何时？何地？何种场景和人物？
明天：是什么？具体情景：何时？何地？何种场景和人物？

三、大学生职业生涯发展模式可以总结为四种：

1. 毕业后就业。

2. 毕业后创业。
3. 毕业后先就业,再创业。
4. 毕业后先创业,后就业。
请思考:你适合哪种模式,会选择哪一种模式?

四、请结合"大众创业、万众创新"时代背景,结合自身实际,做出一份职业生涯设计。

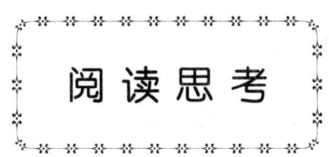

从360老板周鸿祎的创业谈里你听到了什么?

周鸿祎,1970年10月4日生于湖北黄冈,360公司创始人、董事长兼CEO,奇酷CEO,知名天使投资人。

2015年11月14日,周鸿祎登陆央视《开讲啦》节目,与撒贝宁以及现场的上百位90后年轻人交流了创业的想法。以下内容为现场演讲内容整理。

刚毕业的学生,或者在校的大学生,是不是应该创业呢?其实这是一个很敏感的话题,因为现在很多人都在号召大学生创业。

我觉得,如果我们把创业狭义地定义成创业就等于自己开公司——自己当CEO(首席执行官),女朋友当CFO(首席财务官),睡在我上铺的兄弟,技术好一点给我当CTO(首席技术官),全宿舍都是CXO(高级管理人员)……如果这样去理解创业,那我觉得大学生真的不适合一毕业就创业。

在中国注册一个公司很容易,但是真的要把一个想法变成一个产品,把一个产品变成一件商品,让很多人去用这个商品,我觉得这对很多年轻人来说,是非常大的挑战。

创业就像买彩票:中大奖概率太小。

可以预言的是,不管你多么有创业的热情和激情,它的成功率,不会因为激情高了,成功率就会提升。创业永远是一件九死一生的事情。你每看到一个成功的公司,在它荣耀的背后,一定躺着100家不成功的公司。而且这不成功公司的创始人,也和你一样勤奋,一样聪明,一样刻苦。

所谓在校大学生去创业,我依然认为,这就像有个人,去买了两块钱彩票,中了500万大奖一样,它是一个小概率事件。

别人成功不等于你成功,因为成功是一件很偶然的事情,即使对于所谓今天大家热捧的90后95后的创业英雄,甚至包括我自己,甚至包括行业的所谓很多大佬,我依然认为,我们所有人的成功,至少超过一半是偶然的运气在起作用。

这些人可以说是在恰当的时候，做对了一个正确的事情。对绝大多数人来说，其实你没有足够的积累，你就贸然出来创业，我觉得风险很大。

创业前，要知道自己缺什么？

我希望我们的很多同学，不要去走极端。你如果真的想做一件大事情，真的想去创业，那么从今天开始，开始为创业去做一些准备。如何做准备呢？很简单，一句话：你觉得自己缺少什么，你就去补什么。

比如说当年我在上大学的时候，我就梦想有一天要创办我自己的电脑公司。但是最基本的是，我要先学会电脑编程。当时有不少学校希望我去，最后我选了西安交通大学，唯一的原因就是这个学校愿意让我念计算机专业。

后来到读研究生的时候，我又选管理专业，因为我觉得将来我要做公司，我需要学习管理知识。

上学期间，我创办了两家公司，但是创办得非常不成功。虽然我做出了成功的产品，但是根本不懂得怎么去管理一堆人。大家想想，你们如果在学校，就算你当个学生会主席，你可能也只是管理了上百人，对吧？而且很多同学也不听学生会主席的，对不对？

真的到外面去做公司，要招聘很多社会上的人。你要管理几十人、几百人，单单管理这件事，就会让很多年轻人会觉得非常头疼。所以当时我就作了一个判断说，我认为我那时候创业，就属于非常不成熟。

所以我认为我缺的东西，那就是我要去弥补的东西。毕业后我就选择去了北大方正，因为很简单，我想到一个当时中国最大的软件公司，去看一看一个软件公司究竟是怎么运作的。

年轻人的创业梦，可以从加入创业公司开始。

对于很多毕业生，我想说你不要梦想一下子就去办一个大公司，或自己去当一个CEO（首席执行官）。也不要想着去加入一个铁饭碗的单位，现在很多年轻人一毕业就想去一个国企，或者去一个大的外企，因为那些地方特别有保障。我觉得如果去了这种地方，你可能一辈子，都不太可能再去学习创业。

那么如果你真的想创业的话，为什么不加入创业公司？加入创业公司，对很多人来说，可能意味着风险，可能意味着这家创业公司倒闭了，你可能还要再去找工作。

但试想一下，即使这家创业公司倒闭了，那是老板倒霉对吧？他可能倾家荡产。反问，你损失了什么？你什么都没有损失。你获得的是经验，如果你真有幸目睹了一个公司怎么在一年时间内，从有一个产品到最后衰败，你大概下次在自己创业的时候，就可以避开很多这样的险滩和暗礁。所以你获得了最宝贵的财富，就是经验。

所以，当大家都在讲创业的时候，我的一个观点，是在你就业的过程中，能不能去承担一点风险？去承担一些不可预知的东西，去加入一些创业公司，去加入一些今天看起来好像在做不靠谱的事的公司。进去之后，去投入地学习，如何做一个产品，如何去做市场。

我觉得只要你有一种创业的心态,你就能保持自己的这种激情,保持自己的这种努力,每个人都有潜能,你都有可能创办一家公司,你都有可能做一个产品,改变世界,改变中国。但今天你只有潜力,没有实力,所以你需要通过一个学习创业的过程,把你的潜力变成一部分实力。

创业必备素质之一:创业一定要创新。

如果真的要去创业,我跟大家分享两个观点,首先要创业的人,一定要创新。我最喜欢的一句话叫 Think differently(不同的想法),就是一定要跟别人不一样。

我们从小接受的教育,使我们养成从众心理。比如老师出了一道题,我们就恨不得答案都一样,我们需要一个标准答案,如果我们的答案跟别人不一样,老师就会判我们错,其实我觉得这真的是毁了一代人。我认为很多问题是没有标准答案的,条条道路通罗马。

最重要的是,你怎么找到跟别人不一样的路子。

当年我们做安全的时候,那大家都在做杀毒软件去卖。如果也跟他们一样去卖杀毒软件,我也去收费,他们卖200块钱,我卖得便宜点卖50,是不是我就能做得更好?错了,我当时卖25,我也不会比他们卖得更好。为什么?因为你不是第一个了,你可能是第四个、第五个,而且市场已经被别人都占住了。所以当时呢,我就想了一个思路,就是现在大家都知道的"免费"。

其实当时我做免费的时候,根本没有后来大家总结的运筹帷幄、高瞻远瞩等。实话说当年我们也不知道怎么赚钱,实在是黔驴技穷,没什么办法。所以当时我就在想,唯一不一样就是他们收费我们免费,他们有免费版本,我们就终身免费。所以当时我就喊出了一个口号说:"永远免费,终身免费。"当时不仅我的对手认为我疯了,我的投资人也都认为我疯了,我的投资人,都差点跪下来求我:"大哥呀,您能不能不这么折腾公司了?"我跟他们讲,我说没办法,我说我们必须要跟他们不一样,哪怕只有这一点点不一样。

事实上正是因为这一点点不一样,所以,我们当时才击败了所有的对手,变成了当时中国安全的老大。

很多人创业,在创新的时候往往是在谈概念。我给大家一个建议,特别是我们作为大学生刚毕业,你应该更多地不要去追逐概念。应该多从你的身边去寻找用户还有哪些没有被满足的需求,我们叫刚性需求,你要去发现,用户在使用已有产品的过程中,还有什么不方便的地方、不舒服的地方。从这些小的点开始,你一样可以做出来差异化和创新。

创业必备素质之二:改变用户体验。

大部分人包括我都不是发明家,我从来没发明过任何东西,但是我们能够把现在的东西,去做一些改变。通常能做两个改变,我觉得这大家最能做的一个改变,叫用户体验的改变。什么叫用户体验的改变?说白话,就是把它做得更加容易,更加简单。

还有一个改变,叫商业模式的改变。实际上这也是句文话,用句大俗话说,什么叫商业模式的改变?就是人家收费,我免费;人家很贵,我很便宜。今天我们所有互联网成功的例子,都可以归纳到这两个点里边来。

最后再举一个例子,以前我写博客。最早我是坚持天天写,但是坚持了三天以后,我就坚持不下去了,我就开始坚持每周写。坚持两周以后,我坚持不下去了,后来我就坚持每月写。坚持了两月之后,我又坚持不下去了,因为肚子里没货啊,我又不是一个特别好的诗人。但是不知道是哪个人啊,他对博客做了一点点改进,你们大家想一想,就发明了一个叫微博的东西。微博有啥特点大家想想,微博有什么技术上特别牛的地方的改变吗?好像没有吧,微博就做了一件事,说只能写140个字,想多写都不行,你们觉得这是一个伟大的创新吗?当初刚出来的时候,肯定没有人觉得是。当初Twitter(微博网站)刚出来的时候,你们会觉得是吗?我也觉得不以为然,我觉得吃饱了撑的,我天天跟人骂大街,140个字哪够啊。

后来我就发现,140个字太好了,为什么?会用短信就会写微博,对不对?而且你跟人论战的时候,无论是撒贝宁,还是著名作家,他就140个字,你文采再好,我们俩140个字是不分上下的。微博出来之后对阅读者来说,也降低了难度,大家只要看看标题,简单晃一眼。所以你发现,它一下带来了用户的激增,因此弄成了几亿人在读微博,几亿人在写微博。

结果微博,在国外叫Twitter,它竟然也变成了一个革命性的东西,最后颠覆了我们获取信息和获取新闻的方式。所以我经常会用这种例子来激励自己,也是来鼓舞大家。就是说创新,真的不像你想象的那么难。

创业必备素质之三:不要惧怕失败。

第三点想跟大家分享的呢,这也是我对我们国家,新一代年轻人的期望。我觉得在中国,今天虽然创业热潮风起云涌,但是我每次去对比中国和美国,中国为什么没有真正的硅谷?至少目前还没有,我觉得这里边有一个文化上的问题。我认为我们国家的年轻人的聪明才智并不会比美国人逊色。但是为什么我们在创业上还有这么大的阻碍?其实我觉得是文化差异。刚才我分享了一点,叫Think differently(不同的想法),对吧?还有一个很重要的文化是什么,是我们恐惧失败,我认为这点也非常重要。

比如说今天,我之所以能被请到这个舞台上,我猜还是因为按世俗的定义,做成了一个成功者。但其实我真的不这么想,我认为我有资格,去跟很多年轻人做分享,是因为我曾经是中国最大的失败者。我有过很多失败,我甚至做过一些很荒唐的事情,我也做过很多错误的决策,我甚至在很多事上失败过,摔倒了我再爬起来。我其实觉得,只有你是一个不怕失败的人,从失败中去总结经验教训,你才可能去真正地坚持创业。所以,所有研究乔布斯的人,他们都只在研究乔布斯,成功以后多么牛掰。如果你真的去看看乔布斯传,乔布斯人生最低谷是他被苹果赶出来,他当时变成硅谷的最大的loser(失败者)。他自己做了一家公司叫什么,叫NeXT,这代表了他的期望。但实话说NeXT做得不怎么样,后来直到他把NeXT卖回给苹果,他重新回苹果,才赢得人生的第二次辉煌。所以今天每一个人,我觉得我们如果都能够形成一种新的价值观。我们不再鄙视失败,也不嘲笑失败,我们能够宽容这些失败者,我们也能够宽容自己,我们也不以失败为耻辱。我觉得我们更多的人，就能鼓起勇气去尝试，对吧？去尝试创业，去尝试一个产品，这产品可以不成功，没关系，我们把它抹掉，我们重新再来。

举个例子，当我再次做手机的时候，很多人会跳出来嘲笑我说，说你老人家吃饱了撑了啊？你当年做360特供机，你没有做成功，你为什么又要做手机呢？我当然回答是说，我任性，我就想这么干。但实际上对我来说，我觉得我从哪摔倒，我就希望从哪能爬起来。其实在座的诸位，无论你是不是刚要毕业，无论是不是要创办公司，我希望你听完了我的讲话之后，你们每个人内心，都变成一个创业者。创业者不一定是CEO（首席执行官），创业者可以是一个产品经理，创业者可以是一个程序员，创业者可以是一个设计师，只要你拥有这个创业的梦想。你从今年开始去尝试，接触创业、学习创业、将来可以参与创业、辅助别人创业。而且在这过程中，不怕失败，甚至很多失败，对你来说不代表什么。因为今天你们最年轻，你们拥有至少无穷的时间，未来你们到我这个年龄，还有20多年，至少还有25年，对吧。25年你想想，你5年一个轮回，你可以5年产生一个翻天覆地的变化，你可以经历5轮，你可以做很多的事情。所以我希望今天大家，从现在开始，未来的20年里边，都把自己当成一个创业者，不断地在路上，keep working（不断努力），在创业。

【思考】

1. 从周鸿祎的创业谈里，你最大的感受是什么？
2. 他的价值观、兴趣、能力、性格、目标有什么特点？
3. 周鸿祎的职业规划和发展，对你有什么启发？

创业之问三：我如果创业能成功吗？

学习目标

通过本篇学习，使学生形成对创业者的理性认识，了解创业者应具备的素质，认识创业团队的重要性，了解创业团队的构成与管理。

技能要求

◎提高和培养学生的创业素质和能力
◎掌握创业团队的组建与管理的基本方法

理论概要

创业者与创业团队

知识点1　创业者

【精选案例3-1】

80后上海大学肄业生郭敬明

郭敬明，这个伴随着80后成长的名字，如今他的小说也影响着90后，并开始被00后所喜爱，我们在这里不评判他的文学水平、导演水平，也不谈他为什么没有拿到毕业文凭，仅将他作为一个成功的创业者，看看他都具备了哪些素质？

郭敬明出生于四川省自贡市一个普通的国企工作人员家庭，自幼喜欢文学，小学二年级就开始尝试着投稿，初中二年级就发表了自己的处女诗作《孤独》，并获得了10元稿费和样刊。高中时期以"第四维"为笔名在网站"榕树下"发表文章并获得第三、第四届全国新概念作文大赛一等奖。

他具备敏锐的商业嗅觉，在大学二年级便开始创业，立足于自己的专长，成立"岛"工作室，开始主编《岛》系列杂志。初期，"岛"工作室由郭敬明、hansey、痕痕、阿亮和清和5

位成员组成,郭敬明因此将杂志英文名定为"i5land"。至2007年,"岛"工作室前后出版了《岛·柢步》、《岛·陆眼》、《岛·锦年》、《岛·普瑞尔》、《岛·埃泽尔》、《岛·泽塔》、《岛·瑞雷克》、《岛·天王海王》、《岛·庞贝》、《岛·银千特》10本系列杂志。2006年11月,暂停《岛》书系后,郭敬明在上海成立了柯艾文化传播有限公司,并出版刊物《最小说》,工作人员初为"i5land"人员。1月份,试刊两期后的《最小说》正式创立。由此开始打造起了一个青春文学平台。在2007年,郭敬明所创立的柯艾公司的骨干人员美术总监Hansey、文字总监落落等人声称"压力大"、"创刊理念不同",纷纷选择跳槽,另立门户。2008年,原公司女作家落落重新回归,同年年底,郭敬明成为天娱传媒有限公司的文字总监。2010年7月,郭敬明正式成立"上海最世文化发展有限公司",担任该文化公司的董事长兼总经理,逐渐建立起自己的商业版图。如果以今天各个期刊纷纷转型产业链服务来看,郭敬明早在2005年就察觉了这一点,从那时起他就为刊物读者提供"立体服务",例如,推出音乐小说《迷藏》,推出小说主题的写真集,拍摄《梦里花落知多少》偶像剧,在青春读物的基础上打造了一条属于自己受众的文化消费产业链,开始深耕产业布局。而今,郭敬明已经用自己的小说《小时代》拍出了电影,第一部便直奔5亿的票房……

【点评】

郭敬明从自己的兴趣出发,坚持不懈,一路披荆斩棘,打造自己的创业文化之路,以顾客需求为中心,在自己擅长和专业的领域深耕细作,不断创新,开拓疆土。

请你阅读关于郭敬明的其他相关资料,思考他身上都有哪些特质?你认为一个创业者要具备哪些基本素质?

一、创业者概述

很多人把21世纪的这一代人称为E一代(创业的一代),即entrepreneur。因为他们是自工业革命以来最具有创业精神的一代人。创业者entrepreneur一词来自17世纪的法语词汇entreprendre,它有两个基本含义:一是指企业家,即在现有企业中负责经营和决策的领导人;二是指创始人,即将创办新企业或者是刚刚创办新企业的领导人。

创业行为是伴随着市场经济的发展而产生的。企业的创建者可以是个人,也可以是团队。通常是由一些怀揣着共同的梦想、拥有相同的价值观的人凝聚在一起,形成最初的创业团队。他们通过对资源和生产要素的重新组合,来开发自己的产品或是服务,满足市场上人们的某种需求,此时,创业就诞生了。那么,谁可以成为创业者呢?

创业者是能从别人只看到混乱或骚乱的地方发现机会的人,是在为自己做事的人。创业者并不是特殊人群,具备一些独特技能和素质有助于成功创业。

创业者拥有三种自由:

第一是时间自由。创业者是自己时间的主人,可以由自己来支配时间。

第二是决策自由。创业者是自己活动的主人,在法律范畴内的决策可以完全自由。

第三是财务自由。创业者是自己财务的主人,他拥有的自有资金如何投资、和谁商量、投资什么,可以不受别人干涉自由支配。

成功创业者的特征:
(1) 自主性强,不愿意受约束,愿意对每件事都有自主权。
(2) 主动性强,愿意从事有具体目标的各种活动。
(3) 自控力强,有强烈的成功欲望,可以自我激励、自我管理。
(4) 善于发现机会,具有很强的商业直觉。
(5) 善于管理时间,会对时间安排做出取舍。
(6) 具有创新思维,看待事物的视角与众不同。
(7) 善于发现问题和解决问题,而不是回避问题。
(8) 能够客观地看待问题,不怕出错。

 创业小贴士

1. 我认为做企业要有这些素质,特别在中国市场上,那就是:诗人的想象力、科学家的敏锐、哲学家的头脑、战略家的本领。

——宗庆后

2. 创业前,很多困难你都不会把它认为是困难,当它突然成为你的困难时,很多人会承受不了压力,就放弃了,这样的人一定是不能成功。

——史玉柱

二、创业者素质与能力

(一) 创业领导者应具备关键素质

作为一个领导者或是管理者,要善于想出好点子、好方法来决策。在这个期望之下,思考力提供想象空间。在诸多点子和方法里,如何选出一个更正确的,要靠决策力。之后便是谁来执行的问题,就是找一个工作的负责人,或是承办人,把他盯好、做好。顺着这样的逻辑,思考力、决策力、执行力就是领导者的关键素质。

1. 创业者的思考力

21世纪人类已经进入知识经济时代,而知识经济的发展动力,主要是脑力劳动取代体力劳动或体力劳动为辅,这是一场真正的头脑风暴。谁拥有敏捷的头脑思维,旺盛的思考能力,谁就拥有更强的竞争力和话语权。

21世纪也是一个多变的时代,很多事情是无法预料的,即使有过去的经验,也未必能解决现在乃至未来的问题,与其和竞争对手比谁钱花得多,倒不如与竞争对手比谁想得多。

我们常说,知识就是力量,读的书越多,知识越丰富,力量就越大。很多事实表明,只是书读得多,不代表行为就有效,不代表就会思考。只有思考才可以帮你解决问题,才可以帮你作出对的决定。

思考的问题不是计算,而是你会不会去想,碰到这样的问题你怎么想?换位思考后的答案又是什么?因为当人们换位思考时,平时脑海中用不到的竞争意识就会被调动起来,思考力就是竞争力。要注意的是要围绕你的兴趣点去思考。

【精选案例 3-2】

创业点子两则

(1) 购买鸡鸭所有权：顾客可以在鸡鸭幼龄期购买下它的所有权，然后让禽农替其饲养，待家禽生长成熟后，由禽农宰杀洗净，并送至顾客家中。这样既方便了顾客，禽农又为自己饲养的鸡鸭从小就找到了买主，当然不愁销不出去了。

(2) 能长出瓜果的"书"：在日本各地商店里均有"瓜果书"出售，诸如"番茄书""黄瓜书""茄子书"等，应有尽有。这些貌似书本的产品表面包装着防水纸，其内塞有石绒、人造肥和种子。人们购回后按照附赠的种植说明书，只要每天浇水，便能长出手指粗细的黄瓜、弹丸似的番茄、拳头大的茄子等。一本"番茄书"经培育可长出150～200个"迷你果"，一本"黄瓜书"可结出50～70条"袖珍瓜"等，因为集观赏和食用性于一体，菜农们竞相出售，以增加收入。

【点评】

在商机无限的今天，有许多发现财富和拥有财富的机会。抓住离自己最近的创业机会，成功就在眼前。

高层次思考的五个系统

一、概念性思考

概念性思考和所受的教育有关，和所获得的知识有关。获得的知识体系越完整，对进行概念性思考越有帮助。概念又分为具体和抽象二种，具体概念主要和五官有关，是能够摸得到、看得见的，相反，抽象的就要靠想象，是要借助其他才有可能展现的。概念性的东西未必一定拿来用，但概念可以帮助我们缩短解决问题的时间。因为有了概念以后，在推理过程中，就可以直接把已经认同的概念拿出来解决问题，而不必从头思考。这样就节省了解决问题的时间，节省了推理的时间。

二、问题解决式思考

该思考是针对一个特定的目的、特定的问题，需要解决问题所进行的思考，比如说，遇到几个同学起了争执，想帮助其解决争执，这就叫做解决问题。有了问题再来解决，也是一种高层次的思考，需要思考系统的支持。一般来说解决问题分以下步骤：先确认问题，再权衡结果，然后评估可行性，再动用各种资源去解决问题。而且解决问题的时候，必须运用逻辑思考，就是从推理到结论的过程。在这个逻辑思考的过程中，要尽可能多地想一些方案,以便优中选优。

三、批判性思考

比如大学生该不该休学创业?有人说学生就应该以学业为本,先拿到文凭毕业,再想着去创业,但也有人说,商业机会稍纵即逝,等你毕了业黄花菜都凉了。因此作这种决定就是一种批判性思考,为什么要做?为什么不要做?可以做吗?这都是批判性思考。怎么进行批判性思考呢?第一步是列举事实,然后整合出自己的想法,最后拿自己的想法和大家沟通,说服大家。在沟通分享的过程中,可能会遇到一些挑战,也可能会得到新的想法,这就叫批判性思考。简单地说,批判性思考就是要不断地问自己:为什么?为什么?

四、规则性思考

在很多事情的处理方面我们需要规则性思考。现代社会本来就有一些既定的规则,每个人也都有规则,用规则来思考,可以提升思考的速度,所以规则的形式往往就是如果怎么样怎么样,那么就怎么样怎么样,它是一个逻辑的变形。规则性思考,表面上看就是守规则,按照规则走。但是深层次思考就会给我们另外一个启发,反向思考的时候,也需要规则性思考。以规则为基础,然后尝试突破规则,改变规则。

五、创造性思考

从无到有,发散性、漫无边际不受限制的思考,就叫创造性思考。仔细观察就会发现,人类在思考的时候,不是单纯地用一种方式,而是多种方式交叉,最后如果能突破规则,就是创造性思考。你遇事经常会发散思考吗?是不是常常有自己的主见呢?总是不喜欢和别人一样吗?从来不会批判自己,总觉得自己的想法都是好的吗?总觉得自己的想法都有参考的必要?不会自己去泄自己的气?常常会把一些精确的记忆和你的创意相结合,做出一些发明?如果你是其中的一个,表示你已经很有创造思考的倾向了。

我们常说人的脑子是越用越灵光,不用就会生锈。意思是把思考当作一种习惯去培养,要经常练习。当勤于思考变成一种习惯时,思考力才会变强,思考的逻辑、创新意识才会更强。

2. 创业者的决策力

要创业,就必须要有创造性,特别是在决策的时候。创业者要非常自信,相信自己能够作出正确决策。决策力是创业者的一个显著特征。创业者要自己作出所有的决定,这些决定对公司未来发展会产生重大影响。靠直觉作出决策的能力是创业者最有价值的财富,这种能力来源于各种复杂情境中进行决策的经验积累。

科学的决策有一些特定的方法程序可以用来解决问题、制定决策。下面几点就是在决策过程中可以遵循的步骤:

第一,定义主要问题;

第二,找出问题的主要原因;

第三,确定可行的解决方案;

第四,评估可行的解决方案;

第五,选择最佳方案;

第六,执行方案;

第七,检验方案是否正确。

在决策过程中,时间是一个至关重要的因素,特别是在业务发展阶段。在某些情况下,必须要快速决策,迅速执行。一旦问题已经界定,且已经收集到所有相关信息和数据,创业者就必须找出解决问题的可行方案。开始时,可以让员工们集思广益,列出各种备选解决方案。虽然有些新问题没有正确的方法,但还是要有创业者来确定一个最佳的解决问题的可行方案。

3. 创业者的执行力

那么,什么是执行力?

通俗地理解,就是按质按量完成自己的工作和任务的能力。

执行力就是找谁来替你执行计划。接班人将来会代替你,现在你就全力帮助他。如果思考力用顾客来解释,决策力用重要和紧急、效果和效率来解释。那么执行力用接班人来解释。个人的执行力取决于其本人是否有良好的工作方式与习惯,是否掌握管人与管事的相关管理工具,是否有正确的工作思路与方法,是否具有执行力的品格与性格等。

【精选案例3-1】

给猫挂铃铛

有这么一个小故事:从前,一所房子里面有一只大猫,他抓住了很多偷东西的老鼠。一天,老鼠在一起开会商量如何对付他们共同的敌人。会上大家各有各的主张,最后,一只小老鼠站出来说他有一个好主意。"我们可以在猫的脖子上绑一个铃铛,如果他来到附近,我们听到铃声就可以马上逃跑。"大家都赞同这个建议,这时一只聪明的老鼠站出来说:"这的确是个绝妙的主意,但是谁来给猫的脖子上绑铃铛呢?"老鼠们面面相觑,谁也没有说话,径直走开了。

这是个讽刺"坐而言"未必能"起而行"的寓言小故事。美国某商学院的教授,把这个寓言搬进了课堂,MBA们听后反应热烈,有的建议设陷阱,当猫踩上后,铃铛自然缚在脚上;有的建议派敢死队,牺牲小我,成全大我;还有的宣称干脆下毒饵,永绝后患。这是个没有结论的讨论,临走前,教授只是狡黠地留下一句话:"想想看,为什么我们从来没有看过被老鼠挂上铃铛的猫吗?"

(二) 学会用人是创业者的必修课,善于识人是创业者的基本功

俗话说"用人不疑,疑人不用",但是"人尽其才,物尽其用"也非常重要。其实,每个人都有自己的特长,都有自己的性格偏好和个性特征。因此,创业者作为团队的领头羊,就要熟悉和了解你团队里每个人的特点,并根据他们的特点来安排他们到合适的岗位上,这就是知人善任。对于一个创业者来说,正确的用人之道是要充分发挥一个人的长处和优势,避开其短处和劣势,充分调动人才的能动性和创造性,激发下属潜能,以最好的状态投入到自己的工作中去。

(三) 提升创业者的基本素质与技能

人不是生而知之,大多数人的创业素质、创业能力可以通过后天培养而习得。迈向创

业的第一步就是观念上的转变,主要需从以下方面更新理念。

第一,培养自主意识:在温州,老百姓常把"下岗"称为"站起";下岗没有什么丢脸,坐等政府和社会来帮助才是耻辱。与其"寄人篱下",不如另起炉灶,自己创造一个饭碗。

第二,加强竞争意识:美国著名经济学家伯克莱因说:一旦一个公司不再面对真正的挑战,他就会很少有机会保持活力。竞争会带来一些阵痛,但它会带给强者更多希望。

第三,增强风险意识:创业有风险,投资须谨慎,但凡创业者都得有把控风险的意识。

第四,树立法律意识:对民法通则、合同法、担保法、公司法、劳动法、劳动合同法、税务法、票据法、证券法、消费者权益保护法、民事诉讼法、国际法等要有一定的了解和认知。

1. 创业者应具备的基本素质归纳如下:

(1) 有强烈的事业进取心,追求出类拔萃;

(2) 勇于承担风险,敢于做前人没有做过的事;

(3) 善于解决问题,从不回避困难,而是迎难而上;

(4) 不看重个人地位,只看重企业成功所带来的满足感;

(5) 具有充沛的体力和过人的精力,充满激情;

(6) 自信心强,对自己从事的事业充满信心;

(7) 遇事冷静、理性,避免陷入个人感情纠葛。

2. 创业者应具备的基本技能归纳如下:

(1) 经营管理能力:主要包括善于经营、善于管理、善于用人、善于理财。

(2) 学习新知能力:包括逻辑思维能力、综合分析比较能力、归纳总结能力。

(3) 数据与信息处理能力:对信息的获取、分析、加工、处理、传递的能力,是理解和活用信息的能力。

(4) 应变和独立工作能力:应变能力就是灵活机动、能根据社会的变化和市场上新的需求,迅速采取相应对策的能力。独立工作能力包括独立思考能力、组织决策能力、自我控制能力等。

(5) 开拓创新能力:创新是创业的核心,在创业过程中,创新始终贯彻其中,创新能力主要来源于创造性的思维,这里就包括独立性、求异性、想象性、新颖性、敏锐性等。

(6) 社交和语言表达能力。

【感悟与训练1】你是一个创业者吗?

问题思考	选项1	选项2
1.追求什么?	A.安稳	B.自由
2.哪一种情况更可怕?	A.知道明天会怎么样	B.每天都一样
3.人生更重要的是:	A.挫折少	B.经历多
4.哪一种情况更有安全感?	A.有人可依赖	B.独立
5.面对未知的难题:	A.看别人怎么做	B.我试试

续表

问题思考	选项1	选项2
6.哪种情况更容易？	A.遵守别人的规则	B.自己制定规则
7.遇到问题更倾向于说：	A.这不是我的责任	B.我承担全部责任
8.更愿意思考什么问题？	A.有标准答案的	B.没有标准答案的
9.哪一种情况更有优越感	A.做得比别人好	B.做别人没做过的事
10.更喜欢哪个头衔？	A.大公司高管	B.小公司老板
结论：创业者基本更倾向于B类答案。		

 知识链接

给创业者的十大箴言

1. 人生没有最佳时机

对于希望有所作为的人来说，人生没有最佳时机，换句话说，下定决心跨出去一步的那一刻才是最重要的。

2. 找到风口，看清风向

在创投圈，"台风来的时候，猪都会飞"因雷军而知名。"风口"这是一个比较形象的说法，涵括时机、趋势、潮流等等，暗喻正确的时间、地点、做对的事情，对于创业者而言，是指可以结合其个体优势优先切入从而获得成功关注的突破口。

3. 全心全意做一件事

创业者一旦认准、选择好了方向，就应该甩开膀子干。怕什么？屌丝创业，失败了大不了还是一个屌丝。一旦成功，那就是逆袭。

4. 高价打败低价

一个产品而言，价格一般由成本＋利润组成；也有根据目标收益或者投资收益率定价的；还有根据盈亏平衡定价的。或者形象一点，把一个产品看成一个圆心，价格是半径。这样，高定价，所代表的利润圆面积就大。

学会高价，就是选择一种高品质定位，从而为自己争取一个更为宽广的未来。

5. 从最小的事情做起："小火策略"或称小锤效应

小火策略，是指在一个陌生的领域，先擦出火花点燃一点，烧出一个火苗，然后耐心呵护，努力让它变大变热，促使和迎接一个星星之火可以燎原的未来。

小锤敲动大钟，据说源自一位著名大师，在告别自己职业生涯那一天的告别演说。现场年轻人累得气喘吁吁，用工作人员抬来的大铁锤全力砸都不动的大铁球，一个老人用随身携带的小铁锤，一锤一锤，最后竟然敲动了大铁球。

6. 把"店铺"开在每一个好地方

对于一般人来说，必须把有限的人生聚焦在最合适的地方，必须把"钱"用在刀刃上。实际上，把店铺开在每一个好地方，透过表层这远远不是一个选址的问题，而是用心的问

题,这也是创业的核心问题之一。

7. 合伙创业并让清洁工决定买哪把扫帚

实际上这是解决企业蓬勃发展最核心的人才瓶颈问题关键之所在。让清洁工决定买哪把扫帚,就是尊重每一个岗位并充分授权,从而充分发挥人们的积极性。这是一种最有效的人才成长阶梯,目标是为一个公司最终真正建立并因此培养出源源不断的人才。

8. 受辱,是成功最强悍的动力源泉之一

成功没有捷径,没有谁可以随随便便成功。创业亦是如此,只是这种侮辱可能来自生活任何一个角落。不要被侮辱所击败,无论如何认真踏实地做你该做的,将体力发挥到极限,将思想升华到极致,努力将所有想法都变成现实。借马云一句"昨天你对我爱理不理,今天我让你高攀不起",就戳中了人们的心灵某处痛点。既然选择了远方,风雨兼程就是人生最好的注释。

9. 承认不可预测性,不自我设限

明白人生是不可预测的,意义就在于不要自我设限。高盛CEO贝兰克梵,就有过一个精彩的阐述:试试和那些具有野心的人为伍,让你置身于可成长的环境中——在那种你不仅可以让自己进步,其他人也会推动你前进的环境。一个从贫困山区长大的孩子掌管世界最大金融机构的机会有多大?你永远也不会知道。不可预测性是生活中最伟大的一点。

你改变,这个世界也在改变。野心是你内心的声音,告诉你可以,而且应该努力去超越人生的处境或是限制。你必须克服障碍,扛住压力,打消自我怀疑,你能做到这些都是因为你有足够的野心。

10. 自我进化体系和护城河

一个初创企业,犹如一个新生的婴儿,除了创始人的悉心呵护,更应该具备一整套自我进化的体系,最大限度地适应环境,从周遭汲取营养,爆发式地快速成长,迅速度过混沌模糊的初期,找到方向,走向稳步扩张的正道。

护城河是指企业的保护带。往往占据先发优势的企业都会在一个合适的阶段构建自己的护城河。当然,从自我进化到护城河,这种能力跟创始人息息相关。自我进化既是创始企业自我完善、发展的根本,也是创始人自我格局和内心情怀的自然流露。而且最终也会成为创业企业构建强大的护城河最重要的核心因素之一。

知识点2 创业团队

【精选案例3-4】

腾讯创始人马化腾5兄弟:难得的兄弟创业故事

12年前的那个秋天,马化腾与他的同学张志东合资注册了深圳腾讯计算机系统有限公司。之后又吸纳了三位股东：曾李青、许晨晔、陈一丹。这5位创始人的QQ号，据说是从10001到10005。为避免彼此争夺权力，马化腾在创立腾讯之初就和四个伙伴约定清楚：各展所长、各管一摊。马化腾是CEO（首席执行官），张志东是CTO（首席技术官），曾李青是COO（首席运营官），许晨晔是CIO（首席信息官），陈一丹是CAO（首席行政官）。

之所以将腾讯的创业5兄弟称之为"难得"，是因为直到2005年的时候，这五人的创始团队还基本是保持这样的合作阵形，不离不弃。直到腾讯做到如今的帝国局面，其中4个还在公司一线，只有COO曾李青挂着终身顾问的虚职而退休。

都说一山不容二虎，尤其是在企业迅速壮大的过程中，要保持创始人团队的稳定合作尤其不容易。在这个背后，工程师出身的马化腾从一开始就对于合作框架的理性设计功不可没。

从股份构成上来看。5个人一共凑了50万元，其中马化腾出了23.75万元，占了47.5%的股份；张志东出了10万元，占20%；曾李青出了6.25万元，占12.5%的股份；其他两人各出5万元，各占10%的股份。

虽然主要资金都由马所出，他却自愿把所占的股份降到一半以下，47.5%。"要他们的总和比我多一点点，不要形成一种垄断、独裁的局面。"而同时，他自己又一定要出主要的资金，占大股。"如果没有一个主心骨，股份大家平分，到时候也肯定会出问题，同样完蛋。"

保持稳定的另一个关键因素，就在于搭档之间的"合理组合"。

据《中国互联网史》作者林军回忆说："马化腾非常聪明，但非常固执，注重用户体验，愿意从普通的用户的角度去看产品。张志东是脑袋非常活跃，对技术很沉迷的一个人。马化腾技术上也非常好，但是他的长处是能够把很多事情简单化，而张志东更多是把一个事情做得完美化。"

许晨晔和马化腾、张志东同为深圳大学计算机系的同学，他是一个非常随和而有自己的观点，但不轻易表达的人，是有名的"好好先生"。而陈一丹是马化腾在深圳中学时的同学，后来也就读深圳大学，他十分严谨，同时又是一个非常张扬的人，他能在不同的状态下激起大家的激情。

如果说，其他几位合作者都只是"搭档级人物"的话，只有曾李青是腾讯5位创始人中最好玩、最开放、最具激情和感召力的一个，与温和的马化腾、爱好技术的张志东相比，是另一个类型。其大开大合的性格，也比马化腾更具备攻击性，更像拿主意的人。不过或许正是这一点，也导致他最早脱离了团队，单独创业。

后来，马化腾在接受多家媒体的联合采访时承认，他最开始也考虑过和张志东、曾李青三个人均分股份的方法，但最后还是采取了5人创业团队，根据分工占据不同的股份结构的策略。即便是后来有人想加钱、占更大的股份，马化腾说不行，"根据我对你能力的判断，你不适合拿更多的股份"。因为在马化腾看来，未来的潜力要和应有的股份匹配，不匹配就要出问题。如果拿大股的不干事，干事的股份又少，矛盾就会发生。

当然，经过几次稀释，最后他们上市所持有的股份比例只有当初的1/3，但即便是这样，他们每个人的身价都还是达到了数十亿元人民币，是一个皆大欢喜的结局。

可以说，在中国的民营企业中，能够像马化腾这样，既包容又拉拢，选择性格不同、各有特长的人组成一个创业团队,并在成功开拓局面后还能依旧保持着长期的默契合作,是很少见的。而马化腾成功之处,就在于其从一开始就很好地设计了创业团队的责、权、利。能力越大,责任越大;权力越大,收益也就越大。

【想一想】请你思考什么是团队,创业团队有哪些要素组成?

一、创业团队及构成要素

创业团队是指在创业初期(包括企业成立前和成立早期)由一群才能互补、责任共担、愿为共同的创业目标而奋斗的人所组成的特殊群体。创业关注的核心并不是个人英雄主义的个体创业者,而是卓有成效的创业团队。

一般而言,创业团队由四大要素组成:即目标、人员、团队成员的角色分配、创业计划。

二、创业团队的特征

明确可行的目标,致力于企业价值的创造,对企业的长期承诺,互补的技能,良好的沟通,高度凝聚力,公平合理的股权分配机制,合理分享经营成果。具体分为:

(一) 一般特征

(1) 各成员在心理上相互依赖和认同;
(2) 各成员在行为上相互配合和制约;
(3) 各成员对该群体都有一种归属感;
(4) 各成员由一共同目标聚集在一起。

(二) 外在表现特征

(1) 统一规范的团队标识;
(2) 成员构成行动有序;
(3) 人格力量的相互吸引;
(4) 轻松随意的交往方式。

三、创业团队的优劣势分析

创业者可以依靠团队的力量,展示自己超凡的领导力。但创业者应该学会的首要管理技巧就是"让合适的人做最合适的事"。

与个体创业相比较,团队创业具有多方面的优势,对创业成功起着举足轻重的作用。

(一) 互补型合作伙伴

对一个企业家来说,最难的事有两件:一是寻找到能够胜任业务的人;二是寻找到可以信赖的人。如果你能够与可以信赖的人在一起合作,而他又可以处理重要的业务,那么无疑你们将是最好的拍档,他可以助你一臂之力。而经验表明,如果一对能人要在一起工作,那么关键的一点就是:这两个人必须是并列的关系,不应让团队中的两个能人做同一类事,最好两个人是互补型的。

(二)多用外脑,团队出击

在创业初期,你的事业就像刚刚出土的嫩苗,稚嫩、脆弱、经不起打击,也许一点失误都会让大家前功尽弃。因此,遇事要多用"外脑"来帮助你思考,有事多与团队的人商量,每一步投资和决策都应该如履薄冰,力求万无一失。

(三)正确的决策,需要倾听多方意见

协调是创业过程中最好的一种方式,创业者需要有人给他提出忠告。当然并不需要他对别人的忠告言听计从,他必须自己作出最后的决定,这样他可以得到不同的观点,在自己愚蠢行事时有人指出来。

有一位老板竟然拥有一群挑刺的朋友,这种挑刺不是理论上的,而是操作范畴的。他希望这批人天天围住他,必须指出他的诸多错误。只有从不同的角度去看待问题,才会得出相对正确的答案。

(四)拥有人才,成就未来

现代社会已经不是个人英雄主义的时代了,现在的竞争都是团队合作的竞争,竞争的最后,就是看谁拥有最好的人才、最紧密的合作伙伴、最多的资源。因此,要重视团队荣誉,时刻给你的顾客一个团结向上、乐观进取的团队形象。也只有这样,你才可以在激烈的竞争中取得最后的胜利。

"三个臭皮匠赛过诸葛亮。"这句谚语充分说明了团队合作成功的力量和必要性。但是也有关于团队合作不成功的俗语,如"一个和尚挑水吃,两个和尚抬水吃,三个和尚没水吃",就是典型的团队合作失败的写照。因此,团队合作是否和谐、有力,对创业能否成功非常关键。

【精选案例 3-5】

唐僧师徒西天取经——历史上最好的合作团队

我国古代历史上最好的合作团队,领导者唐僧虽然能力不足,但终极目标十分明确,并且恒心满满;团队的精英骨干力量孙悟空,上得天庭下得地府,见妖捉妖见鬼打鬼,虽然工作中思想激进错误不断,还经常开罪隐性投资人和终极大 Boss,但团队领导唐僧的挟制让他渐渐步入正轨;作为取经团队中的落后分子八戒来说,他是团队中的情感调节器,他出身良好、能力中上,也许受到高层领导的重视但因为犯了错误而下放锻炼,八戒是团队中感情最外露的一个,相比于暴烈的大师兄他显然更能团结在师傅的周围,是团队的凝聚力量;沙僧是团队中最老实忠厚的成员,能力一般但是脚踏实地任劳任怨,并且对领导者忠心耿耿。取经团还得到高层领导的重视,并且有一定的资金支持,四人都有合理而且便利的融资渠道——化缘。

【点评】

这种具有绝对权威和明确目标的团队长,带领着优势互补、相互协作的队员,再充分利用各种资源,必将取得最后西天取经的成功!

四、创业团队的构建与管理

(一)创业团队构建遵循的四大基本原则

1. 目标明确合理原则

目标明确,才能使团队成员清楚地认识到共同的奋斗方向是什么。同时目标也必须合理、切实可行,这样才能真正达到激励的目的。

2. 互补原则

创业者寻求团队合作,其目的就在于弥补创业目标与自身能力间的差距。只有当团队成员相互间在知识、技能、经验等方面实现互补时,才有可能通过相互协作发挥出"1+1>2"的效应。

3. 精简高效原则

创业团队人员构成应在保证高效运转的前提下尽量精简。

4. 动态开放原则

创业过程是一个充满不确定的过程,团队中可能因为各种原因不断有人离开或加入。因此,组建团队时,应保持团队的动态性和开放性,使真正合适匹配的人被吸纳到团队中来。

(二)创业团队成员

初创企业规模不大,一般由下列人员组成:

1. 业主或经理

即你本人:在大多数小微企业中,业主就是经理,也是团队的领导。只有业主(经理)才可以行使以下职责:

(1)开发创意,制订目标和行动计划。

(2)组织和调动团队成员实施行动计划。

(3)确保计划的执行,使企业达到预期的目标。

2. 股东或合伙人

如果你是和你的团队成员共同出资创办企业,也就是说企业不止一个业主,那么,这些业主将以合伙人或股东的身份与你共享收益、共担风险。

3. 员工

如果你和你的团队成员全部投入企业工作,那么,你们首先是企业的员工。如果你们没有时间或能力把全部工作包下来,就需要雇人。

4. 企业顾问

各种咨询意见对你和你的团队都有意义。因为你不可能是所有企业事务方面的专家。你要认准那些对你有过帮助而且将来可能还会扶持你的行业专家,包括专业协会会员、会计师、银行信贷员、律师和政府部门官员等,邀请他们成为你的咨询顾问。

(三)设计团队的组织构架

微小企业一般由于人员较少和工作关系简单,所以组织结构也相应简单,最常见的是直线职能式组织结构,也就是把企业的人员按照工作责任分成若干部门,并为每个部门设立一个领导职务,然后明确各部门之间的关系(见下图3-1)。

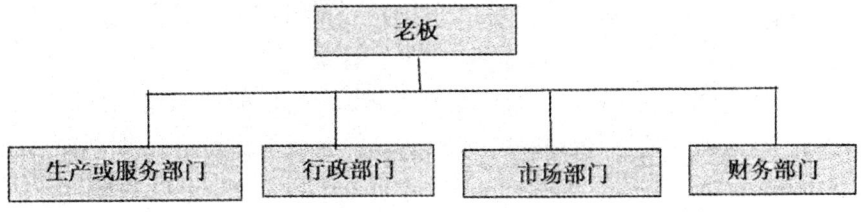

图 3-1 企业的组织结构

(四)创业团队的管理及绩效评估

(1)明确每个岗位的主要职责;

(2)招聘合适的员工;

(3)创业领导者的个人魅力及管理下属员工;

(4)寻找企业顾问;

(5)绩效评估:团队内部成员互相评议、用户满意程度、管理层评估。

高绩效的团队就要求共同的目标,彼此信任,有着大家所尊重的团队精神,这就好比一支成功的足球队,全体队员要各就其位,各司其职,同时更要密切配合,发挥整体效能(如下图3-2所示)。

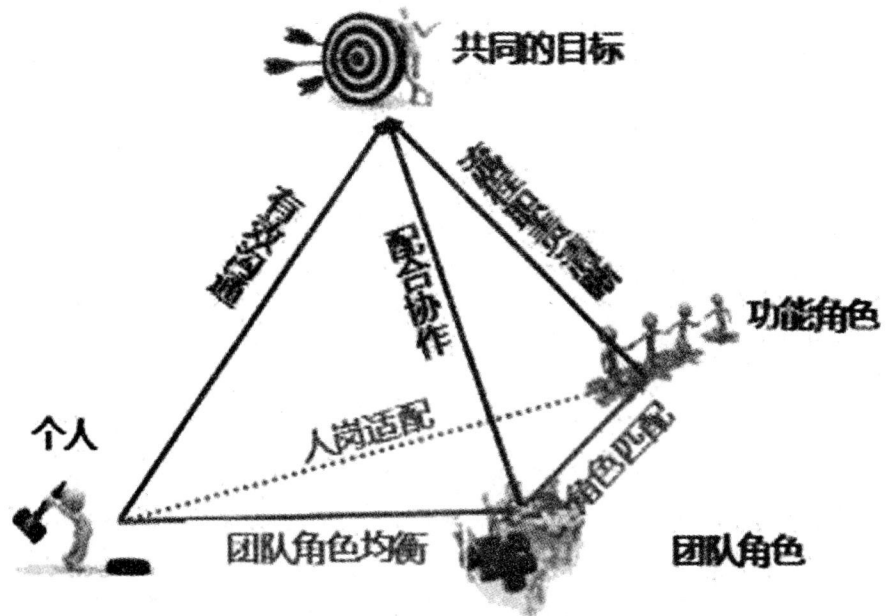

图 3-2 高绩效团队核心要素

积极友好,彼此信任、尊重的团队文化是创建高绩效团队的核心要素。

(五) 团队组建方式对团队后期管理的影响

创业团队最初组建的方式有很多,这些组建方式对后来的公司运作都是有影响的。

1. 亲友组合型

好多创业者最初的融资都是亲情融资,这个传统的融资方式其实也是最容易的融资方式,随之而来的是由各出资方组成的创业团队。这类团队的好处是在创业初期由于有之前的感情基础和彼此的了解,可以很快地行动起来,缺点是有了感情的掺杂,创业者在决策和管理时,也不能太理性,否则会影响感情,而因亲情组建的团队,也很容易因亲情而分手、翻脸。

2. 同学组合型

最初的创业团队是为了参加创业比赛而组建的,随着时间的推移和创业项目的不断变化和推进,好多创业者最后就决定真的要付诸实践了,这时的同学团队,也就自然演变成创业团队。

这种组合团队的好处是大家亲手打造出来的项目,很了解细节。但是如果团队没有相同的价值观的话,也很难走远。

3. 志趣相投型

有时就是由原来的志趣相投的朋友,其中一人创业成功了,其他成员也就自然而然加入进来,逐渐成了团队成员。

这种组合的好处是在创业之初大家都不怎么在乎金钱,维系大家在一起的是友谊,但是往往在创业成功之后,有时会因为看法、做法、想法的分歧而分道扬镳。

4. 志同道合型

这种团队是在创业过程中不断磨合而组成的坚固的团队,大家是因为有着共同的愿景,愿意为了同一个目标而付出自己的青春,这时即使付出很多,也计较较少,所以,那些取得成功的团队大都是这样的团队。

通常志同道合的团队带头人也善于管理人心、善于管理公司,在股份、用人和薪酬分配等方面较为合理,执行力较强,通常制定的战略目标都可以按期实现,逐渐形成一种信任的氛围,这需要创业者自身要具有很好的人格魅力和很强的创业能力。

 知识链接

大学生创业团队建设中的常见问题

纵观各类创业团队的成长史,大学生创业团队的分裂最容易发生在企业从创业阶段向集体化阶段过渡的时期。集体化阶段的特征是企业已经渡过了生存期,开始提出明确的目标和方向。部门也随着权力层级、工作分配及劳动分工而建立。在此期间,企业从不规范过渡到正常经营管理状态,创业团队中的很多矛盾很容易因此暴露出来,而这些矛盾正是创业团队分裂的主要原因,其因素主要有以下三种:

一、创业成员之间因为性格、理念不合,导致目标和策略价值观出现冲突

在这种情况下,团队成员的性格差异和处理问题的不同方式就容易被掩盖。有些团队从表面上看到,好像大家都在努力工作,但真正全身心投入者只有一两个人,同时团队内又缺乏真正的沟通,那么团队实际上并未形成真正的团队,而如果团队成员间目标不一致,造成的结果就是 1+1<2 了。这种情况必定会导致创业团队的解散,而且这种情况也是最常见的。

二、随着创业规模的增长,创业团队成员的意志和能力不足

这一点在我国众多的大学生创业中表现得很明显。很多创业企业的"元老"缺乏持续的学习精神与吃苦耐劳的品质。当初的成功往往是因为创业激情,敢拼敢干,但随着企业进入一个规范发展的时期,他们自身意志和能力的制约反而成为企业发展的阻力,在这种情况下,创业团队很有可能走向分裂。

三、团队在创立初期无明确的利润分配方案

这种情况在企业中也是很常见的。很多大学生创业团队在企业发展初期,或是没有利润,或是碍于面子,没有明确提出未来具体的利润分配方案,待到企业规模扩大的时候再开始为利润分配问题发生争执。

四、创业领导者的角色与行为策略

无论怎样的团队,都有一个核心人物,就是这个团队的领导者,在企业初创期,创业者就是这个领导者。而一个团队的绩效如何,关键也取决于这个领导者的胸怀和魅力。

创业团队领袖是创业团队的灵魂,是团队力量的协调者和整合者。

最令人敬佩的团队是《西游记》里的师徒四人,他们历经磨炼,实现了最后的目标。历史中,只有《西游记》里的师徒四人是一个成功的团队,其他的到最后都是一盘散沙,根本原因,是因为他们没有一个好的领导——唐僧。

从唐僧师徒团队来看领导者个人的魅力,主要表现在以下几点。

(一)优秀的协调者

唐僧不高估自己,有自知之明,他不会用自己的短处来应对这个世界,这就是他的长处,他不需要专业技能特别优秀,但他要善于把优秀的人整合到自己手下,让他们为自己工作。

(二)对下属宽容

唐僧对自己的徒弟很宽容,特别是对最重要也是最有个性的孙悟空。

(三)善于用人

领导者要让每个下属的长处都有施展的空间。唐僧就是很好地发挥了他三个徒弟的长处,一个团队需要个性化的成员共存,二八理论应用在团队中是指:80%的工作是由20%人做出来的,剩下的80%的人只做20%的工作。

(四)有明确的远景目标

唐僧对团队的目标坚定不移,信心十足。有位管理学家说过:用一句话来概括领导,就是为团队成员提供了一个远景目标,下属也都愿意跟随一个有愿景的领导。

(五)心态平和,不急功近利

唐僧遇到阻碍不灰心,取得成绩不沾沾自喜,一步一步接近自己的目标,始终保持良好的心态,这就是领导者魅力的核心部分,因为一个领导者遇到的困难要比任何一个下属遇到的都要多,都要严重。

(六)对下属恩威并重

唐僧对每一位徒弟都有恩情,但是对他们都是赏罚分明。

(七)有贵人相助

人脉关系是领导者至关重要的资源,充分利用这个资源有利于团队目标的实现。关键时刻,观音菩萨出手,有助于唐僧师徒实现自己的目标。

(八)形象好

团队形象最主要取决于领导形象,这个形象是指外在和内在的结合。保持良好的形象是领导者必备的素质之一。

 创业小贴士

领导者应该常常保持自省的姿态和心态。

——江南春

想赢两三个回合,赢三年五年,有点智商就行;要想一辈子赢,没有德商绝对不行。

——牛根生

一个人再有本事,也得通过所在社会的主流价值认同,才能有机会。

——任正非

五、创业团队的社会责任与合作

创业团队组建的企业同时也是一个社会细胞,都肩负着义不容辞的社会责任。成员的思想境界和世界观,也会影响团队的发展和未来。因此成员之间合作的成败也就不仅是成员自身的问题,也是具有一定社会影响力的社会问题。

（一）创业团队的社会责任

1. 企业的社会责任

企业是由创业团队创建的，它的社会责任，就是在遵纪守法的前提下追求最大限额的利益，使企业得到更大的发展。企业的利润增大就意味着依法纳税数额的增加，国家就更有能力搞公共事业建设以及开展慈善、扶贫等社会事业。企业更大的发展就意味着可以吸收人才，让更多人的生活得到改善。

2. 企业的社会道德

（1）企业的产品都可以满足社会发展的需要和人们日常生活的需求。制造高品质的产品既是企业的立身之本，同时也是企业推卸不了的社会责任，任何为了自身制造出的有损于社会公德的产品，都是企业不负责任的表现，都将被法律所不容，企业不能触犯社会责任的底线。

（2）企业应关注社会发展，关注弱势群体，关注公益和慈善。企业除了关注自身发展之外，还应关心自身所处的社会环境，就捐赠慈善扶贫而言，要有回报社会的原则，为弱势群体和社会公益作出自己力所能及的贡献；但从社会来讲，企业捐赠多少都是一份爱心，都应给予尊重和感恩。

（二）创业团队的分工合作

下面以弦乐四重奏为例，来阐述团队合作与分工的原理。

1. 目标一致，分工明确

参加弦乐四重奏的四个人就是一个团队，他们合作的目标就是共奏一曲。和我们说的几个人一起创业的团队一样，互相配合，各有分工，共同的目标是把企业做好，共同赢利。

弦乐四重奏是由两个小提琴、一个中提琴和一个大提琴组成的。每个演奏者除了高超的技艺之外，还要有合作的技巧。他们每个人要独自负责一个声部，没有指挥，每个声部是不同时出现的，每个人都在全神贯注地聆听合作者的声音，准确、恰当地发出自己的声音，合成一曲美妙的音乐。四人之中任何一位单独出来演奏，都没有四个人合作后的效果那样令人震撼、令人陶醉！

2. 配合默契，出奇制胜

演奏者技艺精湛，分别占不同的声部，互相认真聆听，准确、适时地发声，合奏一曲，这就是弦乐四重奏对演出人员的要求。同样，一个创业团队要合作默契，也离不开创业团队人员之间的分工明确与相互配合。"罗马军团"的成功案例告诉我们，单个人并不出众，团队合作可以出奇制胜！

【感悟与训练 2】

合作能力测试

问　　题	回　　答
1. 我喜欢在别人的领导下完成工作。	□是　　□否
2. 我不喜欢参加小组讨论。	□是　　□否
3. 与陌生人一起讨论时,我会放不开。	□是　　□否
4. 我喜欢与人一起分担一项工作。	□是　　□否
5. 我与周围人的关系很和谐。	□是　　□否
6. 我觉得自己要比别人缺少伙伴。	□是　　□否
7. 很少有人可以让我感到可以真正信赖。	□是　　□否
8. 我时常感到寂寞。	□是　　□否
9. 我相信大合作大成就,小合作小成就。	□是　　□否
10. 我感到自己不属于任何圈子中的一员。	□是　　□否
11. 我与任何人都很难亲密起来。	□是　　□否
12. 我的兴趣和想法与周围人不一样。	□是　　□否
13. 我常感到被人冷落。	□是　　□否
14. 没人很了解我。	□是　　□否
15. 在小组讨论时我感到紧张不安。	□是　　□否
16. 我善于把工作分解开让合适的人一起做。	□是　　□否
17. 我感到与别人隔开了。	□是　　□否
18. 我感到羞怯。	□是　　□否
19. 我要好的朋友很少。	□是　　□否
20. 我只喜欢与同我谈得来的人接近。	□是　　□否

合作能力测试结果分析:

每题均有两个测试结果,即"是"和"否"。答"是"得 1 分,答"否"得 0 分,在 12 分以上表示合作能力亟待提高;8～11 分表示一般;5～7 分表示合作能力较好;4 分以下表示合作能力非常好。

对希望提高合作能力者的建议:

⊙ 借鉴合作成功者的成功合作经验,总结合作失败的教训,为己所用。

⊙ 培养发现别人的优点,并能不惜赞赏,发挥其长处的能力。

⊙ 与合作者求同存异。

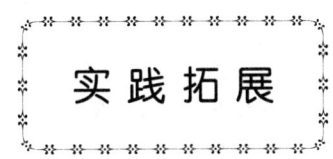

大学生创业者潜力评估及创业团队组建模拟

一、创业者潜力评估

要想成功创办企业,另外一个重要的问题,就是你或者合伙人能够具备相应的特殊能力和素质,包括创业的知识。企业管理者的决策、执行、沟通能力,相关的专业技能和行业经验,以及应对企业风险的心理素质等。

完成下面的小测试,评价一下你的创业潜力

A 栏和 B 栏里各有一些陈述,其中有一个更符合你的情况。

- 如果 A 栏里的陈述符合你的情况,请在 A 栏左边的空格里填写 2。
- 如果 B 栏里的陈述符合你的情况,请在 B 栏右边的空格里填写 2。

在自我评价时要实事求是。这个测试将帮助你评价自己是否具有成功经营企业的技能、经验和素质。

(1) 创办企业的动机

	A	B	
	我有一份工作。	我没有工作。	
	我从自己干过的每一份工作中都学到了一些东西,我发现工作很有意思。	我认为工作只是为了挣钱。工作没有什么乐趣,我对工作兴趣不大。	
	我想让我的企业成为我的终身事业。	我想创业,是因为没有其他选择。	
	我想拥有一家企业,这样我能够为我的未来提供更好的生活方式。	我想创办企业是因为我想取得成功。富人都有自己的企业。	
	我坚信,我能够成功更多地取决于我自己的努力。	一个人不论做什么,要想成功,都需要其他人的大量帮助。	
	总　　计	总　　计	

(2) 主动性

A	B	
我不惧怕问题,因为问题是生活的组成部分。我会想办法解决每个问题。	我发现处理问题很难。我担心这些问题,或者干脆不去想这些问题。	
当我遇到困难时,我尽全力去克服。困难是对我的挑战,我喜欢挑战。	如果我有困难,我试图忘掉这些困难,或者等待困难自行消失。	
我不是等待事情的发生,而是努力促使事情发生。	我喜欢顺其自然并等待好事降临。	
我总是尝试着做一些与众不同的事情。	我只喜欢做我擅长的事情。	
我认为所有的想法都会有所帮助,我寻求尽可能多的想法,看看这些想法是否行得通。	人都有很多想法,但是你不可能做所有的事情。我愿意坚持自己的想法。	
总　　计	总　　计	

(3) 对企业的承诺

A	B	
我在压力之下工作得很好。我喜欢挑战。	我在压力之下工作得不好。我喜欢平静和轻松。	
我喜欢每天工作很长时间,不介意利用业余时间工作。	我认为工作以外的时间很重要,一个人不应该工作得太久。	
一旦需要作出决定,我常常能够尽快决定做什么。	我不愿意为了我的企业而减少与家人及朋友在一起的时间。	
如果必要的话,我可以把社会业务、休闲娱乐和业务爱好放在一边。	我认为在社交活动、业余爱好以及休息上多花时间是很重要的。	
我愿意非常努力地工作。	我愿意工作并做必须要做的事情。	
总　　计	总　　计	

(4) 坚忍不拔和应对危机的能力

	A	B	
	即使面对极大的困难,我也不会轻易放弃。	如果存在很多困难,真的不值得为某些事去努力。	
	我不会为挫折和失败沮丧太久。	挫折和失败对我的影响很大。	
	我相信自己有能力扭转局势。	一个人能够独立做的事情只有那么多,命运和运气起很大的作用。	
	如果有人对我说不,我会泰然处之,我会尽最大努力改变他们的看法。	如果有人对我说不,我通常会感觉很糟并会选择放弃这件事。	
	遇到危机时,能够保持冷静并找出最佳的应对办法。	遇到危机时,我会感到慌乱和紧张。	
	总　计	总　计	

(5) 风险承担能力

	A	B	
	我坚信,要在生活中前进我必须冒风险。	我不喜欢冒风险,即便是有机会得到很大的回报也是这样。	
	我认为风险中也蕴含机会。	如果可以选择,我愿意以最稳妥的方式做事。	
	我只有在权衡了利弊之后才会冒风险。	如果我喜欢一个想法,我会不计利弊就去冒风险。	
	即使投资全部亏掉了,我也愿意接受这样的现实。	我很难接受投资全部亏掉的现实。	
	我清楚不是所有的事情都能够完全控制,哪怕我具有掌控权。	我喜欢完全控制自己做的事情。	
	总　计	总　计	

(6) 决策能力

A	B	
我喜欢自己作决定,而且能够轻松地作出决定。	我发现作决定很难。	
我能自己作出艰难的决定。	在我作出艰难的决定之前,我会征求很多人的建议。	
一旦需要作出决定,我常常能够尽快地决定做什么。	我尽可能长地推迟作决定的时间。	
在作决定之前,我会认真思考所有可能的选择。	我凭感觉和直觉作出决定,我只知道眼下要做什么。	
我不怕犯错误,因为我可以从错误中吸取教训。	我经常担心会犯错误。	
总　　计	总　　计	

(7) 适应企业需要的能力

A	B	
我只提供顾客需要的产品和服务。	我只提供我喜欢的产品或服务。	
如果我的顾客想要更便宜的产品或服务,我将想办法满足他们的需求。	如果我的顾客想要更便宜的产品和服务,他们就得找其他企业。	
如果我的顾客想赊购,我要想办法用最低的风险为他们提供赊购服务。	我不会想任何人赊销我的产品或服务。	
如果将企业迁到其他地方能够获得更多的生意,我准备这样做。	我不愿意重新选择企业地点。	
我将研究市场证券,力图改变我的工作态度和方法,以便跟上时代的发展。	更好地按照我已经知道的方法去工作,跟上世界的变化太难了。	
总　　计	总　　计	

(8) 沟通和谈判能力

A		B	
我喜欢谈判,并且经常在谈判中达到目的。		我不喜欢谈判,按照其他人的建议去做更容易。	
我与其他人沟通得很好。		我与其他人的沟通有一些困难。	
我喜欢倾听其他人的观点和建议。		我对其他人的观点和建议一般不感兴趣。	
在谈判过程中我常常愿意表达自己的观点。		如果我参加谈判,我更愿意做一个听众,旁观事态的发展。	
我认为,在谈判中达到目的的最好方法是努力寻找一个使双方都受益的方法。		这是我的企业,因此我的意见最重要。谈判中总有人会输。	
总 计		总 计	

(9) 协调家庭、文化和企业的能力

A		B	
在企业能够负担的范围之内,我从企业拿出钱来供我和我的家人使用。		我的家人需要多少钱,我就从企业拿多少钱。	
如果我的朋友或家人有经济困难,我会拿预留给我个人的钱来帮助他们,而不会从企业拿钱。		如果我的朋友或家人有经济困难,我将帮助他们,即便这样可能会损害我的企业。	
我不能把大量的工作时间花在家人和社会义务上而忽略我的企业。		家人和社会义务高于企业。	
我的家人和朋友将与其他顾客一样为购买我的产品、服务或使用企业的资产付钱。		我的家人和朋友将在我的企业得到特殊的待遇。	
我不会因为他们是我的家人或朋友就允许他们赊账。		我会常常允许我的家人和朋友赊账。	
总 计		总 计	

(10) 获得家庭支持的能力

A	B	
如果企业的决定将对家人产生影响,我会让家人参与决定。	我不会让家人参与对他们有影响的企业决定。	
因为对企业全心的投入使我没有太多的时间和家人在一起,我的家人会理解。	因为对企业全心的投入使我没有时间和家人在一起,他们会感到不快。	
如果我的企业在开始时不是很成功,并且给家里人带来经济上的困难,我的家人愿意忍受。	在创业之初,如果我的企业不是很成功,并且给家里人带来困难,我的家人会十分生气。	
我的家人愿意帮助我克服企业遇到的困难。	我的家人可能不愿意或没有能力帮助我克服企业遇到的困难。	
我的家人认为,我创办企业是个好主意。	我的家人对我创办企业感到担心。	
总 计	总 计	

你的得分:

通过上面测试能够评估你在企业经营方面的强项和弱项。根据你自己的情况完成测试后,分别把 A 栏和 B 栏里的得分相加,然后把这些分数填入下面的表格中。

个人素质/能力	A	6~10分 强	0~4分 不太强	B	0~4分 有点弱	6~10分 弱
1. 创办企业的动机						
2. 主动性						
3. 对企业的承诺						
4. 坚忍不拔和应对危机的能力						
5. 风险承担能力						
6. 决策能力						
7. 适应企业需要的能力						
8. 沟通和谈判能力						
9. 协调家庭、文化和企业的能力						
10. 获得家庭支持的能力						

• 如果你在 A 栏里的分数是 6~10 分,说明你在这方面的能力和素质是你的强项。在"强"下面画"√"。

• 如果你在 A 栏里的分数是 0~4 分,说明你在这方面的能力不太强。在"不太强"下面画"√"。

• 如果你在 B 栏里的分数是 0~4 分,说明你在这方面的素质或能力有点弱。在"有点弱"下面画"×"。

• 如果你在 B 栏里的分数是 6~10 分,说明你在这方面的素质或能力是弱项。在"弱"下面画"×"。

A 栏得分高,说明你在组织和经营企业方面有可能取得成功。

• 如果你在 A 栏里的总分达到 50 分或更高,说明你具有一个好企业主所应具备的各项个人素质。

• 如果你在 B 栏里的总分达到 50 分或更高,说明你需要对你的弱项加以改进,将弱项转变为强项。

二、创业团队的组建模拟

小张、小李、小王是某大学的同学,毕业后,他们决定共同出资创业,创业资金大部分是从各自家里借的。他们决定在创业初期暂时雇佣 1 名销售人员,公司的其他业务由他们分工完成。小张在大学期间担任过学生会主席,经常组织学生会活动,有很强的组织管理能力,并且他是学习国际经济与贸易专业的,懂得经济规律,又善于与人沟通;小李是学会计的,为人严谨细致,工作一丝不苟;小王曾经在全省"公益广告设计大赛"中拿过一等奖。请根据他们三个人的特长模拟组建一个创意产品设计的创业团队,并确定团队中每个人的岗位职责和分工。

要求:请画出这个公司的组织架构图并写出每一岗位对应的工作说明,所需的素质和技能,及由谁来负责。

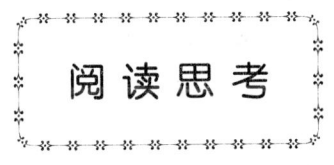

研究生"六味面馆"的倒闭带给你的启示是什么?

自古君子远庖厨。但在四川成都继某高校三位在读硕士开连锅汤餐馆之后,该市另一所高校食品科学系 6 名研究生声称自筹资金 20 万元,在成都著名景观——琴台故径边上开起了"六味面馆"。

据此间媒体报道,这 6 位研究生股东均是该校 2003 级在读研究生。他们之间的关系,可以说是"同桌的你"、"睡在我上铺的兄弟"、"同窗姐妹"的一个综合体。6 位在读研究生没有去选择结合专业学科的科技创业,为何单单选择开面馆?

对于人们的疑问,当时他们的一致回答是,那是由于他们读研究生的第二年,课程不多,更多的想法是进行社会实践,于是不约而同选择了创业。而"开面馆本小、利薄、消费量大,最适合初次创业的人"!他们还称,开业前两个月,6 个人曾分头到成都大街小巷的面店去"明察暗访",两个月下来,先后跑了几百家面馆,吃了一千多碗面。最终得出的结论是,现在成都的快餐吃得最多的还是面条。由于准备充分,加上当地媒体的提前介入,"研究生面馆"开业当日生意火爆,仅中午时分就进账1200多元,晚上又卖出400多碗面。财源滚滚也让6位研究生兴奋不已,在接受媒体采访时,这6位研究生甚至跃跃欲试,声称要在五年内开20家连锁店,到时候跟肯德基、麦当劳等洋快餐一比高下。

　　对这6位研究生的雄心,当时就有行内人泼了冷水。在成都李家沱小区开了5年面馆的陈先生说:"我这个铺子60多平方米,一个月的营业额才有2万~3万元,房租开销3500元,原材料10000多元,煤和其他一些杂费要5000多元,另加税费两三千元,我都感到压力不小,赚不了多少钱。如果这些在读研究生像他们所说的还要搞什么绿色食品、无公害蔬菜,那么原材料价格肯定要比普通的高一倍,想赚钱我看悬得很!"而事实上面馆开业头几天生意十分火爆,但却没有一直持续下去。后来,在面馆生意日渐趋于冷淡并长时间处于无人管理的情况下,一位年青商人站了出来:"我才是面馆真正的老板!"他承认,所有投资全是他一人出的,6名研究生只持有一定比例的干股。据这位投资人称,他与其中一名女研究生是朋友关系。有一次,大家谈到做餐饮时都来了兴趣和劲头。6名研究生也称,凭借他们所学知识,搞一家连锁餐饮店挑战洋快餐也许"很有前途"!于是,六人随后商议决定创办集"酸甜苦辣咸鲜"为特殊口味的"六味面馆",面馆由他全额出资,绝对控股;6名研究生负责面馆日常具体管理,以此占有一定干股。他又说,原本想以"研究生"之名来制造广告轰动效应,但事情的发展却出人预料。

　　情伤钱损,无人管理,草草收场。"研究生面馆"开业不久,6名研究生就一个个被学校领导找去谈话,要他们在学业和面馆之间作出选择:要么退出,要么退学。很快,面馆开张没几天,6人中就有两人匆匆退出。春节后,剩下的4名研究生基本上就再没有去过面馆。"六味面馆"也就陷入了无人经营管理的状况,这位实际投资50万元的年轻老板只好另聘经理。他说:"我理解他们的难处,不可能为此丢了学业!"由于面馆长时间处于无人管理和经营欠佳的状况,投资人已准备公开转让。这家当初在成都号称"第一研究生面馆"的餐馆仅仅经营了4个多月,就不得不草草收场。

【思考】

　　研究生"六味面馆"的倒闭带给你的启示是什么?(可以从战略、营销管理、人力管理、财务管理、运营管理等方面分析。)

创业之问四：我该选择什么样的创业项目？

学习目标

通过寻求对此问题的答案，使学生全面了解和掌握创意与创业构想的概念、创业机会的概念、创业机会的来源、创业机会的识别和评估、创业风险的识别和规避、商业模式的开发等相关知识，培养学生综合运用所学的关于创业机会和创业风险的理论知识的实践能力。

技能要求

◎创意转变成创业的实践能力
◎创业构想的设计能力
◎创业机会的识别能力
◎创业风险的评估能力

理论概要

创意、创业构想、创业机会、创业风险

知识点 1　创意与创业构想

创意是创新的基础，创业构想是创业的前提。有了创意不一定就能创新，但是创新却离不开好的创意；有了创业构想不一定能创业成功，但是创业成功却离不开合理的创业构想。

一、创意

创意指对新产品、流程或服务的构想以及管理程式或政策里的任何事情的新构想。人们常说的"创意"有两种主要含义：一是指"新奇、有创造性的构思或点子"；二是指创造性的行为。创意是创新的基础，创意即创造出新的意义点或思想点，它注重意向的关联和重组，强调创新思维和灵感的凸现。

创意是一种普遍的智能，艺术家可以用创意来表现艺术，科学家可以用创意来表现创造力,而创意者可以用创意来创建产业、激活创意经济。

创意经济又叫创意工业、创造性产业等,是指那些从个人的创造力、技能和天分中获取发展动力的企业,以及那些通过对知识产权的开发可创造潜在财富和就业机会的活动。

创意经济并不是与农业、制造业和服务业并存的又一门类,而是对所有产业的转型。创意经济被称为建立在头脑态度上的经济,这种智力对所有经济领域都会产生影响。创意经济转变了网络、技术和消费者需求,创意经济的发展在客观上改善了人们的生活方式,提高了人们的生活品质。创意经济最早起源于欧洲和美国,时至今日,创意经济已经被视为一种全球现象。

创意产业,主要是把技术、文化、市场、产品这四个方面有机地结合起来的产业。创意产业能提供文化含量高的产品和服务,来满足人们的精神需求,有效地刺激内需,并与其他产业融合发展,促进产业创新和结构优化,有效地推动经济发展方式的转变。

【精选案例 4-1】

一副《三国杀》杀进福布斯

很多"80 后"和"90 后"也许并不熟悉黄恺这个名字,却大多熟悉他所设计的那款风靡全国的桌面游戏——三国杀。

作为中国桌面游戏领域的"NO.1",这款以三国时期的故事为背景的卡牌类桌游,自 2008 年推向市场以来,几乎成为桌面游戏的代名词。黄恺还组建了公司,闯进了福布斯"中美 30 位 30 岁以下的创业者"榜单。

2006 年,当时还在中国传媒大学游戏设计专业读大二的黄恺因为对上课所学的内容"不感冒",而将注意力转投至当时还十分小众的桌面游戏。一次上课走神儿时,他脑海中突然闪出三国人物游戏的创意,"三国杀"的第一张牌,随即被他画下。

2008 年 1 月,即将毕业的黄恺和朋友杜彬一起成立了全国首家桌游公司——游卡桌游,并担任首席设计师。这家创立时只有 3 个人 5 万元的公司,在三年后发展到了上百人数千万元的规模。黄恺当初上课走神儿设计的"三国杀",仅 2010 年一年内就卖出 200 多万套。1986 年出生的黄恺,才刚刚度过自己的本命年。在一些人看来,他的成功来得太快太早。但黄恺对此却并不显得特别兴奋——在游戏设计的道路上,他已经走了 10 多年。"我已经不记得我第一次设计游戏是几岁了,太小了,我也记不清我设计过多少个游戏,设计游戏对我来说再平常不过了。"他说。

谈及成功,黄恺认为,幻想拍拍脑袋就一夜暴富是不可能的。"游戏是人生的缩影。人生可能刚起步的时候并不公平,但就整个社会、整个人生而言,大体上还是公平的。玩得好,玩得认真,就能获胜。"

在黄恺看来,创意是一种思维方式和习惯,要开动脑筋,想到别人想不到的东西。"创意的确很难教会,但是可以培养。"把前人的东西掌握得滚瓜烂熟,做好长期积累工作,才能厚积薄发。只有先当好学徒,才能成为师傅。他认为,目前在创意领域的问题之一,在于过分看重速成技术,忽视了支撑技术的内容。

【成功心得】

（1）源自中国古典文学，国人熟识、受众面广；

（2）创意类产品，成本低廉，但盈利点较多，没有标准的定价准则；

（3）深谙顾客心理，符合国人娱乐要求；

（4）趣味性、竞技性、合作性，需要团队配合，根据不同的组合采用不同的策略达到最好的效果，简单而益智，让人乐此不疲。

【温馨提示】

需具有丰富的知识储备、创意的设计风格、符合大众爱戴的设计理念、准确的针对群体、合适的平台。

知识链接

什么是创意

一、创意就是把熟悉的事变得很新鲜，新鲜的事变得很熟悉。

以"5Water"（分别为：水、饮用水、有牌的饮用水、熟悉的饮用水、偏爱的饮用水）为例，Water—水，这是杯水，聪明人把它变成饮用水，品类一区隔，市场立马出来了，再区隔成有牌的饮用水，熟悉的饮用水和偏爱的饮用水，市场就是这么区分开的。

二、创意就是把简单的事情变得复杂，复杂的事情又变得简单。

牛奶一块钱一杯卖得很辛苦，要保险，聪明的人加一点咖啡叫咖啡牛奶，咖啡多一点叫牛奶咖啡，市场就分开了。然后放各种食用香精色素进去就是花色牛奶，最厉害的是珍珠奶茶9块钱一杯，90%以上是水加奶精，加上一点山芋粉（土豆粉）。

奶加水是假货，水加奶不就是新产品吗？

还有比水更贵的水，人类至今为止还没有抛弃的：烈酒（白酒）、红酒、啤酒、茶、咖啡、可乐。这六个杯子统治人类1500年，可乐也有126年了，三个杯子有咖啡因，三个杯子含有酒精，只是解决人类两大需求，一个清醒，一个糊涂。

三、创意就是把看似不相干的事情有机地联系起来，把无序变成有序，把有序变无序，把无形变成有形。

四、创意无所谓好坏，只有差异。

五、创意就是把东西放在合适的地方，是旧元素、新关系不同信息的整合。

六、创意就是制定新标准、新规则。创意＋执行＋推广。

便利贴我们用得很多，只是源于3M报废的不合格胶水，一年销售额近60亿美元。不粘，就是新的标准，因为人们有不粘的需求。

七、创意就是新的生产力、竞争力和利润之源。创意的所有目的是实现或者创造价

值。

八、创意研究的对象是人而不仅仅是物,目的是为了克服人类生活的劳累和艰辛。

九、创意的关键是找对人、说对话、做对事。

十、创意并不完全是创意人的事而是商人的事,是商人使创意更具价值。让创意变成生意才更有意义。

霍金斯说,所谓创意就是以个人技能为主,通过知识产权的运用和保护,达到新的盈利模式和就业机会。

【精选案例4-2】

依靠好创意带来的成功

1. 一个价值600万美元的玻璃瓶

说起可口可乐的玻璃瓶包装,至今仍为人们所称道。1898年鲁特玻璃公司一位年轻的工人亚历山大·山姆森在同女友约会中,发现女友穿着一套筒型连衣裙,显得臀部突出,腰部和腿部纤细,非常好看。约会结束后,他突发灵感,根据女友穿着这套裙子的形象设计出一个玻璃瓶。

经过反复的修改,亚历山大·山姆森不仅将瓶子设计得非常美观,很像一位亭亭玉立的少女,他还把瓶子的容量设计成刚好一杯水大小。瓶子试制出来之后,获得大众交口称赞。有经营意识的亚历山大·山姆森立即到专利局申请专利。

当时,可口可乐的决策者坎德勒在市场上看到了亚历山大·山姆森设计的玻璃瓶后,认为非常适合作为可口可乐的包装。于是他主动向亚历山大·山姆森提出购买这个瓶子的专利。经过一番讨价还价,最后可口可乐公司以600万美元的天价买下此专利。要知道在100多年前,600万美元可是一笔巨大的投资。然而实践证明可口可乐公司这一决策是非常成功的。

亚历山大·山姆森设计的瓶子不仅美观,而且使用起来也非常安全,易握不易滑落。更令人叫绝的是,其瓶型的中下部是扭纹型的,如同少女所穿的条纹裙子;而瓶子的中段则圆满丰硕,如同少女的臀部。此外,由于瓶子的结构是中大下小,当它盛装可口可乐时,给人的感觉是分量很多的。采用亚历山大·山姆森设计的玻璃瓶作为可口可乐的包装以后,可口可乐的销量飞速增长,在两年的时间内,销量翻了一倍。从此,采用山姆森玻璃瓶作为包装的可口可乐开始畅销美国,并迅速风靡世界。600万美元的投入,为可口可乐公司带来了数以亿计的回报。

2. 包装容器之王

20世纪30年代,易拉罐在美国研发成功并生产。这种由马口铁材料制成的三片罐——由罐身、顶盖和底罐三片马口铁材料组成,当时主要用于啤酒的包装。目前我们常用的由铝制材料制作而成的二片罐——只有罐身片材和罐盖片的深冲拉罐诞生于20世纪60年代初。

易拉罐技术的发展,使其被广泛运用于各类商品包装当中,啤酒、饮料、罐头目前大多都以易拉罐进行包装。据悉,全世界每年大约生产的铝制易拉罐已经超过2000亿个。目前,易拉罐已经成为市场上应用范围最广、消费者接触使用最多、最频繁的包装容器,是名副其实的包装容器之王。易拉罐消费量的快速增长,使得制造易拉罐的铝材消费量也有了大幅的增长,目前制作易拉罐的铝材已经占到世界各类铝材总用量的15%。

随着易拉罐使用量的增加,世界各国为了节省资源和减少包装成本,纷纷研发更轻、更薄的新型易拉罐。铝制易拉罐也从最初的每1000罐25公斤,缩减到20世纪70年代中期的20公斤。现在每1000罐的重量只有15公斤,比20世纪60年代平均重量减轻了大约40%。

除了推出更轻、更薄的铝制易拉罐以外,目前各国对易拉罐的回收利用率也在不断增高。早在20世纪80年代美国铝制易拉罐的回收利用率就已经超过50%,在2000年达到62.1%。日本的回收利用率更高,目前已超过83%。

3. 流水声音卖高价

费涅克是一名美国商人。在一次休假旅游中,小瀑布的水声激发了他的灵感。他带上立体声录音机,专门到一些人烟稀少的地方逛游。他录下了小溪、小瀑布、小河流水、鸟鸣等声音,然后回到城里复制出录音带高价出售。想不到他的生意十分兴隆,尤其买"水声"的顾客川流不息。费涅克了解许多城市居民饱受各种噪音干扰之苦,却又无法摆脱。这种奇妙的商品,能把人带入大自然的美妙境界,使那些久居闹市的人暂时忘却尘世的烦恼,还可以使许多失眠者在水声的陪伴下安然进入梦乡。

4. ALS"冰桶挑战":席卷全球的公益病毒

游戏规则很简单:参与者只需将一桶冰水从头向下浇下,或者向美国ALS协会捐赠100美元。成功完成挑战的人可以公开点名3个人参与挑战,点名者要么在24小时内应战,要么向美国ALS协会捐款100美元,以此继续接力。

两周内,冰桶挑战风靡美国,成为社交媒体的热门话题,Facebook创始人马克·扎克伯格、富豪比尔·盖茨、微软CEO纳德拉、苹果CEO蒂姆·库克及篮球明星、社交名媛等各界名人纷纷参与。ALS迅速进入美国公众视野。

在中国,雷军接受挑战后,通过其官方微博公布:已向美国ALS协会捐款100美元,同时向中国"瓷娃娃罕见病关爱基金"ALS项目捐款1万元人民币。雷军的1万元人民币,很可能是"瓷娃娃罕见病关爱中心"6年来收到的数额最大的单笔捐款之一。在冰桶挑战进入中国的一天半时间内,瓷娃娃共计收到善款4万多元。

"冰桶挑战"的成功毋庸赘述,为该事件进行的总结也多如牛毛。其中三个关于该活动的创意核心总结颇具启发性:一是要够简便,尽量减少参与成本;二是要有趣,增加参与兴趣;三是要炫耀,除了给参与者一个炫耀的舞台,更要设置引导其炫耀的途径。

二、创业构想

创业是一个系统工程,在开始之前,创业者需要做许多准备工作,而在考虑创业资金和其他具体工作之前,创业者就必须拥有一个完整的创业构想以及一个明确的目标。好的创业构想是实现创业愿望和创造商业机会的第一步。创业构想涵盖了创业的许多方面,想让你的创业构想在以后的创业过程中发挥良好的作用,创业者就必须从下面的几个方面进行深入的思考。

(1) 怎样确立创业目标?赚钱是重要的目标,但并不是唯一的目标,因为创业本身应该有理念,理念会带动很多新的产品创意和实践活动。

(2) 怎样寻找创业模式?创业如何进行,如创办一个公司,创业者首先要有一个构想和一定的理想,然后再从构想开始,考虑怎样组成一个团队,怎样把这个公司发展成为一个完整的公司,怎样预见公司的发展前景,确定公司的发展方向。

(3) 怎样规划创业步骤?这是一个循环的过程,首先要看创意从哪里来。怎么会有这个创意?资金怎么找?怎么组织一个团队?产品的市场营销怎么做?这个产品做完了,你会不会还想做,如此周而复始。

(4) 怎样制定创业原则?在创立公司的时候,你不应该一直想着什么时候能收到成功。

(5) 怎样创造创业条件?创业时,不一定要有一个很重大的发明,重要的是你所做的东西,在市场上会不会成功?然后要考虑市场上需求怎么样?自己的能力是什么?最后再把这些结合起来。

(6) 怎样产生好创意?一个很好的创意,在市场上并不一定有价值。在我的经验里,任何好创意都已经有很多人想过了,重要的是在好创意里面,是否包含着市场需求。

(7) 怎样确定创业期限?一个很大的公司,至少要花三年五年才能做出来,时间太长,风险也大,因为市场是不断变化的,因此创业最好以两年为限,要想办法在两年内把产品做到最好。

(8) 怎样组建好的团队?在组建团队时,很多人认为要把最好的人才都网罗起来。事实上创业团队简单一点、朴素一点,每个人不一定都很强,只要能凝聚起来,就是一个非常好的团队。

【精选案例4-3】

大学毕业创业失败后的季铖为了散心,去了上海,有天晚上闲逛时,他被一家叫"麻辣诱惑"的餐馆吸引住了。因为其他店都是灯火通明,唯独这家店灯光偏暗,人气却火到要排队。季铖排了1个多小时的队进去点了份毛血旺一尝,立马就被征服了。甚至过了好几天,还是念念不忘那个味道。打听才知道原来该店有专门的调香师,在原先四川口味的基础上作了改良。季铖又带他父母去品尝后,全家一商量决定也要开家连锁店。

出人意料的是,这个想法遭到店方拒绝。原因是该店所有菜和调料均为统一配送,不外传。为此,季铖每晚10点钟等店方打烊后找店长协商,但就是不成功。可季铖不放弃,连续等了一个月,时间一长,可能对方被他的诚意打动了。有天晚上,店长下班后答应帮他引荐一位大厨。

2012年下半年,季铖在盐城市区五洲国际广场二楼租下1000多平方米的店面,"麻辣诱惑"正式营业。还别说,自从请来这位大厨,餐馆生意异常火爆。"第一天收入7000元,第二天就过万元。"季铖说,"四天营业额就超过了四万。"但火爆的业绩仅维持了1个多月,便又熄火了。走下坡路的原因是季铖一味按照上海店的规格,忽视了本地的消费能力。当初他把人均消费定在 80 到 130 元,而盐城类似餐馆的消费标准在 100 元左右。加上店里食材货源大多靠进口,仅半年,营业额被压至 3000 元左右,"麻辣诱惑"一点也不诱惑人了。

季铖没办法只有停业整顿,在停业整顿的两个月里,他重新进行市场调研,决定将人均消费额定在 40 元左右,但食材质量标准保持不变。同时,为了吸引食客,他将原来的店名更改为"致湘山",口味也更换为湘菜。"那时盐城流行吃剁椒鱼头,但没几家口味正宗。"季铖说,经过与大厨不断摸索,他们在原有口味的基础上,结合盐城人的饮食特点作了调整,使得这道传统湘菜变得更受欢迎。

功夫不负有心人。靠着这点努力,季铖餐馆的生意慢慢起死回生,渐渐恢复了以往的人气。按照普通人的思维,既然生意好转了,那就稳妥些好好经营呗,可季铖却不这么认为。他在经营了一段时间后,四处筹资并于 2013 年在餐馆隔壁又开了家"釜山料理",主打韩国菜。"我就是不想把所有鸡蛋全放一个篮子里。如果食客吃不惯湘菜,走出店门兴许能被韩国菜吸引住,尽量留住客源。"季铖笑着说,"现代人的消费理念早已发生变化,只有提供多元化服务,才能抢占市场份额。"

他的这套理论通过一年实践得到了回报,"去年一年营业额 1000 多万元,净赚 200 多万元。"季铖说,眼下两家餐馆不仅吸引本地人,还吸引了不少外国友人前来品尝。"都说成功要有运气,我看除了要肯吃苦、肯钻研,善于思考外,更要讲诚信。"季铖总结说,"不能因为一两次失败就降低了服务标准,那样永远不会成功。"

【点评】

在进行创业构想的时候,你也不妨进行一些具体的实践与深入的调查,这些活动不仅能够锻炼你的能力,为你的创业构想提供准确的材料,更能丰富和补充你的创业构想。

知识点 2 创业机会识别

创业机会识别一直是创业领域的关键问题之一。如何从繁杂多变的市场环境中找到富有潜在价值的商业机会,进而转化为新创企业,是创业研究的重要内容。好的创业机会,必然具有特定的市场定位,不仅要专注于满足顾客的需求,同时能为顾客提供增值的效果。创业过程是围绕机会进行识别、开发、利用的一系列过程。因此,对创业者而言,能否把握正确的创业机会,并且通过充分的开发使之成为一个成功的企业,是创业者应当具备的最重要的能力之一。

一、创业机会的概念及来源

创业机会,通常理解为一种创业机会或者市场机会,是指一种具有价值创造潜力的"手段—目的"关系,它的原初形态表现为模糊的市场需求或资源能力,但在一定的环境因素作用下,会有市场需求的明确、产品服务的创造、供需双方的交易等可能事件的发生,创新创意是它的灵魂。创业机会不仅具有时间上的动态性,而且具有空间上的复杂性,其动态性表现为原初形态到可能事件的发展,复杂性表现为创业机会不同维度与环境因素之间的联系。

创业机会以不同形式出现,在机会识别阶段,创业者需要弄清楚机会在哪里?怎样去寻找?对创业者来说,在现有的市场中发现创业机会,是很自然和较经济的选择。一方面,它与我们的生活息息相关,能真实地感觉到市场机会的存在;另一方面,由于总有尚未全部满足的需求,在现有市场中创业,能减少机会的搜索成本、降低创业风险,有利于成功创业。现有的创业机会存在于:不完全竞争下的市场空隙、规模经济下的市场空间、企业集群下的市场空缺等。具体来源主要有以下几个方面:

(一)问题带来的创业机会

这类创业旨在满足顾客需求,而顾客需求在没有满足前就是问题。谁能最先发现问题并找到解决问题的办法,谁就能把握住创业机会,就像人们一直想买到物美价廉的物品一样,就衍生出了团购网站的出现。

(二)变化带来的创业机会

变化带来的创业机会大都产生于不断变化的市场环境、环境变化了,市场需求、市场结构必然发生变化。著名管理大师彼得·德鲁克将创业者定义为那些能"寻找变化,并积极反应,把它当作机会充分利用起来的人"。这种变化主要来自于产业结构的变动、消费结构升级、城市化加速、人口思想观念的变化、政府政策的变化、人口结构的变化、居民收入水平提高、全球化趋势等诸方面。比如居民收入水平提高,私人轿车的拥有量将不断增加,这就会派生出汽车销售、修理、配件、清洁、装潢、二手车交易、代驾等诸多创业机会。

(三)创造发明带来的创业机会

创造发明提供了新产品、新服务,更好地满足顾客需求,同时也带来了创业机会。比如随着智能手机的诞生,手机维修、软件开发、手机美化、手机端物品营销、手机商城等创业机会随之而来,即使你不发明新的东西,你也可以借助新东西衍生出很多配套产业,从而给你带来商机。

(四)竞争带来的创业机会

如果你能弥补竞争对手的缺陷和不足,这也将成为你的创业机会。

(五)新知识、新技术带来的创业机会

例如,随着健康知识的普及和技术的进步,围绕"有机蔬菜"和"有机食品"就带来了许多创业机会。

二、创业机会识别的过程

首先,创业的愿望是机会识别的前提。创业愿望是创业的原动力,它推动创业者去发现和识别市场机会。没有创业意愿,再好的创业机会也会视而不见,或失之交臂。

其次,创业能力是机会识别的基础。识别创业机会在很大程度上取决于创业者个人(团队)的能力,这一点在《当代中国社会流动报告》中得到了部分佐证。报告通过对1993年以后私营企业主阶层变迁的分析发现,私营企业主的社会来源越来越以各种领域精英为主,经济精英的转化尤为明显,而普通百姓转化为私营企业主的机会越来越少。国内外研究和调查显示,与创业机会识别相关的能力主要有:远见与洞察能力、信息获取能力、技术发展趋势预测能力、模仿与创新能力、建立各种关系的能力等。

最后,创业环境的支持是机会识别的关键。创业环境是创业过程中多种因素的组合,包括政府政策、社会经济条件、创业和管理技能、创业资金和非资金支持等方面。

创业机会的价值基础是需求导向,同时这种需求具有一定的顾客基础,可能带来价值,因此在进行创业机会识别时,要遵循创业机会"一是满足什么需要,二是谁最看重这样的需要,三是看重这种需要的是什么样的一组人"的逻辑结构。机会的识别是获取和解读信息的共同体,是发现和解决问题的共同体,也是客观事实和主观创造的共同体,机会与需求、手段为匹配关系,识别创业机会首先需要做的事情是获取信息,获取需求变化的信息、获取产品和技术变化的信息,然后在获取信息的基础上,把获取的信息翻译出来,识别其中的商业价值。也就是从机会搜索到机会识别的过程。

三、创业机会识别的方法

(一) 趋势观察法

趋势观察法就是寻找出各种能反映趋势的要素,观察这些要素的变化,分析这些变化中存在的规律。征兆是变化中存在着的规律性的变现,具有良好创业个性特征的人更易发现征兆。

(二) 问题发现法

每个问题都是一个被精巧掩饰的机会。问题会成为商业机会,就是要从商业角度来思考,不仅解决问题,而且解决方案可以商业化。不是所有问题都是商业机会,但通过创造性解决问题的方法,许多非商业机会的常规问题解决方案可以把它变成非常规解决的商业机会。

(三) 市场研究法

市场研究包括市场信息的收集,以便确定其产品策略、潜在市场的规模怎样等,还包括定价策略,最合适的分销渠道策略、促销策略等。

【精选案例 4-4】

80后的黄承松有过一次创业失败的经历,但失败的经历却为他第二次创业积累了宝贵的经验。因为是在校大学生,所以黄承松第二次创业地点选在了学校附近,他在学校附近租了个房子,招了几个人,做起了"购物返利"网站。这种网站就像导购目录,用各种办法吸引用户点击,根据点击量,消费者通过他们的平台渠道,购买其他大型电商商户的产品,累积积分,然后黄承松他们根据买家所积累的积分,得到相应的返利。

但是由于项目本身发展空间不大,大的电商平台实际上也不喜欢这类导购网站,他们不愿意自己的利润被这类网站给挤压了。所以创业伊始公司运营情况一直不好,为了改变公司运营的现状,黄承松开始寻求转变。最后,多年的网购经验,以及他揣摩消费者的心理,点亮了黄承松的创业灵感。黄承松很快找准了创业方向。起初,网站的主要工作,就是在各个电商平台上搜罗10元以下的商品,然后把链接地址放在自己的平台上。创业之初,网站的知名度和人气都还处在积累的过程,因此,黄承松没有对这些10元商品的商户收取任何费用。这一招"放水养鱼"果然收到了不俗的效果,每逢有新品上架,买家们就如同当年在10元店里捡便宜一样,疯狂地扫货。随着知名度的提升,越来越多的商户开始主动找上门来,要求在黄承松的网站上卖自家的10元商品,网站的盈利渠道变得多元起来。

起初,网站的收费形式是和商户分成,从每笔发生的交易中提取佣金。然而,当交易量激增,在商户的主动要求下,黄承松开始当起了"包租公"。"按照交易记录,有的商品一天成交了上万件,商户光支付给我们的提成都有好几千,所以,很多商户来找我们谈'租摊位'的业务,用包月包年的形式节省开支。对我们而言,租摊位收入稳定,没有风险,而且,商户还自负盈亏,网站的收入不会受任何影响。"

黄承松表示,网站目前所建立的盈利模式,基本吻合了他创业前的设想,但出乎他意料的是,连品牌商家也自动上门,将他们纳入自己的营销渠道。从该网站上看到,很多品牌商户把促销也搬上了黄承松的网站,比如某著名家居品牌的抱枕,竟然也只卖9.9元,还包邮费。对此,黄承松认为,商家们之所以能够以如此低的价格,把商品摆在"10元店"的网站上卖,主要还是看中了网站的客流量,以期达到宣传产品的目的。

【思考】

1. 黄承松第二次创业公司开始运营不好的原因是什么?最后运营状况又为什么会得到改变?

2. 黄承松是怎样进行创业机会识别的?用了哪些方法?你有没有类似的创业想法和创业构想?若有,你会怎么把它作为一种创业机会去实现吗?

知识点3 创业风险评估

风险是由于各种结果发生的不确定性而导致行为主体遭受损失的不确定性,以损失发生的大小与损失发生的概率两个指标进行衡量。风险是在一定条件下、一定时期内某一事件其预期结果与实际结果间的变动程度,变动程度越大,风险越大;反之,风险则越小。创业也是有风险的,因此,每个创业者必须增强风险意识,强化风险与危机管理。

一、创业风险的定义及分类

创业风险是指在企业创业过程中存在的风险,是指由于创业环境的不确定性、创业机会与创业企业的复杂性,创业者、创业团队与创业投资者的能力及实力的有限性而导致创业活动偏离预期目标的可能性。例如,创业机会面临政策不利变化带来的损失、资金不足带来的损失、团队成员分歧带来的损失等等都属于创业风险。

创业机会风险按风险来源的主客观性可以分为主观风险和客观风险。由创业者的身体及心理素质等主观方面的因素引起的创业风险称为主观创业风险;在创业阶段,市场的变动、政策的变化、竞争对手的出现、创业资金缺乏等客观因素引起的创业风险称为客观创业风险。

按风险影响的范围可以分为系统风险和非系统风险。系统风险是由某种全局性的共同因素引起的,创业者或新创企业本身控制不了或无法施加影响,并难以采取有效方法消除的风险,因此,系统风险也称为"不可分散风险",一般来说,环境风险、市场风险属于系统风险;非系统风险是由创业者或创业企业自身因素引起的,只对该创业者或创业企业产生影响。因此,创业者或新创业企业可以在某种程度上对其进行控制,并通过一定的手段予以预防和分散。

按风险的可控程度可以分为可控风险和不可控风险,按照风险内容也可以分为机会选择风险、环境风险、人力资源风险、技术风险、市场风险、管理风险、财务风险等。

【精选案例 4-5】

1. 王永昌创立的鼎洲环保产业有限公司在山西榆次很有名气,专门生产砖块成型机。1999年招来一位能人郭某,郭某很快就将其产品推广到全国。王永昌将自己的轿车让给郭某,还买一套大房子送给他,另外,除拿销售提成,年薪还提高到10万。在榆次,这简直是天价。而郭某投桃报李的结果是出走离开鼎洲,自立门户,挖鼎洲的墙角。由于技术问题,郭某创业失败。走投无路之际,央求原来的东家收留自己,王不仅不计前嫌,还在郭某的请求下,升其为副总,郭某在担任副总期间,在销售部排除异己,使鼎洲的客户资源掌握在自己手中,偷取其核心技术机密,并删除保留在鼎洲技术部电脑里的技术资料。然后向王提出辞职,并保证自己决不仿制鼎洲产品,不涉足砖块成型机行业。郭某离开后,注册了自己的公司,生产了不同牌子的鼎洲产品。在郭某公司的冲击下,失去了客户资源的鼎洲一败涂地。

2. 初步商海的山东人侯某选定一项自认为大有前途的专利技术,决定投巨资将这项技术的专利权买下来。有人提醒他这项专利虽然现在看好,但操作周期太长,而且,听说某某研究所正在研究一项更先进的技术并即将开发完成。但侯先生却不听劝告,执意投资。当他将这项专利技术买到手,并且投资将其转化为产品后,新的技术已经问世,人们已不再需要它了。

3. 广州市普耀通信器材有限公司因虚开增值税专用发票,涉嫌偷税,其负责人施争辉被捕,这是迄今最大的偷税案件,犯罪嫌疑人偷逃税金额近2亿元。普耀名下的广州、北京、上海等地的数家公司,都采用账外经营、设立内外两套账、销售不开具发票或以收据代替发票等方式,大量偷逃税款。

【思考】

1. 案例一中王永昌没有防范什么风险,防范此类风险的方式、方法有哪些?
2. 案例二中侯某为什么会投资失败,他所经历的是可控风险还是不可控风险?
3. 案例三中施争辉所经历的是主观风险还是客观风险,造成这种结果的主要原因是什么?
4. 请你结合以上三个案例,请你谈谈风险识别的重要性。

二、创业风险的识别与评估

风险识别是创业人员对创业过程中可能发生的风险进行感知和预测的过程。风险识别是指在风险出现或出现之前,就予以识别,以有效把握各种风险信号及其产生的原因。企业经营者如不能正确、全面地认识企业可能面临的所有潜在损失,就不可能及时发现和预防风险,难以选择最佳处理方法。因此,风险管理的第一步就是要正确、全面地认识可能面临的各种潜在损失。

(一) 风险识别方法

1. 业务流程法

以业务流程图的方式,将企业从原材料采购直至送到顾客手中的全部业务经营过程划分为若干环节,每一环节再配以更为详尽的作业流程图,据此确定每一环节的风险并进行重点预防和处置。

2. 咨询法

以一定的代价委托咨询公司或保险代理人进行风险调查和识别,制作风险清单,并提出风险管理方案,供经营决策时参考。

3. 现场观察法

通过直接观察企业的各种生产经营设施和具体业务活动,具体了解和掌握企业面临的各种风险,建立风险档案,不定时地进行更新和完善。

4. 财务报表法

通过分析资产负债表、损益表和现金流量表等报表中的每一个会计科目,确定某一特定企业在何种情况下会有什么样的潜在损失及其成因。由于每个企业的经营活动最终要涉及商品和资金,所以这种方法比较直观、客观和准确。

5. 市场需求调查分解分析

对市场定时作调查分析,和企业产品作贴合度分析。常见的创业机会评估和创业风险评估准则有两个层面,一个是从市场考虑的市场评估准则,另一个是从效益考虑的效益评估准则。

(二) 市场评估准则

1. 市场定位

一个好的创业机会,必然具有特定的市场定位,专注于满足顾客需求,同时能为顾客带来增值的效果。因此评估创业机会的时候,可由市场定位是否明确、顾客需求分析是否清晰、顾客接触通道是否流畅、产品是否持续衍生等来判断创业机会可能创造的市场价值。创业带给顾客的价值越高,创业成功的机会也会越大。

2. 市场结构

针对创业机会的市场结构进行几项分析,包括进入障碍、供货商、顾客、经销商的谈判力量、替代性竞争产品的威胁,以及市场内部竞争的激烈程度。由市场结构分析可以得知新企业在未来市场中的地位,以及可能遭遇竞争对手反击的程度。

3. 市场规模

市场规模大小与成长速度,也是影响新企业成败的重要因素。一般而言,市场规模大者,进入障碍相对较低,市场竞争激烈程度也会略为下降。如果要进入的是一个十分成熟的市场,那么纵然市场规模很大,由于已经不再成长,利润空间必然很小,因此这项新企业恐怕就不值得再投入。反之,一个正在成长中的市场,通常也会是一个充满商机的市场,所谓水涨船高,只要进入时机正确,必然会有获利的空间。

4. 市场渗透力

对于一个具有巨大市场潜力的创业机会,市场渗透力(市场机会实现的过程)评估将会是一项非常重要的影响因素。聪明的创业者知道选择最佳时机进入市场,也就是市场需求正要大幅成长之际,你已经作好准备,等着接单。

5. 市场占有率

从创业机会预期可取得的市场占有率目标,可以显示这家新创公司未来的市场竞争力。一般而言,成为市场的领导者,最少需要拥有20%以上的市场占有率。但如果低于5%的市场占有率,则这个新企业的市场竞争力显然不高,自然也会影响未来企业上市的价值。尤其处在具有赢家通吃特点的高科技产业,新企业必须拥有成为市场前几名的能力,才比较具有投资价值。

6. 产品的成本结构

产品的成本结构,也可以反映新企业的前景是否亮丽。例如,从物料与人工成本所占比重之高低、变动成本与固定成本的比重,以及经济规模产量大小,可以判断企业创造附加价值的幅度以及未来可能的获利空间。

(三) 效益评估准则

1. 合理的税后净利

一般而言,具有吸引力的创业机会,至少需要能够创造15%以上税后净利。如果创业预期的税后净利在5%以下,那么这就不是一个好的投资机会。

2. 达到损益平衡所需的时间

合理的损益平衡时间应该能在两年以内达到,但如果三年还达不到,恐怕就不是一个值得投入的创业机会。不过有的创业机会确实需要经过比较长的耕耘时间,通过这些前期投入,创业进入障碍,保证后期的持续获利。在这种情况下,可以将前期投入视为一种投资,才能容忍较长的损益平衡时间。

3. 投资回投率

考虑到创业可能面临的各项风险,合理的投资回报率应该在25%以上。一般而言,15%以下的投资回报率,是不值得考虑的创业机会。

4. 资本需求

资金需求量较低的创业机会,投资者一般会比较欢迎。事实上,许多个案显示,资本额过高其实并不利于创业成功,有时还会带来稀释投资回报率的负面效果。通常,知识越密集的创业机会,对资金的需求量越低,投资回报反而会越高。因此在创业开始的时候,不要募集太多资金,最好通过盈余积累的方式来创造资金。而比较低的资本额,将有利于提高每股盈余,并且还可以进一步提高未来上市的价格。

5. 毛利率

毛利率高的创业机会,相对风险较低,也比较容易取得损益平衡。反之,毛利率低的创业机会,风险则较高,遇到决策失误或市场产生较大变化的时候,企业很容易就遭受损失。一般而言,理想的毛利率是40%。当毛利率低于20%的时候,这个创业机会就不值得再考虑。软件业的毛利率通常都很高,所以只要能找到足够的业务量,从事软件创业在财务上遭受严重损失的风险相对会比较低。

6. 策略性价值

能否创造新企业在市场上的策略性价值,也是一项重要的评价指标。一般而言,策略性价值与产业网络规模、利益机制、竞争程度密切相关,而创业机会对于产业价值链所能创造的加值效果,也与它所采取的经营策略与经营模式密切相关。

7. 资本市场活力

当新企业处于一个具有高度活力的资本市场时,它的获利回收机会相对也比较高。不过资本市场的变化幅度极大,在市场高点时投入,资金成本较低,筹资相对容易。但在资本市场低点时,投资新企业开发的诱因则较低,好的创业机会也相对较少。不过,对投资者而言,市场低点的成本较低,有的时候反而投资回报会更高。一般而言,新创企业在活跃的资本市场比较容易创造增值效果,因此资本市场活力也是一项可以被用来评价创业机会的外部环境指标。

8. 退出机制与策略

所有投资的目的都在于回收,因此退出机制与策略就成为一项评估创业机会的重要指标。企业的价值一般也要由具有客观鉴价能力的交易市场来决定,而这种交易机制的完善程度也会影响新企业退出机制的弹性。由于退出的难度普遍要高于进入,所以一个具有吸引力的创业机会,应该要为所有投资者考虑退出机制,以及退出的策略规划。

对评估指标把握得更透彻,将会使创业机会评估更彻底,创业成功的把握性更大。以上是从评估准则角度去对创业机会进行评估,但有时更需要以数量化的方法对创业机会进行评估。

三、创业风险的防范与应对

为避免造成重大经济损失和社会不良影响,每个创业者都应花大力气进行风险预防。创业者应选择那些发生概率大、后果严重的事件,进行重点防范。对于防范、降低风险而言,主要有以下几点防范风险措施:

1. 降低现金风险的防范

防范降低现金风险的对策有:向有经验的专家请教;经常评估现金状况;理解利润与现金以及现金与资产的区别,经常分析它们之间的差额;节约使用现金。现金管理上应注意接受订货任务要与现金能力相适应;不将用于原材料、在制品、成品和清偿债务的短期资金移作固定资产投资。

2. 降低开业风险的防范

防范降低开业风险的对策有:在你最熟悉的行业办企业;制定符合实际的,而不是过分乐观的计划;在预测资金流动时,对收入要谨慎一点,对支出要留有余地,一般要留出所需资金10%的准备金,以应付意外;没有足够资金不要勉强上项目,发现问题要立即调整。

3. 降低市场风险的防范

防范降低市场风险的对策有:以市场及消费者的需求为生产的出发点;时刻关注市场变化,善于抓住机会;广泛搜集市场情报,并加以分析比较,制定有效的市场营销策略;摸清竞争对手底细,发现其创业思路与弱点;对各种成本精打细算,杜绝不必要费用;健全符合自身产品特点的销售渠道网络;充分了解各主管机关职能及人员构成情况;以良好诚信的售后服务赢得顾客青睐。

4. 降低人员风险的防范

防范降低人员风险的对策有:建立完善的雇员选择标准,综合考虑技术能力和合作能力两个因素;建立合理的信息沟通及汇报制度,使创业者能充分掌握员工及企业动态;制定有效的投资制度,从长计议,加强员工内部凝聚力。广征人员,寻找最胜任工作的人选;记录并跟踪新雇员情况,熟悉各个职员素质及发展,做到人尽其才;友好对待并鼓励新雇员,使其早日适应新环境,进入工作角色。

5. 降低财务风险的防范

防范降低财务风险的措施有:为了应付财务风险,领导班子要有适当分工,密切监控和防范财务风险;咨询专家和银行,选择最佳的资金来源以及最合适时机和方式筹措资金。

6. 降低技术风险的防范

防范降低技术风险的对策主要有:综合考虑企业自身技术能力、资金量和所需时间,选择技术获得途径;若选择引进技术,则要在引进技术前对所引进技术的先进性、经济性和适用性进行评价;加强对职工的技术培训,提高员工对高科技设备的操作熟练度,减少不必要的风险损失。

【精选案例 4-6】

学生小刘毕业后一直想自己做老板,看到邻居在小区里开了一个食品杂货店,收益一直不错,颇为心动。于是,小刘租了小区内一个库房做店面,筹集了一万多元钱做启动资金,进了一些货品,开了一家食品杂货店。但是经营了两个月后,小刘的食品杂货店就撑不下去了,不得已关张。为什么同样是食品杂货店,邻居可以干得红红火火,小刘的店就经营惨淡呢?原来,小刘为了突出自己食品杂货店的特色,没有像邻居一样进茶、米、油、盐等大众用品,而是将经营范围锁定在寿司、奶酪、芝士等一些西餐调味食品上。但是小区里的居民对她的货品需求少,加之她店面的位置在小区边缘,而且营业时间不固定,由着她的性子来,很多邻居都不愿意绕道过去,所以生意不红火。

为此小刘根据创业机会与创业风险评估,知道不迎合市场,最终将被市场淘汰,所以小刘在周边小区作了一个市场调查,对小区住户的需求进行定位分析,发现小区居民对有机蔬菜、有机水果、纯天然食品比较喜欢,小刘将方向往此转化,生意一天天好转,并每次在完成交易时都对居民简单作个口头调查,汇总分析,贴合大众需求,生意做得越来越红火。

【精选案例 4-7】

Harmony for jobs 创始人想到了一个自动匹配求职者与用人企业的点子,仅仅咨询了身边朋友,得到认可后就迫不及待地投入创业。在创业的过程中,他所进行创业的项目,仅仅咨询了身边的朋友,这些朋友是不需要付费的求职者,而对另一方也是最重要的一方需要付费的企业客户却没有去调研。甚至在他深入 HR 行业一段时间后,才知道这是一个过去几年被无数人想到、尝试并验证失败的模式。

知识点 4　商业模式开发

管理学大师彼得·德鲁克说过当今企业之间的竞争,不是产品之间的竞争,而是商业模式之间的竞争。经济外环境的巨大变化促使经济个体(企业)的商业模式及其管理尽快变革和科学优化。商业模式既解释了使商业创意具有可行性的参与者群体为何愿意合作的愿意,也使人们的注意力集中于企业要素如何匹配以及如何构成企业整体上。对于目前的商业环境来说,商业模式是一种非常好的概念性战略分析工具。商业模式是为了在市场中获得利润而规划好的一系列商业活动,商业模式是商业计划的核心内容。

一、商业模式的定义和本质

商业模式一词首先在个人电脑和电子数据领域出现。现在,商业模式一词的范围扩大了,包含了所有相关企业市场竞争的行为。商业模式是企业如何竞争、如何使用资源、如何构建关系、如何与顾客互动的计划或示意图。它以价值创造为核心,描述了企业该如何创造价值、传递价值和获得价值的基本原理。

现在,商业模式已经成为创业者和风险投资者挂在嘴上的最常用名词。关于商业模式的真正含义,一直没有形成统一的权威解释,归纳起来大致可以分为三类:

盈利模式论:此种理论认为商业模式就是企业的运营模式、盈利模式。

价值创造模式论:此类理论认为商业模式就是企业创造价值的模式。

体系论:此类理论认为商业模式是一个由很多因素构成的系统,是一个体系或集合。

从大概念上讲,商业模式即企业从事经营活动的所有方式、方法,也称经营模式。如专业化和多元化,产业经营与资本经营,国内市场与国际市场,等等,人们把这些统称为商业模式;从小概念上讲,商业模式即商品流通模式。所谓商业,它相对于工业、农业而言,商业模式,指商品从生产企业进入消费领域的方式。商品的流通过程一般分为批发和零售两个环节。因此商业模式又包括批发业模式和零售业模式。

商业模式的本质是它的逻辑性:价值发现→价值匹配→价值获取。

价值发现即发现潜力顾客的需求。比如,自然堂(某知名化妆品公司)由生活不规律、电脑辐射等造成暗沉与肤色不均这一普遍现象以及夏季干燥对滋润补水的需要,挖掘并引起用户对肌肤美白、补水的渴求,将产品介绍转化为用户所急需的问题解决方案,在yoka时尚、pclady、onlylady等时尚媒体上报道,并将媒体报道组合,通过微信推送,既引起用户关注,又通过媒体力量提升了自身的品牌价值。

欧莱雅Q&A密友会则是把握用户的小心理,结合用户的热点需求,每期推出一套问答产品解决方案,用户可以随时微信提问肌肤的相关问题。每月还会抽取5位幸运粉丝,赠送产品!这在无形中抓住用户的心理需求,获得用户对产品的认可,形成较高的忠诚度。

深度挖掘和发现价值,是商业模式本质的第一步,只有发现价值才能匹配价值、获取价值。

价值匹配即明确企业产品,实现价值创造。"匹配"就是将你的企业所能提供的产品或服务与客户的需求紧密联系在一起的纽带。企业的立身之本在于生产出具有匹配价值、良好口碑的产品。

价值获取即制定竞争策略,占有创新价值。比如,橙子原本是面对普通消费者的,作为产品载体,其背后体现的价值内涵是补充营养的健康价值。而风靡一时的"褚橙",则是在产品的实用价值之外,挖掘到创业者褚时健背后的创业精神和励志价值,从而把普通的水果食品变成了面向企业家的高端礼品。

二、商业模式和商业战略的关系

商业模式:"企业提供什么"——以创造价值为核心。
商业战略:"如何提供"——对创造价值的保护机制。

1. 战略制定以模式为基础

商业模式实际上是一套企业进行战略思考的框架,一个企业的商业模式是对企业所处的现实情况的最实际的描述,它代表了企业最真实的状况,企业实际上是在管理怎样赚钱、内外和财务等目标,而不是我们所想象的情况。企业行动方向的选择受制于它的商业模式,因此在选择行动方向时,应立足于企业的商业模式,实际上就是要求在确定企业航向的任何计划工作开始之前,必须清晰、综合地了解企业内外的现实状况。

2. 战略实施以模式为蓝本展开

战略是企业为了获取持续竞争力和盈利而进行的方向性、长期性的整体宏观的考虑,而商业模式重点解决的两个问题就是盈利和持续盈利。换句话说,如果企业从事某一领域的商业活动已经有一段时间,那么当它面临战略转折点,需要对原有的战略进行重新定位与变革的时候,最好先从企业原有的商业模式进行创新。因为战略的本身存在于具有差异性的活动当中,而通过商业模式的创新就是要选择不同的方式来执行活动,或执行与竞争者不同的活动,否则战略不过是一句好听的口号,经不起竞争的考验;另一种情况是,如果企业正处于创办阶段(就像许多新兴的网络公司),而且有一个新颖的但不够完善的商业运作模式,那么它首先应该明确自己的战略,并根据此战略进一步整合原有的商业模式,使之具有内在的一致性和相互促进的作用,这样才能够充分发挥商业模式的先发竞争优势。

三、商业模式设计的思路和方法

商业模式设计是创业者在决心创业前的必要准备,好的商业模式设计应该是创业者如何定位自身、定位客户、传递价值、规划未来再到定位自身的一个良性循环。

(一)基本思路

1. 定位自身

创业企业必须有产品,而且必须有一个恰如其分的市场身份,也就是常说的市场定位。一个好的商业模式应该明确企业所集中专注的产品和市场,因为产品和市场的选择直接影响到企业盈利的方式。例如,七喜饮料投放市场后,效果一直不理想,因为当时美国的饮料市场被可口可乐一统天下。后来,七喜饮料采用分类定位的方法获得了市场位置。广告中宣称:饮料分为两大类,一类是"可乐类饮料",另一类是"非可乐饮料",市场上最好的"可乐饮料"是可口可乐,最好的"非可乐"饮料是七喜饮料。有了自己的准确定位,七喜逐渐打开了市场。

2. 定位客户

客户决定了产品的市场,企业从事经营活动的市场也是其核心战略的重要因素。因此成功定位客户,直接决定了创业的成败。1973年个人主义盛行,百事可乐摒弃可口可乐不分老少男女"全面覆盖"的定位思想,极具洞察力地抓住"代沟",从年轻人入手,将"新生代"作为自己品牌的目标人群,对可口可乐实施了"侧翼"定位攻击。百事带给年轻人感性诉求:我们虽不能改变世界,但我们将从生活中获取精彩人生,我们诉求独立自主的生活,更对未来充满无限憧憬,我们深信世界充满机会,相信生活将会无比精彩。当调查显示,美国有70%的年轻人认为自己属于"百事可乐新一代"时,百事可乐和可口可乐的对弈力量开始"质"的变化,在百事可乐的坚持下,到1975年百事可乐与可口可乐所占的市场份额也由60年代的1:25提升至1:1.15百事可乐"新生代"这一核心定位一直沿用至今。

3. 传递价值

传递价值即公司通过其产品和服务所能向消费者提供的价值。价值主张确定公司对消费者的实用意义。好的传递价值体现在客户价值最大化和企业价值最大化的完美结合,它要求:一要针对目标客户的清晰的需求偏好,二要为目标顾客创造价值,三要为企业创造价值。我国的小米手机公司利用价廉而性能优良的智能手机来确立自己的核心竞争力,传递价值,即拥有市场上最先进的处理器,最大的显示屏,最大的内存空间以及最低的市场价格。从开卖至今,仍处于供不应求的状态。

4. 规划未来

价值载体的变化、价值内涵的设计、交易方式的设计、需求端交易结构的丰富和创新,都给予商业模式更多的变化和选择,有助于提升商业模式价值。然而,对商业模式价值影响最大的,其实还是"基业长青",也就是企业的规划未来。金融上的说法是,足够长的永续现金流,对价值的影响远远高于眼前的利益,这也是为什么前几年京东年年亏损而估值却年年提升的原因,因为投资者看好京东未来的收益前景,甚至是潜在的市场垄断优势。只有做到好的规划未来,才能做到商业模式的良性循环。

(二)商业模式的设计

具体可以从以下方面进行规划和设计:

1. 客户细分
为谁创造价值?谁是重要客户?

2. 价值主张
传递什么价值?什么产品和服务?

3. 渠道通路
如何接触?渠道和客户如何整合?

4. 客户关系
客户关系如何建立?关系成本如何?

5. 收入来源
客户愿意支付什么费用?如何支付?

6. 核心资源
价值主张什么样的核心资源?

7. 关键业务
渠道通路需要什么样的关键业务?

8. 关键合作
谁是重要伙伴?谁是重要供应商?

9. 成本结构
固有成本是多少?业务花费是多少?

四、商业模式创新的逻辑与方法

商业模式创新的主线是为了更好地创造顾客价值。每个创业者都希望自己的初创公司能颠覆传统行业,为用户提供独一无二的服务体验。Uber、苹果和亚马逊更是业界最令人嫉妒的创业公司,它们的商业模式不仅极具颠覆性,更引领着其他创业者不断创新、优化自己的业务。商业模式的创新也应遵循环境分析—组织设计—商业模式执行—商业模式创新—环境分析的逻辑结构(如图4-2)。

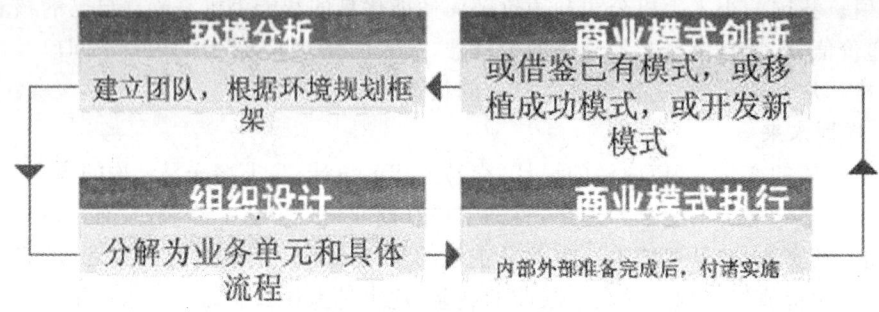

图4-2 商业模式创新逻辑结构图

商业模式创新,不是一件容易事。无论是创业公司,还是大企业,大多能够摸索建立起可行的商业模式。但随着组织的成长,商业模式需要根据内外部的需要进行动态化的换代更新,否则很可能使得企业偏离价值主张。互联网时代背景下,企业面临内外部边界模糊化的困境,各项资源的组织方式发生了大幅度的变动,这就需要完成价值主张及企业满足能力的确定,还应进行必要的商业模式创新。

一个企业需要为用户创造价值,需要依此为前提重构产业结构、用户体验和流程关系,在重构商业模式过程也就是商业模式创新的过程中,要考虑痛点的技术和市场考量、竞争预期和本方解决能力,据此制定解决方案。

创新商业模式,重塑商业价值,需要把握四个方面的关键要素。一是提供符合用户需求、逻辑、就简原则的解决方案。近两年备受欢迎的创新应用"阅后即焚",解决了用户对社交分享遭滥用的担忧,也巧妙地契合了商业信息分享的社会需要。这款应用最为有效地满足了用户需求,而且非常简单。捕捉和挖掘用户需求,特别是那些还没有"浮出水面"的需求,要立足于对小众客户需求或大众客户隐性需求的观测,发出绝佳提问,善于从自己和他人的失败中学习。二是高效实现价值传递。传递信息,不是简单意义上传送滞后的商业宣传、产品资料、企业动态等信息,而要改变对于信息的理解——信息是产品或用户的信息,纳入社交网络,经过互动和分享而产生更强的作用。这一环节既要注重对于信息本身的梳理优化,也要切实改善互动和分享环节,提高效率。三、四方面的关键要素分别是激励方式、盈利模式。

商业模式创新的路径主要分三种:移植创新、整合创新、跃迁式创新。移植创新可以理解为有效借鉴,甚至在符合法律规则情况下的模仿、山寨。驾驭移植创新的门槛不高,因为成本和风险通常不高,但要符合精益创新原则,就非常具有难度,特别是跨行业、跨时空的移植创新,对于创新团队的驾驭能力会提出严酷的考验。整合创新常见于拥有很强创意、创新孵化能力的大企业,如谷歌、宝洁、苹果等公司,在找准方向的情况下,可以借助公司力量实现跨技术、跨学科、跨地域、跨业务部门之间的联系,推出可行性更强的创新。但必须指出的是,一些企业会因为整合创新的创新、创造成果不够完美,而在瞻前顾后之中,失去先发时机。跃进式创新也可以称为大爆炸式创新,会带来鼓舞人心的指数级成长。

【精选案例 4-8】

朋友圈是当下很流行的公众交流平台,新鲜水果、名牌鞋包……刷新微信朋友圈,各种美图便蹭蹭地冒出来。如今,许多大学生开始尝试流行的"O2O"(Online To Offline)线上销售模式。"微信营销"俨然成了年轻人创业、兼职的潮流。

许多大学生选择微信平台做生意,就是看中它不用租房子、不用注册公司,等于"零成本"投入;并且它不像淘宝,需要保证金和层层认证的流程,只需要手机号、身份证号就能快速开店。

三名大四男生,一起创业卖卫生巾。身边人对此很不解,甚至嘲笑他们为"中国大姨夫"。对此,他们并不在意。日前,三人创建的《亲爱的》网站正式上线,他们通过"一次预定,全年分月寄送"的模式在情侣之间卖卫生巾,以此实现创业梦。

2014 年 3 月 1 日,网站上线第四天,注册会员达 200 多位,订单也有 100 多个,这在团队发起人伍锋明看来,"刚开始起步阶段,这是个很好的开始"。

23 岁的伍锋明是中南大学能源科学与工程学院的大四学生,为了实现创业梦想,他放弃了保送本专业研究生和高薪工作的机会。去年年初,伍锋明找到同院系同学杨尚文、湖南师范大学软件学院的冯鹏举,共同决定利用互联网创业。

但是,卖什么呢? 就在此时,一个包裹让伍锋明想到了商机。那是异地女友寄来的包裹,"两条内裤、三双袜子和一双手套"。伍锋明说:"我感受到了女友的呵护与爱。"想起女友每月有几天"不适",伍锋明脑海里闪出一个商机,为何不打造一个传递爱的平台呢?

伍锋明说,在向家人说起创业卖卫生巾后,父母很不理解,跟队友说起卖卫生巾的事,小伙伴们也惊呆了。在筹备与调查项目时,三名男生厚着脸皮向身边的女生取经,并鼓足勇气去超市调查卫生巾的品牌和相应的销量,还买了一些回来"研究"。

目前,团队一边借助新媒体平台做线上活动,借助粉丝的力量赚人气,一边积极寻求投资者的帮助,将这个项目很好地运作下去。

【精选案例 4-9】

"我的目标是,2017 年万亩石榴园的产值能够达到 1.2 亿!"站在石榴基地的地头,来自鄂西贫困小山村的土家小伙张棕顺信心满满地说。今年 32 岁的张棕顺,受到"互联网+农业"的创业梦想感召,经湖北青年创业就业促进中心牵线,跑到河南省淅川县圈了一片 5000 亩石榴基地,成为这片基地的"地主"。

众筹、微商、电商……这位清华EMBA班的高材生,正为"地主"插上"互联网+"的翅膀,不断刷新自己的成绩单;刚种下去一年多,就预售出600多万元的石榴,果子都没长出来,生意就给做成了,他预计两年后规模将超过1万亩。

"我是非常想做石榴的。"张棕顺说,基地里栽种的是从突尼斯引入的一种软籽石榴,食用时几乎不用吐果核,这在张棕顺的家乡湖北是非常少见的,他相信种植这种水果在南方地区一定会有广阔的市场前景。

"做农业没有专家,什么事都干不成。"张棕顺说,在决定发展石榴之后,他的团队找过有着"软籽石榴之父"之称的河南省农科院研究员刘中甫先生,并经刘中甫介绍,找到了创业团队的技术核心:河南科技学院教授杨立峰。和别的老板对待专家提防的心理不同,张棕顺和自己的团队把所有的技术问题都交由杨立峰处理,最终经过两个月的寻找与考量,确定了地址和种植规模。"专业人做专业事。"张棕顺说,之所以把选址和种植规模、标准化制定的权限都交给专家,就是为了让产品的质量有保障,产品质量是创业成功与否的核心,只有过硬的产品,才能打出品牌和市场。

"地主哥"是张棕顺的网名,这也与他在网络上干的事相符,除了把握产品的质量,张棕顺还十分会利用"互联网+"的思维来进行产品的营销。

今年春季,张棕顺石榴基地里的首批18万株软籽石榴树已经有部分开始挂果。截至目前,通过建立网络社群,他已经提前将1万株石榴树未来5年产出的最优质的果实给卖了出去。"搞农业如果只会种树,肯定不行。"张棕顺说,在树没种下地之前,他就已经在思考如何将果实卖出去,这一次,他借鉴了众筹和朋友圈营销的"微商"理念。

现实中,张棕顺拿出了第一期18万株石榴10%的果树产量,提供预订服务,认养一株石榴树的客户在缴纳一定费用后,可以获得一张"地主证"。未来5年,客户将每年拥有认养的一株石榴树10斤最优质的石榴(单个重量超过8两)。而张棕顺提供的还有未来将建成的视频管理系统,可供认购的客户随时掌握石榴树的生长状态。基地的酒店、新农村建设建好后,还能提供休闲旅游服务。在张棕顺眼中,这些增值服务,可以更好地为他们的会员服务。

【思考】

1. 案例一中他们采用了一种什么样的商业模式,他们成功的关键是什么?
2. 案例二中张棕顺采用了一种什么样的商业模式,他为这种商业模式的建立付出了哪些努力?

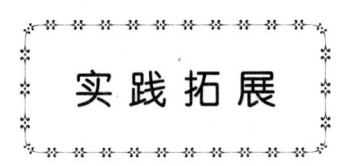

大学生创业项目选择与商业模式开发

从自己的痛点做起,从自己的兴趣做起,从自己的专业做起,这三点是最容易起航的互联网创业点。世纪佳缘网创始人龚海燕的创业就源于痛点,她当初为了找对象注册过一家交友网站,但是效果非常差,源于此,她自己创业建立了世纪佳缘相亲网站。17岁的"宅男"蒋磊的经历却源于兴趣,蒋磊喜欢军事,然后创办了军事阅读网站"铁血网",历经11年的发展,"铁血网"已成为能够提供社区、电子商务、在线阅读、游戏等产品的综合平台,是中国最大的军事垂直门户。而学设计的任晓倩的创业源于她的专业,学艺术设计专业的任晓倩通过五年的创业和打磨,使移动互联网创业项目"魔漫相机"的手机应用APP风靡全国,截至2015年3月,用户数已突破2亿。痛点、兴趣、专业这三点看似不同,其实有一个共同点,即是你非常熟悉的点,你得熟悉自己的痛点、爱好和自己的专业,比别人了解得都深入,这样才能说服和你有共同点的人加入你的网站,聚合这群人。

博客中国的消失

博客中国是当年号称中国互联网第一人的方兴东创建的,是 web2.0 时代的一面旗帜,曾汇聚了一批民间顶级的思考者,一度号称要把新浪拉下马,每月用户增长超过30%,全球排名一度飙升到60多位。2005年9月,方兴东融资1000万美元,并引发了中国 web2.0 的投资热潮。

随后,"博客中国"更名为"博客网",并宣称要做博客式门户,号称"全球最大中文博客网站",还喊出了"一年超新浪,两年上市"的目标。于是在短短半年的时间内,博客网的员工就从40多人扩张到了400多人,据称60%~70%的资金都用在了人员工资上。

博客网同时还在视频、游戏、购物、社交等众多项目上大把烧钱,千万美元很快就被挥霍殆尽。博客网自此拉开了持续3年的人事剧烈动荡,高层几乎整体流失,而方兴东本人的 CEO 职务也被一个决策小组取代。到2006年年底,博客网的员工已经缩减恢复到融资当初的40多人。

现在,方兴东回老家义乌折腾电子商务了,如今已经在行业里几乎消失。

【作业】

请查阅相关资料并分析博客中国衰落的原因。

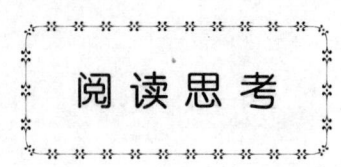

"互联网+"让碎片化需求成为创业方向,你发现了吗?

国务院印发的《中国制造2025》,部署了全面推进实施制造强国战略。这是我国实施制造强国战略第一个十年的行动纲领,其中明确了9项战略任务重点,第二项就是推进信息化与工业化深度融合。

作为眼下最热门的词语,"互联网+"被纳入国家政策的顶层设计后,仿佛是一夜之间出现在大家面前。互联网不是一个新兴事物,其对于经济发展的影响也是近年来才开始显现。随着通信传输、大数据和智能手机等技术的发展,互联网开始渗透到人们经济生活的方方面面,不仅在改变着传统产业,更是创造新的发展业态。"互联网+"通过技术手段整合消费者碎片化需求,让众多创业者发现了商机,也让小众市场能够做大做强。

"互联网+"对于经济社会的发展不亚于货币的出现。货币的出现打破了以物易物的局限,扫清了商品流通的障碍。"互联网+"不仅打破了地域和时间上的限制,更为重要的是其能够让碎片化形成小众市场。

在经济学中有这样一句话——有需求就有市场。市场中的每一个自然人的需求各不相同,在传统市场中,由于受限于销售渠道等客观原因,商品和服务提供商只能够满足大多数人的需求,少数人的个性化需求难以得到满足。而"互联网+"则是将市场供需双方点对点地连接在一起,让个性化需求能够直接传递到供给方,而且这种传递是不受地域限制的,供给方可以通过技术将具有相同需求的人集合在一起,通过现代物流业将产品分发到每一个客户手中,以此形成一个小众市场。可以说,"互联网+"将把市场在以资源配置中的决定性作用发挥到极致。

"互联网+"整合碎片化需求,不仅降低了整合成本,而且能够借助互联网技术构建服务渠道,这就使得满足碎片化需求成为当前全民创业的热潮。"今日头条"的成功就是利用技术手段分析每一个用户的阅读习惯,以此为基础向每一个用户推荐不同的稿件,满足每一个体的阅读需求;对于银行系统影响较大的余额宝也是通过网络技术将客户手中的零钱积少成多,最后形成了一笔可观的数额来进行投资,而此前这部分零碎的资金并没有被银行"放在眼里";将客户手中的闲置车辆纳入租车平台的凹凸租车通过将客户车辆的闲置时间"收集"起来,然后通过平台出租给需要用车的人,这样既能让闲置车辆产生价值,也满足了那些需要租车人的需求,达到双赢的效果……

在"大众创业、万众创新"浪潮下,只要创业者有想法,能发现那些还没有被满足的碎片化需求,那么"互联网+"就能够帮助你实现创业的梦想。但"互联网+"也不是万能的,就如市场也有失灵的时候一样,"互联网+"只是提供了一个平台,管理、运营和成本等还是要创业者自己把握。

【思考】

如何利用好"互联网+",寻找创业方向?

创业之问五:我具备什么样的创业资源?

学习目标

通过这一篇的学习,使学生了解创业过程中的资源需求和资源获取方法,特别是整合资源的途径,认识创业融资及如何融资。

技能要求

◎掌握创业资源整合的方法;
◎掌握资源管理的技巧和方法。

理论概要

创业资源与管理

知识点1 创业资源概述

【精选案例 5-1】

经典的空手套白狼

老彼得(犹太人):嗨,我说约翰(老彼得的儿子),你是不是该结婚了,我有一位好姑娘要介绍给你认识。

小约翰:得了爸爸,我自己的事您就别操心了,我已经有女朋友了。

老彼得:可我说的这位小姐可是比尔·盖茨的女儿。

小约翰:噢?!这倒是值得考虑。

第二天,在一个商务论坛的酒会上,经朋友介绍,老彼得见到了参加酒会的比尔·盖茨。

老彼得:嗨,比尔,你好。听说您的千金正在择婿,我有一位优秀的小伙子要介绍给您。

比尔：孩子的事情就让他们自己做主吧。
老彼得：可我说的这位小伙子，他可是花旗银行的副总裁啊。
比尔：噢?! 那倒值得考虑。
第三天，老彼得紧急约见花旗行长。
老彼得：听说贵行正在重组高层管理人员，我向您推荐一位优秀的小伙子来做分管顶端客户的副总裁。
行长：哦！是这样，我们已经有了考虑的人选了。而且分管这方面的副总得有很好的人脉关系，以便帮助本行获得更多的存贷款份额，所以如果太年轻的话，恐怕难以胜任。谢谢您对本行的支持，如果以后有机会的话，我会很高兴考虑您推荐的那位小伙子。
老彼得：噢，原来是这样！（小声自言自语：那我得去微软跟盖茨说一声）幸会，告辞了。
行长：请等一下先生。您说微软——盖茨？这事儿和他有什么关系？
老彼得：噢！也没什么，我说的这个小伙子马上就要成为盖茨的女婿了，盖茨也不一定会让他到别的公司工作，微软也正缺人手呢。只不过是我这个做父亲的不想让别人说儿子的闲话，所以才推荐给您的，既然您这儿已经不缺人手了，那我就推荐给别的行看看。反正盖茨手里的钱存哪都是存。告辞了。
行长：哎！别别别，您看我刚才不是说了吗，我们也就是仅仅有了可供考虑的人选，如果有更优秀的人选，我们当然要择优录用。您看这样吧，(行长沉吟了一下)请您转告贵公子，位子我给他留着，让他安心地准备婚礼，等他度完蜜月回来，随时欢迎他到敝行履新。
老彼得(心中暗笑：这个老滑头，怕我说的是假的，还留一手)：这样吧，为了给我儿子一个不去微软的正当理由，你得把聘书先给我。
行长：这样吧，我先给您一份拟聘书，等您儿子度完蜜月愿意来敝行任职，咱再正式聘用，您意下如何？
老彼得心中窃喜(呵呵，这就足够了)。
不久以后。
小约翰娶了盖茨的女儿，当上了花旗的副总。
盖茨得到了花旗的大笔办公软件订单。
花旗获得了盖茨的大笔存款。
老彼得成了盖茨的亲家。

【思考】

空手套白狼与资源整合有什么关系？对中国大学生创业有何启示？

一、创业资源内涵与分类

不同的创业活动具有不同的创业资源需求。

(一) 创业资源的作用

创业者获取创业资源的最终目的是为了组织这些资源、捕捉并实现创业机会、提高企业绩效和获得创业的成功。

(二) 创业资源的内涵

无论是要素资源还是环境资源,无论它们是否直接参与企业的生产,它们的存在都会对创业绩效产生积极的影响。其内涵包括两点:

(1) 要素资源可以直接促进新创企业的成长。

(2) 环境资源可以影响要素资源,并间接促进新创企业的成长。

(三) 创业资源的分类

企业的创业资源主要有资金、时间、人才、市场等,而其管理包括这些资源的获取、分配和组织等方面的内容。按创业过程的利用度、参与度可以分为直接资源和间接资源。财务资源、市场资源、人才资源是直接资源;政策资源、信息资源是间接资源。如图 5-1 所示:

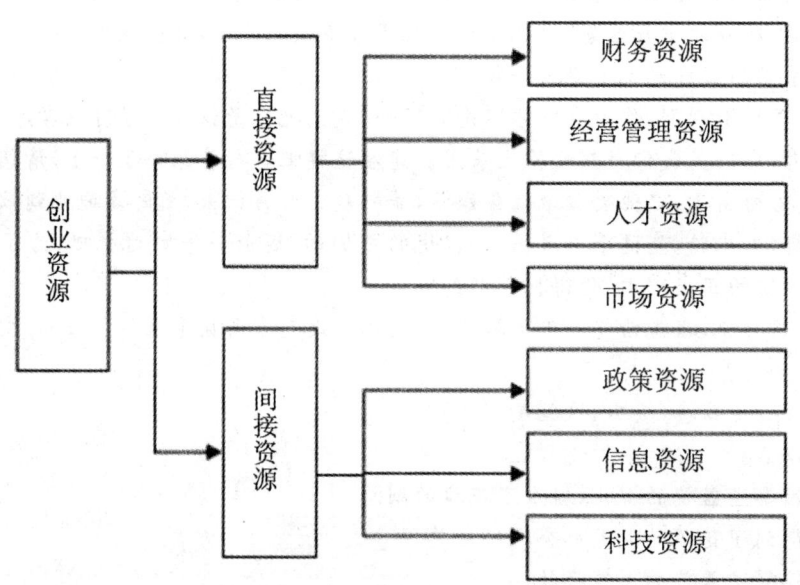

图 5-1 创业资源细分概念模型图

知识链接

创业资源与一般商业资源的异同

1. 一般商业资源

一般商业资源是与企业经营有关的商业信息资源,常见的信息资源包括交易数据资源、供求信息资源、研究报告资源、财经数据资源、科研数据资源、学术论文资源、品牌口碑资源及公司名录资源等。

2. 创业资源

创业资源是指创业者拥有的物力、财力、人力等各种物质要素的总称。可以说创业资源包括商业资源,仅有商业资源对创业来说是远远不够的。

二、社会资本、资金、技术及专业人才在创业中的作用

创业者的社会资本反映了创业者个体利用所积累的社会网络,从其他企业或个体中获得的商业竞争、制度政策以及技术趋势等资源的信息优势。

资金在创业过程中无时无刻不在发挥着重要的作用,创业之初需要启动资金,创业过程需要流动资金,没有好的现金流,企业是不能正常经营的。

技术和专业人才决定着新创企业的核心竞争力,拥有先进的技术和专业人才也是创业者创业的技术支撑。

三、影响创业资源获取的因素

简单地说,创业资源获取途径包括市场途径和非市场途径。

(一) 市场途径

市场途径是指利用市场上同样或相似资产的近期交易价格,经过直接比较或对比分析来估测资产价值的评估技术思路和实现该评估技术思路的各种评估技术方法的总称。

(二) 市场途径的基本程序

(1) 选择参照物。

(2) 在评估对象与参照物之间比较因素。

(3) 指标对比、量化差异。

(4) 在各参照物成交价格的基础上调整已经量化的对比指标差异。

(5) 综合分析确定评估结果。

(三) 非市场途径

非市场途径是指政府的规章制度,体现出政府对于行业资源的直接管制。

知识点 2　资源整合

【精选案例 5-2】

天津第一家上市公司国际商场

在天津生活的人都知道国际商场。国际商场是天津第一家上市公司,20 世纪 80 年代初期开业,定位于引进国外最好的商品,让改革初期急于了解国外又无法出国的人了解国外。准确而新颖的定位让国际商场开业后很红火。

国际商场紧邻南京路,南京路是一条十分繁忙的主干道,道路对面就是滨江道繁华的商业街。在国际商场刚开业时,门口并没有过街天桥,行人穿越南京路很不方便,也不安全。修建天桥是很正常的事情,估计经过那里的人都会想到这一点。但是,绝大多数人都会觉得这个天桥应该由政府修建,所以也就是想想、发发牢骚就过去了。

有一天,有一个年轻人同样产生了这样的想法,他没有认为这应该是政府该干的事,而是立即去找政府商量,提出自己出钱修建天桥,而且不说是自己建的,希望政府批准,但前提是在修建好的天桥上挂一个广告牌。不花钱让老百姓高兴,而且天桥也不注明谁出资修建,政府觉得不错,就同意了。这个年轻人拿到政府批文,从政府出来后立即找可口可乐这些著名的大公司洽谈广告业务,在这么繁华的街道上立广告牌,当然是件好事。

就这样,这位年轻人从大公司那里拿到了广告定金,用这笔钱修了天桥,还略有剩余。天桥修好了,广告也挂上了,年轻人从大公司那里拿到余款,这就是他创业的第一桶金。

【点评】

年轻人将无形的资源(好的想法)整合成了有形的资源(资金、天桥、广告牌),便民利己,皆大欢喜。

创业资源整合,就是指寻找并有效利用各种创业资源的过程,对有限的资源通过调整、合并、重组、聚集等,进行创造性利用。这一过程应具备两个特点:尽量多地发现有利的创业资源,以效率最高的方式来配置、开发和使用这些创业资源。

一、资源整合的方法

(一) 有利资源整合

根据资源的层次不同,我们可以把创业资源整合分为宏观创业资源整合和微观创业资源整合。宏观创业资源整合是指与创业有关的政府部门或其他机构(如孵化器)所进行的资源整合工作,其目的是为所有(或者至少是一部分)创业企业的发展提供更加便利的条件。微观创业资源整合则是指某一个具体的创业企业或创业团队所进行的资源整合工作。其根本目的就是为了自身的发展。在后面的论述中,我们主要是对微观层次的创业资源整合进行阐述。

1. 渐进式

对于任何一个创业企业或者创业团队来说,有利的创业资源都是难以完全发掘、配置和利用的。因此,就必须采取渐进的方式,根据对资源的需求程度,以及资源开发和利用的成本、收益和不确定性三者的综合考虑,逐步地寻找和利用各种创业资源。也就是说,对于每一种创业资源,都应当选择一个适当的整合时机,以降低资源的维护成本。

2. 双赢式

基本上,我们所发掘和应用的每一种创业资源实际上也都是一个相对独立的利益体。因此在开发和使用这些资源的时候,就不能仅仅从创业企业的自身利益出发,而必须坚持双赢的办法。需要强调的是双赢多数情况下难以同时赢,更多是先后赢,创业者要设计出让利益相关者感觉到赢而且是优先赢的机制。尤其是需要长期使用的创业资源,更要重视对方的既得利益(参见图 5-2)。

3. 量力式

不仅对于不同的资源需要渐进开发和使用,即使对于同一种创业资源,也存在着逐步开发的问题。尤其是对于创业团队和创业企业来说,资源开发的能力和经验都相对较弱,因此就更需要采取量力而行的方式,按部就班地对某一种创业资源进行开发和使用。

比如,一个创业者一开始就想充分发掘员工们的敬业精神,在采取了多种有效措施之后,他确实做到了。员工们每天都以饱满的热情努力工作,希望能够在不久的将来取得好的效益(包括一定的股份)。一年之后,就在大家感觉目标即将实现的时候,公司因遭遇了一次很大的挫折,员工们的士气一下子就低落下来。但他所能想到的激励员工的方法早已经用尽了,现在他才知道以前自己过早、过度地开发和利用了员工的敬业精神。

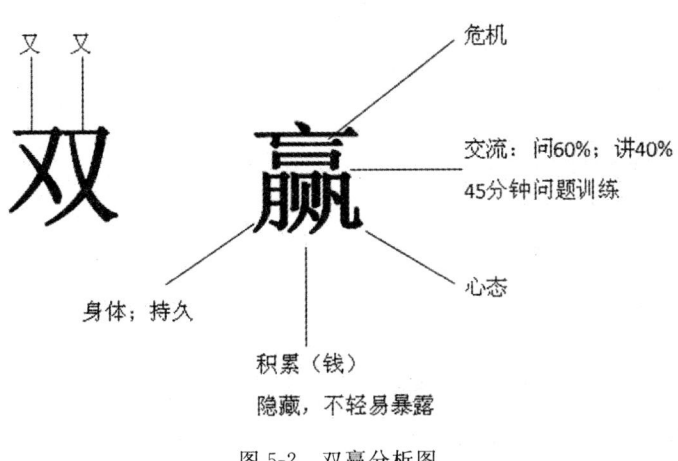

图 5-2 双赢分析图

4. 沟通式

沟通是创业者和利益相关者之间相互了解的重要手段,信任关系的建立有助于资源整合,降低风险,扩大收益。

除此之外,时间也可以看作是创业企业的一种重要的资源。时间的效益主要是通过影响其他资源的配置来实现的。以设备为例,很多技术含量较高的生产设备,其报废可能不是因为物理磨损,而是技术磨损。也就是说,这些机器设备尽管还可以运转,但其技术水平已经落后了,已经被新的机器设备所取代了。这样,就可以通过这些机器设备的更多连续运转来尽量降低技术进步带来的风险,这也就体现了时间对资源整合的影响。

(二) 负资源的整合

首先就是要尽量避免负资源的出现,主要就是避免具有双重属性的资源转化为负资源,而是要把负资源再转化为正资源;其次就是要尽量降低已经产生作用的负资源的影响程度。在整合方法上采取以下措施:

1. 利益分析方法

可以说,利益是整合负资源的最有效工具。也就是说,要让那些潜在的负资源能够认识到:一旦他们转变成创业企业或者创业者的负资源,他们的收益就会减少,风险就会增加。只要能够做到这一点,就能够对负资源进行很好的整合。比如,一个具有创业精神的员工,如果你能给他充分施展才能的空间以及相应的回报,以满足他对物质利益和精神利益的需求,那么,他出来跟你竞争的可能性就会小很多。

2. 密切观察的方法

一般来说,正资源转化为负资源,或者负资源产生作用,往往都存在一个过程,同时也会表现出某些特征或征兆。只要信息畅通、善于观察,就能够及早发现问题,防微杜渐。因此对创业者来说,经常关注自己的创业伙伴、优秀的员工、关键原材料的供应商、销售商等是十分必要的。

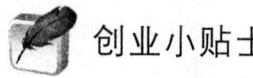 创业小贴士

分解创业风险的方式

为了减少负资源对创业企业的不利影响,一个非常有效的方式就是降低这些潜在负资源对企业的制约。以关键原材料的供应商为例,你可以寻找两家供应商,分别从这两家采购,以分散风险。

二、资源整合的原则

(一) 内部创业资源整合的基本原则

(1) 公平原则。

(2) 当前利益与长远利益相结合的原则。

(3) 缓冲原则。

(二) 外部资源整合的基本原则

(1) 比选原则。

(2) 信用原则。

(3) 提前原则。

如前所述,很多外部创业资源首先要去找,找到之后才谈得上应用问题。因此,信息就成为外部创业资源整合的根本要素。要想获得很好的外部资源整合效果,就必须找到尽量多的能够满足某一具体创业目标的资源要素,然后再去选择最适合的。

知识点 3　创业融资

【精选案例 5-3】

利用现有资源创造新的愿景

20 世纪 70 年代初,私家侦探 EJ·杰克逊,扩大业务的梦想因银行拒绝贷款而宣告破灭。灵光一闪的杰克逊申请了两笔汽车贷款:用一笔钱买下一辆 1975 年产的林肯,用另一笔钱买了一辆 1975 年产的卡迪拉克。1977 年,他利用这两部车成立了一家新公司——杰克逊豪华轿车服务公司。

如今,在明星云集的洛杉矶,他的公司聘用了数百名司机为乘客提供用车服务。杰克逊在电子邮件中表示:"有时候,你必须利用自己现有的资源,去做一些事情,创造一个新的传奇。"

【精选案例 5-4】

将每一次派对当成推荐会

在一家酒吧举行的欢送会上,阿历克斯·拉帕波特开始向陌生人讲述自己打算创作具有教育意义的嘻哈音乐的想法。大多数人都礼貌地报以微笑,然后走开。但一位哥伦比亚大学商学院学生听到后很感兴趣,他帮助拉帕波特起草了一份商业计划书,参加哥伦比亚商学院的"离谱商业计划竞赛"。最后,他们的商业模式成为社会价值类冠军,获得 5000 美元奖金,并受到许多投资者的关注。

这就是拉帕波特和布莱克·哈里森在布鲁克林创立教育初创公司 Flocabulary 的经过。拉帕波特在邮件中表示,如今,全世界有超过 20000 家学校采用了该公司的在线教育课程。

【精选案例 5-5】

给我投资吧，今天是我的生日

2008年，年近五旬的辛西娅·克西刚刚经历了离婚，生活发生了巨变。但她并没有沉湎于伤心的往事，而是决定追求自己的梦想——保护孩子受教育的权利。她邀请所有认识的人参加自己的50岁生日庆典，并请求每一位宾客用100美元来代替礼物。

克西向参加派对的宾客表示，她将用他们的礼物作为种子基金，在洛杉矶创建一家非营利性机构：不可阻挡基金会。她在电子邮件中估计，通过自己的努力，约有6000名学生得到了上学机会，有超过50栋校舍得以建成。

【点评】

没有钱是万万不能的，任何一家初创公司都对此深有体会。但并不是每一位创业者都能幸运地获得风投资本的垂青。所以对于一些创业者而言，怎样独辟蹊径，构想出另类且有趣的融资方式，最终实现自己的创业梦想成为融资的关键。

一、创业融资剖析

创业融资是创业管理的关键内容，在企业成长的不同阶段具有不同的侧重点和要求，融资前需要权衡以下几个因素：

（一）创业者的自由和独立的价值最珍贵

创业意味着自己做自己的主人，不需要按照别人的命令行事，这也是创业带给你的独立和自由，作为自负盈亏的独立经营者，你所做的每一个决定唯一要考虑的仅仅是顾客和市场需求，而不用看别人的眼色或是照顾他人的感受。

（二）得到基金会削弱你的自主权

世界上没有免费的午餐。一旦某些基金贷款给你之后，你的经营决策就要受制于人。比如天使基金会用占用企业股份的方式给你投资，银行会要求你近期给他们财务报表，还会有业务人员经常来你的企业"视察"。

（三）金融资本会干扰你独立决策

当你得到贷款后，尽管银行贷款人员对经营知之甚少，但是同样出于规避风险的目的，而会善意地阻止你去冒险，但这样的规劝会使你的经营热情受到无情的打击。

（四）企业没有资金就像人没有血液

当你确定了创业项目，又拟订好了创业计划书之后，就可以确定你的创业项目在启动时所需要的资金的具体数额了。如果没有预算资金，企业没有资金，就像人没有血液一样，是不能生存的。

（五）银行也是企业，不是慈善机构

企业向银行贷款，一般都被要求出具某种担保。因为银行与企业一样，是营利性机构，不是慈善机构。因此在企业不能按期归还贷款时，企业用于担保的资产会被变卖抵债，这就是银行为了不至于出现坏账的一种自保手段。从银行的角度来说，储户将钱存入银行，银行必须要保证储户在取款时不会遇到提不到款的麻烦，所以，银行里贷出去的款收不回来是无法跟储户交代的，银行的运作就是基于这样的基本理念。

二、企业所需资金的预算

创业者在开始融资时，不确定性和信息不对称是创业融资难的影响因素。因此在融资前，必须对自己的创业项目进行一次初步规划，并根据这个初步的规划估算出整个项目启动时需要投入的资金数额，然后根据这个数额，再加上一定比例的不确定因素，最后得出一个准确的数额，进入创业融资阶段。

（一）必须做好投资规划

正确预算创业所需资金有利于确定筹资数额，降低资金成本。

1. 绝不能低估项目的潜伏期

再好的经营项目也不会马上就有收益。任何创业项目从启动到盈利，都需要一个潜伏期，这个潜伏期的长短，跟行业和企业规模有关。犹如"播种有时，开花有时，结果有时"。所以，在创业初期，你的启动资金就是你创业最初投资的主要资金来源，在创业者的创业过程中，要善于处理好企业的财务问题是至关重要的一步。

2. 不要一开始就把眼光只瞄准基金和银行贷款

在很多年轻的创业者中，他们在确定了创业项目之后，不去寻找其他融资方式、不去研究市场需求、不去考虑如何白手起家从小做起，而是一开始就只想到融资，把创业基金和银行贷款作为第一融资目标。

3. 设计合理的资金架构有利于降低经营风险

在创业启动资金的组合上，最好有一个合理的资金架构比例。例如，你可用的最高资金额中有 1/3 是你的自有资金，外来资金最好不要超过 2/3 的份额。

4. 尽量多地留存储备金

你必须对从开业到盈利期间的资金储备做足够的预算和储备。因为你首先把资金看成是个人和外来资金各占 1/2 进行估算比较稳妥。因为这个时期的储备金到底需要多少，实在是一个难以确定的数字，但是无可置疑的是，资金链断会引发经营不下去而导致创业失败。

一般需要把企业没有收入的时间按 3 个月乃至更长来计算，所以，储备金应不低于 3 个月的固定成本总和。

（二）预算创业融资时应注意的问题

1. 要把不确定费用计算进去

在你预算创业启动资金时，最后在固定资产和流动资产总和上，还要把总额乘以一个系数作为不确定费用,一般估算企业的不确定费用为3‰~5‰,建议创业者按5‰~10‰计算即可。这个不确定费用,是为了应对那些意外的支出。

2. 信念和干劲比贷款更重要

事实上,白手起家的富豪有很多,从小做大的企业家也有很多,你必须清楚:政府的创业基金也是一种贷款,虽然条件很优惠,但终究是要还的。也许,暂时的资金短缺,刚好正是你奋力拼搏、争取客户的动力。

3. 找到保本销量

创业者开始创业后,一定要首先学会计算盈亏平衡点,必须对自己的经营状况做到心中有数,并且在以后的经营活动中,严格执行财务制度,做好经营情况的统计和分析。

所谓保本销量,就是企业在不赔不赚的时候的销量。盈亏平衡时,月总利润=总成本。这时的营业额或是销量就叫保本销量,这个数字也就是盈亏平衡点。

4. 搞清毛利和纯利

衡量企业盈利能力的指标是利润,计算公式为:

$$营业利润=营业额-总成本=营业额-(固定成本+流动成本)$$

(三)学会计算投资回收期

投资回收期的计算,可以帮助创业者明白他的所有投入都需要一定的时间才可以挣回来。也就是说不论创业启动资金的来源是亲情融资、个人积蓄、银行贷款还是基金扶持,都需要创业者用利润的积累一点点来抵偿。因此,前期投资越大,投资回收期越长,这就是大多数企业都是从小做大的原因之一。

投资少,回收快,可以很快收到盈利的效果;投资大,回收慢,会有很长时间的经营才能收回投资。

投资回收期计算公式为:

$$投资回收期=投资总额÷月利润=可以收回的月份数。$$

融资,就是资金筹集的过程和行为。创业融资,是指创业者将创意转化为现实,通过不同的渠道,采用不同的方式筹集资金以建立企业的过程。

 创业小贴士

做生意应坚持这样一个观点,就叫做获取利润之后的利润,核算成本之前的成本。学会让而不是学会送,商人的最高境界是让,送是慈善。

在取利过程中如果你是依法挣钱,依法纳税,这个取利的过程就是取义,只有取义才能取大利。比如说社会发展方向、股东分红、员工要工资、政府要税,这就是义,而且,往往只有你先接受义之后才能挣大钱。

——冯 仑

三、创业融资渠道

融资渠道就是企业筹措资金的方向和通道,体现了资金的来源和流量,了解企业的融资类型和融资方式,对企业的生存和发展是极其关键的。融资渠道主要有三大渠道即私人资本融资、机构融资、政府背景融资。

1. 自我筹资

创业初期团队成员依靠自身的筹资,往往具备了初期项目启动的能力。同时自筹资金也是一种自我承诺,极大地鼓舞了团队士气。

2. 亲情融资

亲情融资是成本最低的"贷款"。不过它有利的方面也有不利的方面,具体地说,有利的一面:较容易获得信任;不利的一面:容易出现纠纷。所以,创业者在向亲朋好友融资时,有必要思考下如何避免日后可能出现的纠纷。

3. 创业政策资金申请

针对每年扶持创业政策,进行申请,以获得当地政策与资金的扶持。出现的情况是,优势:扶持政策资金使用压力较小,有贴息、免息等政策;劣势:获得扶持难度较大,申请数量较多。

4. 社会公益创业扶持机构申请

每年,大量的社会公益机构,针对创业者开展大赛、论坛,经过评委评定,发放部分资金帮助创业者,如"赢在中国"、"创赢天下"、"给你一个亿"等。同样面对两种情况,优势:获得的扶持资金可享受免偿或免息政策;劣势:公益机构创业扶持评审慢周期长。

5. 天使投资

顾名思义,天使是指能够为别人带来无偿帮助的群体,而天使投资在创业圈内的定义也因此而生,即能够为创业者带来资金或其他服务的投资人,是创业者的"婴儿奶粉"。它起源于纽约百老汇,天使投资是自由投资者或非正式风险投资机构,对处于构思状态的原创项目或小型初创企业进行的一次性的前期投资。

知识链接

(1) 设立大学生创业"天使基金"

大学生开办企业可获得5万~100万的支持,要求创业者自有资金与天使基金是1:1的投入比例,天使基金以股份形式加入创业团队。因此,即使创业失败,也无须创业者承担赔偿责任。这个基金是专门为了激发大学生创业热情而设立的。

(2) 风险投资(Venture Capital):简称VC,创业者的"维生素C"

风险投资是一种融资和投资相结合的全新投资方式,也是当今广泛流行的一种新型投资机构。它以一定的方式吸收机构和个人的资金,投向于那些不具备上市资格的中小企业和新兴企业,尤其是高新技术企业。

风险投资基金无需风险企业的资产抵押担保,手续相对简单。它的经营方针是在高风险中追求高收益。风险投资基金多以股份的形式参与投资,其目的是为了帮助所投资的企业尽快成熟,取得上市资格,从而使资本增值。一旦公司股票上市后,风险投资基金就可以通过证券市场转让股权而收回资金,继续投向其他风险企业。现在成功的企业如雅虎、百度、阿里巴巴等,都是通过得到风险投资基金的支持而发展起来的。

6. 商业银行贷款

商业银行贷款政策指商业银行为实现其经营目标而制定的指导贷款业务的各项方针和措施的总称,也是商业银行为贯彻安全性、流动性、盈利性三原则的具体方针与措施。

(1) 商业银行贷款政策的主要内容

A. 确定指导银行贷款活动的基本原则。

B. 明确信贷政策委员会或贷款委员会的组织形式和职责。

C. 建立贷款审批的权限责任制及批准贷款的程序。

D. 规定贷款的限额,包括对每一位借款人的贷款最高限额、银行贷款额度占存款或资本的比率。

E. 贷款的抵押或担保。

F. 贷款的定价。

J. 贷款的种类及区域的限制。

上述贷款政策的内容应当体现商业银行的经营目的与经营策略,决定商业银行的经营特点和业务方向。

(2) 商业银行制定贷款政策的主要依据

A. 所在国的金融法律、法规、政策的财政政策和中央银行的货币政策。

B. 银行的资金来源及其结构,即资本状况及负债结构。

C. 本国经济发展的状况。

D. 银行工作人员的能力和经验。

7. 担保机构融资(信用担保)

起源:从 20 世纪 20 年代起,许多国家为了支持本国中小企业的发展,先后成立了为中小企业提供融资担保的信用机构。其最大的作用就是解决银行贷款难。

8. 私募基金

所谓私募基金,是指通过非公开方式,面向少数机构、投资者募集资金而设立的基金,在我国,通常而言,私募基金(Privately Offered Fund)是指一种针对少数投资者私下(非公开)地募集资金成立运作的投资基金。他们也关注创业项目这部分资源,投资数额根据他们感兴趣的项目而定。

9. 其他融资渠道

包括国家和地方推出的针对创业企业的各种扶持资金及政策,也被很多人视为"免费皇粮"。主要有政府专项基金,如 YBC 基金、税收优惠、财政补贴、贷款援助等。还包括其他融资方式,如典当融资、设备融资租赁、孵化器融资、集群融资、供应链融资。

 知识链接

融资注意事项

一、融资准备

一是要建立个人信用,信用乃是无形资产,在当今的信用社会中,从现在起就应当建

立个人信用;二是积累人脉资源,这是一批有形的社会资本,是企业成长的沃土。

二、融资过程

在融资过程中最重要的一环就是融资谈判。无论计划书写得有多好,在与投资者谈判时表现糟糕的创业者很难完成交易。因此要做好充分准备,事先想想对方可能提到的问题;要表现出信心;陈述时抓住重点,条理清楚;记住投资者关心的是让他们投资有什么好处,这些对融资至关重要。

三、融资成本

债务融资成本是使用债务资金所需要支付的利息,一般来说,支付周期较短,支付金额固定;在债权融资中应实现各种融资渠道之间的取长补短,将各种具体的债权资金搭配使用、相互配合,最大限度地降低资金成本。

股权融资中投资者获得企业部分股权,其未来潜在的收益是不受限制的,虽然不需要像利息那样无条件定期支付,但会影响创业者对企业的控制权,许多创业投资公司会要求一系列保护投资方利益的否决权,介入到企业的经营管理中。过高的融资成本对创业企业来说是一个沉重的负担,而且会抵消创业企业的成长效应。因此,即使初期的资金很难获得,创业企业仍要寻求一个较低的综合资金成本的融资组合,在投资收益率和资金成本权衡中作出选择。

四、财务短视行为

短视顾名思义就是缺少远见,创业者在创业过程中很多时候可能存在着短视行为,如在产品制造的过程中只重数量而忽视质量,只重技术而忽略市场需求。

知识点4 创业资源管理

企业的创业资源划分为必备资源(资金、场地、人才、产品)、支撑资源(营销渠道、经营方案)和外围资源(创业环境、政策、文化、信息)。而其管理包括这些资源的获取、分配和组织等方面的内容:

一、行业状态的管理

(一) 行业状态

行业状态包括行业格局、技术创新、前景机会、发展趋势等信息。

创业者在创业前,必须获得足够的该行业或领域的相关信息,才可以知己知彼地设计进入策略。要获得想要进入的行业概况,市场调研是最好的方法和途径。传统的市场调研方法有问卷法、访谈法、实验法等。

市场调研,是指为了提高产品的销售决策质量、解决存在于产品销售中的问题或寻找机会等而系统地、客观地识别、收集、分析和传播营销信息的工作。目前的发展趋势是网上市场调研,这种高效的调查手段也被许多调查咨询公司广泛所采用,其优点主要表现在提高调研效率、节约调查费用、调查数据处理比较方便、不受地理区域限制等方面。但是在线市场调研并不是轻易可以实现的。

（二）市场调研

市场调研是运用科学的方法，有目的、有计划地搜集、整理、分析有关供求、资源的各种情报、信息和资料。它是把握市场现状和发展趋势，为制定营销策略作好企业决策提供正确依据的信息管理活动，是市场调查与市场研究的统称，是个人或组织提供特定的决策问题而系统地设计、搜集、记录、整理、分析及研究市场各类信息资料、报告调研结果的工作过程。市场调研是市场预测和经营决策过程中必不可少的组成部分。

（三）调研流程

调研流程大致如下：调研计划撰写—调研问卷设计—调研问卷实施—调研问卷收集、整理—数据分析—调研报告撰写。

二、信息资源的管理

信息资源：常见的信息资源包括项目交易数据资源、供求信息资源、研究报告资源、财经数据资源、科研数据资源、学术论文资源、品牌口碑资源及公司名录资源等。

（一）信息资源的获得渠道

信息资源的获得主要有两种渠道：一种是在市场调研中亲自取得第一手资料，还有一种就是在网络、行业协会、企业年报等公开资源中获得信息资料。这些资料中的一大部分可从网络获得，对二手资料的研究不仅可以节约获取一手资料的成本，同时，只有分析研究行业信息才有助于创业者了解自己的行业正处在生命周期的哪个阶段，为产品定位、定价、推广寻求依据。

（二）信息不对称

信息不对称是新创企业经营的第二大风险。创业者在创业过程中时刻要警惕信息不对称带来的经营风险。因此要把眼光盯在客户和市场上，抓住瞬间即逝的商机，掌握顾客需求的变化。通常经常要思考以下问题。

（1）你的顾客需要什么？

（2）谁跟你在做着同一领域或行业的产品？

（3）谁的产品和服务跟你拥有同一个目标群体？

（4）你的产品或服务是否是可持续发展的？

……

可以说，只要企业存在一天，它所处的外在环境就在无时无刻地变化着，这些变化都可以通过信息资源来体现。因此，要想取得企业长远发展，就要在变化中学会应变，根据外在信息不断调整企业的经营策略。

三、人力资源的管理

创业资源中的人力资源是指创业者具有的体质、文化知识和劳动技能水平。拥有创业所需的人才、团队是创业的必要的先决条件。创业中的人力资源管理内容很多,包括人员的选聘和配置、薪酬计划、股东利益、股权分配、期权受益等,但是对一个创业者来说,在创业初期,最重要的一是要找到可以胜任你工作要求的人;二是要找到值得你信任的人,最好是二者兼而有之的人才。

在国外的人力资源管理中,素质测评是必不可少的。理性成分偏重。在中国,从诸葛亮识人七法,到孔子识人术,基本上都是感性成分偏重。

人才测评是综合利用心理学、社会学、统计学、测量学、管理学、行为学和计算机科学等一系列先进的科学方法,对测试者的个性特征、知识能力、发展潜力和身体素质等基本素质方面实施测量和评价的活动。马克思在现代科学刚开始的时候就指出:"一种科学只有成功地运用数学时,才能达到真正完善的地步。"但是人本身的素质和能力,也是处在变化之中的,因此单凭人才测评的数据,也不能完全得出正确的评价结论。

四、资金资源的管理

资金资源:创业需要的启动资金,创业转型或发展所需要的再次融资等,都是创业者应该获取的资金资源。

创业资金资源的管理,最重要的是创业之初的财务管理,因为有调查显示,68%的新创企业,是因为财务管理不善,导致现金流断裂而失败的。

 知识链接

初创企业在成长过程中,大都有"资金饥渴症",即经营者追求筹集尽可能多的资金,而往往忽略融资的风险。融资不仅有代价,而且还蕴含着风险。应尽可能地控制融资规模,尽量不要造成资金闲置或使企业负债过高。

其中,创业者最容易犯的错误就是不注意融资成本问题。不同的融资渠道,其融资成本不同;资金资源管理不善,很可能成为企业负担,而且会抵消企业辛苦挣来的利润。

在企业里,创业者就是团队的领头人,也是主要的决策者之一。但是,如果没有学过宏观经济学和微观经济学或财务管理,一些在决策时必须考虑的因素,就会因为没有建立这些概念而被忽略,好多创业者都是在实践中才慢慢懂得这些概念的。

(一) 明确资金时间价值的概念

资金时间价值这个概念,用一句通俗的话来说,就是,今天的一元钱跟明天的一元钱的价值是不相等的。为什么?因为这一元钱在24小时内会产生利润或者利息。资金时间价值的表现形式就是利润或利息。

衡量资金时间价值的尺度有两种:一是绝对尺度,即利息、盈利或受益;二是相对尺度,即利率、盈利率或收益率。

利率和利润率都是表示原投资所能增加的百分数,因此往往用这两个量来作为衡量资金时间价值的相对尺度,并且经常两者不加区分,统称为利率。

(二) 明确资金时间价值的意义

资金时间价值或者说货币时间价值是一个经济学的概念,是机会成本的变体。在社会平均利润率一定的情况下,资金时间价值与计息期数成正方向变化,计息期数越多,资金时间价值越大。也就是说资金周转的快慢以及每次资金循环时间的长短,都决定了资金时间价值的大小。掌握资金时间价值理论,有助于企业科学、合理地使用资金,企业任何资产只有参与资金运动才可能作为资本实现其时间价值,而闲置的资产无论是流动资产还是固定资产都不可能创造时间价值,而且随着时间的推移,还会丧失其原有的价值。

(三) 充分提高资金的使用效率

资金的时间价值,明确这个概念就可以督促创业者节约使用资金,充分提高资金的使用效果,充分实现资金时间价值,使资金在有限的时间和空间范围内获取最大价值。因此在进行项目可行性分析以及在证券投资方案评价中,资金时间价值就是最重要的依据。不论净现值法、现值指数法,还是内部报酬率法等,都是在充分考虑资金时间价值的基础上评价项目可行性较好的方法,而且已在各企业实践中得到广泛的运用。

(四) 懂得机会成本的概念

机会成本是指为了得到某种东西而要放弃的另一种东西,机会成本具有比较优势。简单地讲,可以理解为把一定资源投入某一用途后所放弃的在其他用途中所能获得的利益。更加简单地讲,就是指为了从事某种事情而放弃其他事情的价值。

机会成本在经济学上是一种非常特别、既虚又实的成本,它是指单笔投资在专注于某一方面后所失去的在另外其他方面的投资获利机会。

在企业经营过程中,创业者经常要面临一些选择。作为企业经理人,他所作的任何决策都是为了企业的生存,在衡量做与不做时,就看哪个决定可以给企业带来更高的利润。

(五) 建立投资风险的意识

投资风险是指创业者由于冒着风险进行投资而获得的超过资金时间价值以外的额外收益,所有的企业发展无不面临投资的风险性。一个成功的企业必定是一个善于避开不必要投资风险的企业。

由于投资收益率=无风险投资收益率+风险投资收益率,创业者的每一个决策都应该慎之又慎,因为很多时候,你所作的决策就是"开弓没有回头箭"了。用投资风险的概念来思考问题,无疑会增加你决策的正确性。

(六) 理论沉没成本的概念

沉没成本是指已经失去的收益或者付出的代价,不论你采取什么方式和方法,均不能挽回损失。沉没成本与机会成本的不同之处在于它属于非相关成本,有时是间接的,有时是直接的。由于沉没成本好多时候是事后发生的,因此在决策时有时无法考虑在内,如果在决策时就把沉没成本考虑在内的话,恐怕会造成商机错失或者决策失误。

(七) 理解准备金和存款准备金率(或货币准备金率)的概念

我们经常在新闻里听到"央行决定自某日起提高存款准备金率0.25个百分点"或者"降低存款准备金率0.25个百分点",这是什么意思?提高或者降低这个货币准备金率,与当前的经济发展趋势有什么关系？对企业来说，这样的信息是一个什么信号？

1. 存款准备金

存款准备金是指金融机构为保证客户提取存款和资金清算的需要而准备的在中央银行的存款，中央银行要求的存款准备金占其存款总额的比例就是存款准备金率。中央银行通过调整存款准备金率，可以影响金融机构的信贷扩张能力，从而间接调控货币供应量。

简单地说，提高存款准备金率，既是要收缩贷款总量，央行发往市场的贷款总量或者货币总量要减少了；反之，降低存款准备金率就是扩大贷款总量，央行发往社会的贷款或货币总量要增加的意思。

2. 货币准备金率与通货膨胀系数成反比

简单地说即是"提高货币准备金率"会导致物价下降（通货紧缩），"降低货币准备金率"会导致物价上升（通货膨胀），对企业和经营者来说，物价上涨时，才是赚钱的好时机！

3. 货币准备金率的变化与企业营销决策息息相关

任何时候，都是机遇和挑战并存的，正是因为在危机中有人倒下，才给后来者留出了发展空间。企业间的区别就在于有人看到了机遇，有人看到了风险。而企业主要时刻关注国家宏观政策，高瞻远瞩，在别人还没有意识到的时候，作出正确的决策，才可以有效地规避各种风险，使企业基业长青。

那些百年企业无一不在其成长过程中几进几退，经历过好多次经济衰退而成长到今天的。

(八) 创业者要学会读懂资产负债表

资产负债表是表示企业在一定日期（通常每个会计期末）的财务状况（即资产、负债和业主权益的状况）的主要会计报表。资产负债表利用会计平衡原则，将合乎会计原则的"资产、负债、股东权益"交易性科目分为"资产"和"负债及股东权益"两大区块，在经过分录、转账、分类账、试算、调整等会计程序后，以特定日期的静态企业情况为基准，浓缩成一张报表。

由于企业总资产在一定程度上反映了企业的经营规模，而它的增减变化反映着企业负债与股东权益的变化关系，当企业股东权益的增长幅度高于资产总额的增长时，说明企业的资金实力有了相对提高；反之则说明企业规模扩大的主要原因是来自负债的大规模上升，进而说明企业的资金实力在相对降低，偿还债务的安全性在下降。

1. 创业者对资产负债表的一些重要项目，尤其是期初与期末数据变化很大，说明出现大额红字的项目要进行进一步分析。如流动资产、流动负债、固定资产、有代价或有息的负债（如短期银行借款、长期银行借款、应付票据等）、应收账款、货币资金以及股东权益中的具体项目等。

2. 创业者随时关注应收账款。企业应收账款过多、占总资产的比重过高，说明该企业的资金被占用的情况较为严重，而其增长速度过快，说明该企业可能因产品的市场竞争能力较弱或受经济环境的影响，企业结算工作的质量有所降低。此外，还应对报表附注说明中的应收账款账龄进行分析，应收账款的账龄越长，其收回的可能性就越小。

3. 计算财务指标的数据来源。主要有直接从资产负债表中取得，如销售利润表；同时来源于资产负债表和利润及利润分配表，如应收账款周转率；部分来源于企业的账簿记录,如利息支付能力。

(九) 损益表及其重要作用

损益表(或利润表)是用以反映公司在一定期间利润实现(或发生亏损)的财务报表,它是一张动态报表:损益表可以为报表的阅读者提供作出合理的经济决策所需要的有关资料,可以用来分析利润增减变化的原因、公司的经营成本、作出投资价值评价等。

损益表所反映的会计信息,可以用来评价一个企业的经营效率和经营成果,评估投资的价值和报酬,进而衡量一个企业在经营管理上的成功程度。

注意企业的现金流。现金流一般是用来衡量企业收入的一个指标。对一个企业的财务来说,一个阶段的现金流(也称为账面盈余或资产增值)是居于中心位置的指标。现金流是企业经营所得与同期经营支出的一个差额。

1. 企业经营所得。企业经营所得主要是指销售收入,企业支出包括购买原材料的费用及支付劳务工资、税收和利息的费用。两者的差额通常被称为现金流,它被定义为销售所得项减去支出的费用。现金流通常被当作衡量企业盈利能力以及自身融资潜力的一个指标,即:

现金流＝企业内部融资能力

2. 企业内部融资能力。企业内部融资能力是指企业不依靠外部贷款获得资金,而是经过自身经营活动获得资金,并用于企业运作。现金流可以用于生产投资、偿还贷款或分红。

现金流是衡量企业财务情况的一个重要指标,创业者在与贷款方进行洽谈时,常常会被问及现金流的问题。这一指标不仅帮助企业估量自身诚信能力,而且也被外界认为是衡量企业偿还能力的一大标准。

五、创业的营销资源管理

这里主要是指营销资源的分配和新市场的开拓。企业创业是一种以市场为导向的活动,市场对新产品的接受程度直接关系到创业成败,但开始时,新产品在市场中几乎不为人所知,因此,企业必须集中销售资源,致力于新产品的市场开拓。这里也存在新、旧项目营销资源竞争的问题。为了解决这个问题,企业必须加大营销投入。

 创业小贴士

野蛮社会,体力可以统御财力和智力;资本社会,财力可以雇佣体力和智力;信息社会,智力可以整合财力和体力。

——牛根生

如果大环境小环境都自己去建设的话,我自身的能力、实力不具备。所以当时我们只有一个简单的想法,就是我把自己有限的资本或者力量聚焦到一个核心——如何去塑造品牌,把相关的交给社会来完成。

——周成建

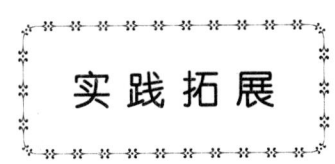

大学生创业资源整合攻略

一个人在资源有限的情况下,如何发挥潜在的创造力和主观能动性,对有限的资源进行科学、合理的整理,体现了一个创业者的创业资源整合素养,下面的游戏将帮助我们练习在资源限制的情况下如何与别人合作以及如何有效地利用有限资源。

1. 游戏规则和程序

(1) 培训师给大家讲下面的故事:泰坦尼克号即将沉没,船上的乘客(学员)须在"泰坦尼克号"的音乐结束之前利用仅有的求生工具——七块浮砖,逃离到一个小岛上。

(2) 培训师指导学员布置游戏场景:将 25m 的长绳在空地上摆成一个岛屿形状,在另一边,摆 4 个长凳,用另外的绳子作为起点。

(3) 给学员 5 分钟时间谈论和实验。

(4) 出发时,每个人必须从长凳的背上跨过(就如同从船上的船舷栏杆上跨过),踏上浮砖。在逃离过程中,船员身体的任何部分都不能与"海面"——地面接触。

(5) 至离开"泰坦尼克号"起,在整个的逃离过程中,每块浮砖都要被踩住,否则培训师会将此浮砖踢掉。

(6) 当全部人员达到小岛之后,所有浮砖也被拿到小岛上,游戏才算完成。

2. 相关讨论

(1) 你们组可以提出什么样的方法来达成目标?

(2) 小组是否确定出领导者?是根据什么确定的?撤离方案的形成是领导的决定还是小组讨论的结果?

(3) 你们的方案是否坚决贯彻到底了?中间发生了什么变化?为什么?

(4) 事后回顾当初的方案觉得如何?有更好的方案吗?为什么当时没有想到?或没有提出来?

(5) 小组是如何分配成员撤离的先后顺序的?当时考虑了哪些因素?

3. 游戏总结

(1) 如何应付突如其来的紧急情况,反映了一个人头脑的清醒程度和他的应变能力;同时,如何利用有限的资源更大程度地表达我们的目的,也是观察一个人想象力和创造力的最好的途径。

(2) 在我们面临危险的时候,每个人都会有不同的想法,此时就需要出现一个领导者的角色,否则大家七嘴八舌,互相不服,最后只会使得整个集体都受到损失。如何选择这个领导者是很关键的问题,所选之人一定要能够服众,让大家都听他的。

4. 游戏说明

(1) 参与人数:10 至 12 人一组。

(2) 时间:30 分钟。
(3) 场地:户外。
(4) 道具:24 块木块(每组 6 块),4 张椅子,两条长绳(25m)。

5. 游戏应用
(1) 创新思维训练。
(2) 应变能力的培养。
(3) 团队合作精神培养。

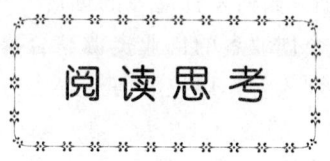

新一代网红 papi 酱融资

Papi 酱本名姜逸磊,出生于上海,2005 年,作为普通高中生,父母不是很希望她走艺术之路,她凭借女子吹奏乐团的萨克斯而高考加了 20 分,从上海市第三女子中学毕业顺利考入中央戏剧学院导演系导表本科。2006 年,担任某娱乐网站网络主持人。同年成为北京电影学院导演系毕业作业胶片短片的副导演和女主角。2007 年,负责上海电视台体育频道《健康时尚》栏目前期编导及配音。2009 年,担任上海话剧艺术中心话剧《马路天使》导演助理。

2015 年初,papi 酱跟大学同学霍泥芳开始以名为"TCgirls 爱吐槽"的微博账号发表短视频,此时的她完全抛开美女包袱,以七情上面的浮夸表演博得网友的纷纷点赞。2015 年 7 月开始陆续发秒拍和小咖秀短视频,但都是相对常见的无厘头恶搞视频。

2015 年 8 月,papi 酱在其个人微博上试水,发布了一系列秒拍视频,包括嘴对嘴小咖秀,台湾腔+东北话;其中她发布的短视频《男性生存法则第一弹》在微博上小爆发,获得 2 万多转发、3 万多点赞。而后又推出了系列视频,如日本马桶盖、男女关系吐槽、烂片点评、上海话+英语话等。

2015 年 10 月,她开始利用变音器发布原创短视频内容,papi 酱在各大内容平台的人气都一路高涨,她以一个大龄女青年形象出现在公众面前,凭借张扬的个性、毒舌吐槽时弊调侃,短视频迅速引爆网络。2016 年 1 月初,她微博粉丝突破 200 万,同年 2 月末,她微博粉丝已经有 480 多万。同年 3 月末,其微博粉丝量超过 760 万人。

2016 年 3 月,papi 酱获得真格基金、逻辑思维、光源资本和星图资本共计 1200 万融资,估值 1.2 亿左右。Papi 酱,"一个集美貌与才华于一身的女子",一个论文还没写完的中戏导演系研究生,就在今天拿下了 1200 万投资,成为估值 3 亿的顶级网红。2016 年开年起,她凭借 40 多条原创短视频,在短短几个月内刷爆社交媒体,成为 2016 年当仁不让的网红 Top1。微信图文发布后阅读量分分钟达到 10 万以上,2 月份开始均值近百万,她的短视频在腾讯、优酷、Bilibili 等各个平台累计播放量过亿,发布当天必上热门。

2016 年 4 月 21 日下午,papi 酱贴片广告拍卖会在京举行。经过不到 10 分钟线上线下同时出价竞拍的激烈角逐,最后由现场002号,电商公司丽人丽妆的代表以2200万的出价结束本场拍卖。随后papi酱合伙人杨铭宣布,下一步将会做成一个开源平台并命名为papitube。papitube将邀请更多好玩、价值观一致的创作者,一起生产更多内容。同时,papi酱的发布渠道也将开放给这些创作者。

【思考】

你从papi酱创业、融资悟到了什么?

创业之问六：我的创业计划该怎么写？

学习目标

通过本篇学习，读者应当能够认识创业计划的作用，了解创业计划书的撰写步骤、撰写内容和格式要求，清楚创业计划书的展示技巧。

技能要求

◎掌握创业计划书的撰写步骤
◎掌握创业计划的基本撰写内容和格式
◎掌握创业计划书的展示方法

理论概要

创业计划

知识点1　创业计划概述

一个有经验的飞行员在制订出一个经过详细调研的飞行计划之前，是不会冒险起飞的。大学生如果在几乎没有商业管理经验的情况下，不制订详细的创业计划就开始创业，如同驾驶没有经过试飞的飞机，是非常危险的。创业者必须要有充分的准备，才能有效降低高昂的失败风险，一份高质量的创业计划书是获得发展和投资的必要通行证。但是，撰写一份相当周密的创业计划书，内容应包括创业各方面的发展计划，企业内外部环境分析、竞争策略、需要进行大量的市场调查分析，这对于创业者的确是一项艰巨任务。

一、创业计划的概念和作用

（一）创业计划的概念

创业计划属于商业计划的一种，是指对与创业项目有关的所有事项进行总体安排的文件，包括人员、资金、物质等各种资源的整合，前景展望，战略确定等。创业计划是为创业项目制定的一份完整、具体、深入的行动指南。创业计划的基本目标在于：第一，分析商机，说明创业者的基本思想和期望目标；第二，分析并阐述创业者如何利用这一创业机遇进行发展;第三,分析说明影响创业成败的关键因素;第四,分析并确定创业企业筹集资金的办法。

创业计划是将创业者的理想和希望进一步具体化,它一般要考虑到公司未来3～5年的发展情况,并在公司运营中根据需要相应地进行调整。一份创业计划应该能够有理有据地说明企业的发展目标,实现目标的时间、方式及所需资源。创业计划必须力求切合实际,包含充分的细节来论证新企业的可行性,旨在使读者相信新企业有价值,并得到资金支持。

(二) 创业计划的作用

除具有计划的一般作用以外,创业计划还具有以下独特的作用。

(1) 明确清晰的愿景,树立创业信心

创业计划能使阅读者坚信其创业项目具有商业价值,相信新创企业必然有光明的前途。创业计划有助于提高和巩固创业者及其员工对企业战略目标的信心,也有助于树立投资者对新创企业的信心,使得创业者的创业计划及其依据得到充分理解和支持。

(2) 保持清醒的头脑,克服盲目创业

制订创业计划是一个冷静思考的过程,是一个理性思维的过程。在做创业计划时,会较客观地帮助创业者分析创业的主要影响因素,能使创业者保持清醒的头脑。著名风险投资家克莱纳(Eugene Kleiner)曾说:"如果你想踏踏实实做一份工作的话,写一份创业计划,它能使你进行系统的思考。有些创意可能听起来很棒,但是当你把所有细节和数据写下来的时候,它自己就崩溃了。"可能许多创业者在刚开始投入一项事业中的时候,凭借的仅仅是一腔热情,然而当真正着手做的时候,才会发现需要考虑的地方何止是一两处,这就需要制订一份创业计划书,以使自己不偏离预定的方向。

(3) 发现必需的资源

它可以使创业者发现所必需的资源,了解所需资金、设备、人员等各方面的情况。创业计划书的质量,往往会直接影响创业者能否找到合适的合作伙伴、获得资金及其他政策的支持。例如,创业者可以拿着创业计划书去说服他需要的人合资、入股。到底需要什么样的创业合作伙伴,也是需要经过理性思考后产生的。

(4) 做出周密的安排

创业计划能使创业者对产品开发、市场开拓、投资回收等一些重大的战略决策进行全面的思考、周密的安排,并在此基础上制订详细清楚的营运计划,为有效的创业管理提供科学依据。创业计划中列出的事件不可能每一件都会发生,但是创业计划制订过程中所得到的知识和理解将使企业有备于任何变化,并且能够及时调整自己。总之,创业计划是企业创立时指引管理团队和员工行为的重要路线图。

(5) 吸引创业融资

企业成长基本上离不开外来资金。创业计划是创业者融资的基础。制订创业计划主要的目的是作为向外界融资沟通的工具。几乎所有的专业投资者与融资机构都必须看到一份可以接受的创业计划以后,才会展开相关的投资评估。一份品质与内容均有所欠缺的创业计划书,常使得创业者求见投资者一面的机会都没有。

(6) 寻求其他外部资源的支持

创业计划是创业者自我推销的文件,其阅读者包括可能的供应商、顾客、政策机构等。完善的创业计划可以使他人了解创业项目及创业构想,有利于创业者寻求外部资源的支持。创业计划有利于创业者与供应商、经销商等中介机构进行沟通,取得他们的信任和支持,为企业的发展创造良好的外部环境。

二、创业计划的读者

按计划的阅读对象类型划分,创业计划主要有两类读者。

(一)创业者及其团队

对创业者及其团队来说,撰写一份明确阐明远景和未来规划的创业计划十分重要。有些创业团队可能认为制订创业计划是在浪费时间,因为快速变动的市场环境往往导致任何计划都会很快过时。虽然市场环境的确经常快速变动,但创业计划撰写过程的价值并不亚于计划本身,因为制订创业计划能促使创业团队仔细考虑企业的方方面面,并对企业最重要的目标和事项达成一致。

(二)投资者和其他外部资源相关者

投资者、潜在商业伙伴、潜在客户、前来应聘的关键员工等外部利益相关者是创业计划的第二类读者。在向他们陈述创业计划之前,企业必须论证其创业项目的可行性,开发出一套行之有效的商业模式,并深入认识所处的竞争环境。老练的投资者、潜在商业伙伴和前来应聘的关键员工会用事实评价企业的前途,而不依靠臆测或听到的溢美之词来做判断。在创业计划中,企业所能展现的最引人注目的事实就是可行性分析结论,以及对有竞争力的独特商业模式的描述。如果商业模式仅建立在创业者主观预测和对企业未来前景粗浅估计的基础上,它就会显得苍白无力。

知识点 2　创业计划书的撰写步骤及规范

创业者在谈论自己的创业打算时常会滔滔不绝、头头是道,但临下笔时却会发觉无从下手。产生这样的情况,除了缺少理性思考之外,还跟缺少写作经验有关,本节主要在写作方面做一个简单介绍。

一、创业计划书的撰写程序

一份良好的创业计划书包括附录在内一般为 20~40 页,过于冗长的创业计划书反而会让人失去耐心。整个创业计划书的编制是一个循序渐进的过程,可以分成五个阶段完成。

第一阶段:创业计划构想细化,初步提出计划的构想。

第二阶段：市场调查。与行业内的企业和专业人士进行接触，了解整个行业的市场状况，如产品价格、销售渠道、客户分布以及市场发展变化的趋势等因素。可以自行进行一些问卷调查，在必要时也可以求助于市场调查公司。

第三阶段：竞争者调查。确定你的潜在竞争对手并分析本行业的竞争方向。分销问题如何，形成战略伙伴的可能性，谁是你的潜在盟友。准备一份一到两页的竞争者调查小结。

第四阶段：财务分析，包括对公司的价值评估。必须保证所有的可能性都考虑到了。财务分析应量化本公司的收入目标和公司战略，要求详细而精确地考虑实现公司所需的资金。

第五阶段：创业计划书的撰写与修改。利用所收集到的信息制定公司未来的发展战略，把相关的信息按照上面的结构进行调整，完成整个创业计划书的写作。在计划完成以后仍然可以进一步论证计划的可行性，并跟踪信息的积累和市场的变化以不断完善整个计划。

二、创业计划书的内容及格式

一般来说，创业计划书中应该包括创业的种类、资金规划和来源、资产总额的分配比例、阶段目标、财务预估、营销策略、可能的风险评估、创业动机、预定员工人数等。

具体内容一般包括以下方面：

1. 封面

封面的设计要有美感和艺术性。一个好的封面会使投资者产生最初的好感，形成良好的第一印象。封面通常包括下面这些内容：创业计划书编号、公司名称、公司地址、联系方式（电话、电子邮件等）、公司网址、法人代表、日期等。如图6-1所示。

```
                          项目编号：20××第×号
              创业计划书

           项 目 名 称：_____
           项目联系人：_____
           联 系 方 式：_____
```

图 6-1 封面示例

2. 保密要求

保密要求可放在标题页，也可放在次页，主要是要求投资方项目经理妥善保管创业计划书，未经融资企业同意，不得向第三方公开创业计划书涉及的商业秘密。如图6-2所示。

> **保 密 承 诺**
> （请收到本创业计划书的贵公司相关负责人签署）
>
> 　　本创业计划书内容涉及商业秘密，仅对有投资意向的投资者公开，本公司要求投资公司项目经理收到本创业计划书时作出以下承诺：
> 　　妥善保管本创业计划书，未经本公司同意，不得向第三方公开本创业计划书涉及的商业秘密。
>
> 承诺人签字：
年　月　日

图 6-2　保密承诺示例

3. 目录

目录标明各部分内容及页码，要注意确认目录页码同内容的一致性。如图 6-3 所示。

4. 执行概要

执行概要虽然列在创业计划的最前面，但它是在其他部分定稿之后才撰写的，因为只有这样，才能形成对创业计划的准确概述。执行概要并非是创业计划的引言或前言，恰恰相反，它是对整个创业计划高度精练的浓缩，是整个创业计划的精华，执行概要将创业计划的核心提练出来，列在创业计划正文的最前面。

创业计划的阅读者都是很忙的，他们往往首先只索要一份计划的执行概要，就决定是否继续关注你的创业计划，在概要有足够说服力时，才会要求阅读详尽创业计划正文。因此执行概要必须涵盖计划的要点，简明扼要、条理清晰地阐明创业的基本思路、目标及其优势。创业者要反复推敲，精益求精，使执行概要结构完美，语句清晰、流畅且富有感染力，便于阅读者在最短的时间内一目了然地评审计划，并作出判断。执行概要最好是一页，一般不要超过两页。

一、执行概要
1. 执行概要 ………………………………………………………（1）

二、公司介绍
1. 创办新企业的思路和情况 ……………………………………（2）
2. 公司预计成立时间、形式与创立者 …………………………（3）
3. 公司股东背景资料、股权结构 ………………………………（4）
4. 公司业务范围 …………………………………………………（5）
5. 企业的目标和发展战略 ………………………………………（6）

三、产品(服务)介绍
1. 产品(服务)的基本描述 ………………………………………（7）
2. 产品(服务)的竞争优势 ………………………………………（8）
3. 产品(服务)的知识产权 ………………………………………（9）
4. 产品的生产计划 ………………………………………………（10）

四、市场机会分析
1. 宏观环境分析 …………………………………………………（11）
2. 行业/竞争者分析 ………………………………………………（12）
3. 机会的评估 ……………………………………………………（13）

五、营销计划
1. 目标市场定位 …………………………………………………（14）
2. 营销策略 ………………………………………………………（15）
3. 销售计划与广告的各项成本 …………………………………（16）

六、财务计划
1. 财务分析方法 …………………………………………………（17）
2. 销售收入预测 …………………………………………………（18）
3. 销售与成本计划 ………………………………………………（19）
4. 现金流量计划 …………………………………………………（20）

七、管理能力
1. 管理者与管理能力 ……………………………………………（21）
2. 激励和约束机制 ………………………………………………（22）
3. 人力资源需求 …………………………………………………（23）
4. 外部合作关系 …………………………………………………（24）

八、融资计划、投资回报与退出机制
1. 融资方案 ………………………………………………………（25）
2. 资金规划 ………………………………………………………（26）
3. 投资人可以得到的回报 ………………………………………（27）
4. 投资退出的时机和方式 ………………………………………（28）

九、创业风险
1. 可能出现的创业风险 …………………………………………（29）
2. 风险规避措施 …………………………………………………（30）

十、经营预测
1. 近期、中期、远期目标 ………………………………………（31）
2. 风险规避措施 …………………………………………………（32）

附　件
1. 财务计划的相关表格 …………………………………………（33）
2. 公司章程或相关协议 …………………………………………（36）
3. 专利等证书复印件 ……………………………………………（40）

图6-3　创业计划书目录示例

【精选案例 6-1】

2010年首届中国大学生创意创业大赛全国总决赛
一等奖获奖项目执行概要(部分)

我们是一个致力于将天然生物角骨精加工成按摩保健用品,并进行品牌营销的创业项目。我们拥有自主知识产权,具有较强的创新能力、研发能力,掌握成熟的营销渠道,有较明朗的市场前景。本项目也具有以下一些特点。

※基于地震灾后重建,易获帮助和支持

汶川大地震使全世界都开始关注四川灾区,都想为此作出自己的贡献。本项目聚集了汉族、羌族、藏族等民族成员,以羌藏地区(阿坝羌族藏族自治州)为原材料地和制造加工外包地,开始以创业帮助重建家园的梦想之路。本项目能带动灾区的就业和传统手工业的发展。

※目标市场定位在购买力强的人群

随着生活水平的提高和生活节奏的加快,饱受压力的现代人对天然传统的生活保健方式产生了旺盛的需求。我们的目标顾客群体为:城市白领以上及中产阶层人士、传统文化产品爱好者或收藏者、旅游景区的国内外的特色纪念产品潜在消费游客、给亲朋好友送健康高档礼品的人群、中老年人、"亚健康"群体等。

※天然生物中药保健的定位,顺应主流需求方向

本项目基于传统中医经穴按摩,以具有天然药性的生物角骨为材质,弘扬中国传统民族文化的保健器材,我们的产品主要以中国四川省阿坝羌族藏族自治州等重灾区的天然牛羊角骨为原材料,根据《本草纲目》的记载保留其药物特性,并在加工过程中添加传统的中医药成分,精制而成。

※拥有自主知识产权,铸造品牌和核心竞争力

项目起步:以自主研发的28件专利产品(1件发明专利,27件实用新型)为主导,形成可以实际垄断市场的专利保护群。前期集中打造具有较大市场潜力的1~2件产品(详见后文介绍),产品功能主要是集中在颈椎、腰椎和足底三个部位的保健按摩方面;准备注册"角骨文"商标、www.jiaoguwen.com域名与B2C电子商务网站(正在建设中)。

 知识链接

执行概要一般要突出以下重要内容

(1) 是否已经成立公司,公司目前的状况,现有主要人员,产品(服务)进入市场的准备程度。

(2) 产品(服务)及销售对象,竞争优势的详细分析。

(3) 利润和现金流动的预测,需要资金数量,投资者何时以何种方式得到收益。

(4) 长远和近期的目标,以及达到目标将要采取的战略和策略。

5. 企业介绍

这部分的目的不是描述整个计划,也不是提供另外一个概要,是对创业企业或创业者拟建企业的总体情况介绍,让阅读者对企业有个大概的了解。主要内容有三个方面。(1) 企业设立的必要性和适当性。(2) 企业的目标和发展战略。(3) 企业的股权结构和管理团队成员之间的关系(见表6-1)。

表6-1 企业的股权结构

股东	出资数额	出资时间	出资方式	出资额比例	所任职务
甲					
乙					

6. 产品(服务)分析

产品(服务)分析应该包括以下内容:产品的概念、性能及特性,主要产品介绍,产品的市场竞争力,产品的研究和开发过程,发展新产品的计划和成本分析,产品的市场前景预测,产品的品牌和专利等。

产品(服务)分析要知道你的产品或者服务到底是什么,有什么特色;能带给客户什么利益;如果产品或服务是创新、独特的,如何使人想买;如果产品或服务并不特别,为什么别人要买。在产品(服务)分析部分,创业者要对产品(服务)作出详细的说明,说明要准确,也要通俗易懂,使不是专业人员的投资者也能明白。

一般情况下,还要附上产品原形、照片或其他介绍。

7. 行业分析

所谓行业分析就是正确评价出所选行业的基本特点、竞争状况以及未来的发展趋势等内容。关于行业分析的基本问题是:

(1) 该行业发展程度如何,现在的发展动态如何;

(2) 创新和技术进步在该行业扮演着一个怎样的角色;

(3) 该行业的总销售额有多少,总收入为多少,发展趋势怎样,价格趋势如何;

(4) 经济发展对该行业的影响程度如何,政府是如何影响该行业的;

(5) 是什么因素决定着它的发展;

(6) 竞争的本质是什么,你将采取什么样的战略;

(7) 进入该行业的障碍是什么,你将如何克服,该行业一般的回报率有多少。

8. 竞争分析

在下面三种情况下,要作竞争分析,并时刻留意竞争对手的动向。

当要创业或要进入一个新市场时,当然要先作竞争分析。竞争有时来自直接的竞争者,有时是来自其他的行业,所以当一个新竞争者进入你所经营的市场时要作竞争分析。随时随地作竞争分析。竞争分析可以从五个方向去想,分别是:谁是最接近的竞争者,他们的业务如何,你和他们业务相似的程度,你从他们那里学到什么,你如何做得比他们好。

9. 人员和组织结构

在企业的生产活动中,存在着人力资源管理、技术管理、财务管理、产品管理等。而人力资源管理是其中最重要的一个环节。作为创业者,你一定要考虑:

(1) 现在、半年内、未来三年内的人事需求是什么;

(2) 还需要引进哪些专业技术人才;

(3) 专业技术的人在哪里;

(4) 是需要全职的,还是非全职的人;

(5) 薪水多少,提供的福利有哪些。

对于任何企业来说,人都是最宝贵的资源。在创业计划书中,你还要对主要管理人员加以阐明,介绍他们所具有的能力,他们在本企业中的职务和责任,他们过去的详细经历和背景。此外,还应对公司的结构作一些简要介绍,包括公司的组织机构图、各部门的功能与责任、各部门的负责人和主要成员、公司的报酬体系、公司的股东名单、公司的董事会成员、各位董事的背景资料等。

10. 管理能力

要在创业计划书中明确你的团队管理相关事宜。

(1) 你要弄清楚自己的弱势,创业团队之间如何互补;

(2) 创业团队之间的强弱势,彼此间职务及责任如何分工;

(3) 除了团队本身是否有其他资源可分配和取得;

(4) 你要知道,中小企业 98% 的失败来自于管理的缺失。对此,你要有深刻的认识,你一定要做好充分的准备工作,以应对投资者的"刁难"。

11. 市场预测

市场预测就是预测你的产品要卖给谁,目标市场在哪里。是在既有的市场去服务既有的客户,还是在既有市场去开发新客户;是在新市场里服务既有客户,还是在新市场去开发新客户。

不同的市场、不同的客户都有不同的营销方式。什么叫市场营销?就是先找到的客户是谁,然后想办法,让客户从口袋把钱拿出来买你的东西。所以,在写创业计划书时候,你就要知道:你的客户在哪里,产品对客户有什么样的利益,要用哪种营销方式,是直销还是要找经销商,等等。

12. 营销策略

错误的营销策略是企业经营失败的最主要原因之一。在创业计划书中,营销策略应包括以下内容:

（1）市场机构和营销渠道的选择；
（2）营销队伍和管理；
（3）促销计划和广告策略；
（4）价格决策。

具体来说，你要说明：你的产品定位和品牌策略；现有和未来五年内的营销策略，包括销售和促销的方式、销售通路和销售点的设置方式、产品定价策略、不同销售量水平下的定价方法，以及广告和销售计划的各项成本；还要说明顾客服务体系建制构想和顾客关系管理的运作方式等。

13. 生产计划

你要在创业计划书中详细提到产品生产计划。比如说：建厂计划，包括厂房地点、设计和所需要时间与成本；制造流程、生产方法、质量管理方法，以及制造设备的需求；物流需要结构，原料、零组件来源和成本管理、委托外制与外包管理情形；产品各项固定成本与变动成本的说明，以及详细生产成本的预估；生产计划，包括自制率、良品率、开工率、人力需求等。

14. 财务规划

财务规划的重点是现金流量表、资产负债表和损益表的制备。

流动资金是企业的生命线，因此企业在初创或扩张时，对流动资金需要预先有周详的计划和对进行过程的严格控制；

损益表反映的是企业的盈利状况，它是企业在一段时间运作后的经营结果；

资产负债表则反映在某一时刻的企业状况，投资者可以用资产负债表中的数据得到的比率指标来衡量企业的经营状况以及可能的投资回报率。

15. 募资说明

从企业的自身发展出发，说明对于未来三年间资金的需求，以及如何满足这些资金需要，来源包括募资、借贷、信用融资等。

创业者还要说明这次募资的资金需求、获利保障或限制条款。

说明这次募资前后的股权结构变化，也需要指出一些关键投资人和经营团队在募资前后的股权数量变化情况。说明这次募资的使用计划，应尽量明确指出资金的具体用途。说明这次募资未来可能的投资报酬，包括回收方式、时机，以及获得情形。

16. 风险管理

经营企业会有一定的风险。在创业计划书中对风险进行分析，就是为了确认投资计划可能带来的风险，并以数据方式衡量风险对投资计划的影响，目的是向投资者说明风险的应对策略。

具体来说，创业者有义务告诉投资者你的公司在市场、竞争和技术方面都有哪些基本的风险；你准备怎样应付这些风险；在最好和最坏情形下，你的五年计划表现如何；等等。

如果你的风险估计不是那么准确，应该估计出你的误差范围到底有多大。如果可能的话，对你的关键性参数作最好和最坏的设定。

17. 结论

这一部分就是综合前面的分析和计划，最终说明你所创立的企业的整体竞争优势，并再次强调投资者投资你的企业,所能够得到的远大前景。

18. 附件(证明资料)

在创业计划书中,还要列出一些证明资料。比如,能够证实前述各项计划的数据,详细的制造流程与技术方面的数据,各种具有公信力来源的佐证资料,专利证书复印件,创业者详细的经历和自传等。

三、创业计划书的完善

在创业计划书编制完成之后,融资企业还应对计划书进行检查完善,以确保计划书能准确回答投资者的疑问,增强投资者对本企业的信心。通常,可以从以下几个方面对计划书加以检查:

(1)创业计划书是否显示出创业者具有管理公司的经验。如果创业者缺乏能力去管理公司,那么一定要明确地说明,公司已经雇了一位经营大师来管理公司。

(2)创业计划书是否显示了企业有能力偿还借款。要保证给预期的投资者提供一份完整的财务比率分析。

(3)创业计划书是否显示出企业已进行过完整的市场分析。要让投资者坚信计划书中阐明的产品需求量是确实的。

(4)创业计划书是否容易被投资者所领会。创业计划书应该备有索引和目录,以便投资者可直接地查阅各个章节。此外,还应保证目录中的信息是有逻辑的。

(5)创业计划书中是否有执行概要并放在了最前面,执行概要是否写得引人入胜。

(6)创业计划书是否在文法上全部正确。如果不能保证,那么最好请人帮你检查一下。计划书的拼写错误和排印错误很可能就使企业丧失机会。

(7)创业计划书能否打消投资者对产品、服务的疑虑。如果需要,企业可以准备一件产品模型。

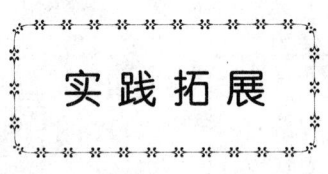

大学生创业计划书展示

一、创业计划的展示

如果创业计划成功吸引了潜在战略伙伴或创业投资者的兴趣,下一步就是与战略伙伴或创业投资者会面并向他们当面陈述创业计划。因为创业投资者最终投资的新企业非常少,所以创业者应尽可能地给创业投资者留下良好印象。

(一) 口头陈述

口头陈述的首要原则是遵守时间安排,因此也被称为"电梯陈述"。如果投资者总共安排一个小时的面谈时间,包括 30 分钟的陈述和 30 分钟的问答,那么,口头陈述就不应该超过 30 分钟。这个时间和机会对于创业者来说,是非常宝贵和紧张的,创业者必须在指定的有限时间内通过口头陈述,吸引对方的关注和足够的兴趣。陈述应该简明扼要,突出重点和优势,流畅通顺,通俗易懂,避免使用技术术语,切忌堆砌资料。新企业创建者常犯的错误是,花费太多时间纠缠于不重要的内容,却没有时间陈述能引起对方兴趣的关键信息。另一个常见错误是,创业者遗忘了提出一些重要佐证材料。

(二) 幻灯片展示

由于会面时间的紧张,创业者必须珍惜这一宝贵的机会,争取建立良好的第一印象和引起对方的关注和兴趣。创业者应守时并做好充分准备。如果需要视听设备,在投资者没有的情况下,创业者应事先自行准备。与战略伙伴或创业投资者会面之前,创业者一定要准备好幻灯片,而且内容要以会议预定的陈述时间为限。一般来讲,口头陈述只需使用 10~15 张幻灯片。创业者的常见错误是,因准备的幻灯片过多而不得不在 30 分钟内走马观花地陈述它们。

(三) 应对提问

潜在战略伙伴和创业投资者都会在创业计划陈述时向创业者提很多问题。问答阶段非常重要,此时投资者往往考察创业者是否挖掘到问题的本质,以及他对新企业究竟了解多少。潜在的战略伙伴和投资者往往带着挑剔的眼光来看创业计划,尤其是对创业计划每个部分都挑剔时,创业者应该理解投资者仅仅是在做自己的分内工作。那些指出创业计划缺陷的投资者事实上是在帮助创业者,因为根据投资者的反馈,创业者可以改进自己产品、服务。同时,潜在战略伙伴或投资者的反馈往往还能帮助创业者学会如何准备高效的口头陈述。

二、创业计划书的评价

创业计划的评价一般有三方评价。第一方为创业者,主要判定创业计划是否具有吸引力或可行的操作性。第二方为资源提供方,如创业投资者、潜在创业合作伙伴。第三方为独立于计划制订及使用方的咨询机构或其他机构,受人委托对创业计划进行公正性评价。

 知识链接

创业计划书的评价要素

投资者对创业计划书最关注的内容有以下 6 点:
1. 简明清晰的执行概要。
2. 优越的产品或者服务。

3. 有把握的市场机会。
4. 领先的竞争优势。
5. 可行的战略计划。
6. 强有力的管理团队。

(一) 评价标准

创业计划的评价标准应该根据计划的阅读者而设计,创业计划编写的目的不同,评价的标准也不同。表 6-2 是从创业投资基金或投资者角度所设计的评价标准。

表 6-2　创业计划书的评价要素和标准参考表

评价要素	参考标准	权重(分)	赋分
执行概要	清晰简洁、重点突出、具有吸引力	10	
公司介绍及预计目标	企业的性质符合发展规模,具有创新和求实的创业理念及可行的战略目标	10	
产品或服务介绍	技术含量高或具备创新性,具有优异的性能、特征和商业价值,重视产权保护	15	
市场机会分析	通过宏观、行业和竞争者的分析,运用专业的分析方法,得出了机会存在、机会的大小等结论	15	
营销计划	市场定位明确,市场前景广阔,拥有优异的核心市场营销能力,能获取持续的竞争优势,并有可行的实施方案	10	
财务能力	预估的经济效益好,财务报表清晰明了,各种数据具有较强证明力和说服力	10	
管理能力	拥有一支有效的管理团队,或具有相关经验和背景,能够有效地发展企业	10	
融资计划,投资回报与退出,投资风险	资金筹措方案可行、投资价值高、有效规避风险的措施、合理的投资退出方式	10	
创业计划书的写作	报告完整、简洁清晰、逻辑明确,约有 25 页,不冗余	5	
专家推荐	专家或权威机构的判断往往会影响对创业计划书的评价	5	
合计		100	

创业计划书的制订者也可以根据这个评价标准进行自我评价,以尽早排除编写中的错误。在检查整个创业计划时,创业者应站在读者角度判定新企业可行性等关键性问题是否已得到完全解答。

(二) 创业计划常犯的错误

1. 过分强调技术,而忽略市场

创业者在制订创业计划书时,常常过分强调所熟悉的技术而刻意忽略不熟悉的市场或管理。一位技术背景出身的创业者,可能花费一半以上的篇幅描述技术功能,而只用不到一页的篇幅来说明市场营销。有的创业计划书中,创业者指出将运用营业额的25%从事研究开发,这个比例较同业平均水平高出10倍,或许这位创业者对于事业发展与技术研发有远大的理想,但创业投资者不可能将资金投入在不知何年才能够回收的投资方案。

2. 计划目标、市场定位界定不明

创业计划的目标一定要明确,并且要经过系列分析和论证。如成立什么样的企业形态,筹集多少注册资本,进行何种领域的产品、服务开发,目标市场定位是什么,企业的近期、中期、远期的发展目标是什么等。创业计划应明确目标,规定目标的时效,提出落实目标的方法,把总目标分成容易管理和实现的子目标或阶段性目标,责任到人,并确保一步步保障实施。

3. 对市场估计过高,调查研究不够

对于市场占有率作大而化之的粗略假设,也是创业者常犯的另一项毛病。在创业计划中分析产业与市场活动时,最好先作一些市场调查研究,并引证官方或学术研究机构的客观统计资料,同时对于目标市场消费特性的描述,也要有确实的证据。如果已有具体产品原型,应考虑先进行消费者使用测试,以及取得专家的检验意见,这样会有助于提高创业计划的品质与可信度。

4. 缺乏有效的执行方案和管理团队

创业计划经常缺乏落实计划目标的具体执行方案,这常常表现在没有具体的工作计划、没有优先次序和工作重点、责任和分工不明确、缺乏规范的管理制度等方面。而投资者比较关心,却常被创业者忽略的课题就是如何保证这份创业计划书能被有效的执行,以及如何回收投资资金。有效执行的关键在于经营团队的组成,如果创业者能让经验丰富的经理人加入经营团队,对于投资者而言将是一项有力的保证。

5. 缺少风险分析和投资回收方案

创业计划书应有详细的财务预测分析与投资报酬率的预估,这些分析必须依据具体的市场预测资料,同时还要包括敏感度与风险分析在内。风险性投资者对于投资报酬的要求要高于一般水平,对于创业投资报酬的要求更高达50%以上。因此创业者需要提出一份能够具体实现高报酬的创业计划书与财务规划,才有可能吸引创业投资者的兴趣。此外,创业者应该提出未来投资资金的回收方式,创业投资者对这部分比较在意,主要考查是否与自己的资金安排契合。一般回收的方式不外乎转让、收购、上市等,而且回收时间也是重要的考查因素。

总之,创业计划常犯的错误都源于准备不充分。在制订创业计划时创业者要全身心投入、反复斟酌并请创业合作伙伴或团队一起参与。计划中每一个细节都要尽量考虑周全,计划的假设前提条件都交代清楚,可能的情况下把风险和困难也列明,并说明有什么替代方法可供选择。

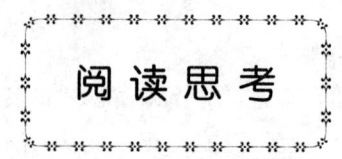

撰写一份专业的创业计划书就等于你的创业成功了一半吗?

——中南大学 2 名大学生撰写的创业计划书

"淘书网"创业计划书

目 录

一、执行概要 ………………………………………………………………( )
1. 创意背景和项目简述 …………………………………………………( )
2. 创业机会概述 …………………………………………………………( )
3. 目标市场的描述和预测 ………………………………………………( )
4. 盈利能力预测和预计能提供的利益 …………………………………( )
二、产业背景和项目概述 …………………………………………………( )
1. 详细的市场分析和描述 ………………………………………………( )
2. 项目概述 ………………………………………………………………( )
三、市场调查和分析 ………………………………………………………( )
1. 目标市场顾客的描述与分析 …………………………………………( )
2. 市场容量和趋势的分析、预测 ………………………………………( )
3. 竞争分析和各自的竞争优势和劣势 …………………………………( )
4. 估计的市场份额和销售额 ……………………………………………( )
四、项目战略 ………………………………………………………………( )
1. 各阶段的发展战略 ……………………………………………………( )
2. 通过项目战略来实现预期的计划和目标 ……………………………( )
五、总体进度安排 …………………………………………………………( )
1. 收入来源 ………………………………………………………………( )
2. 收支平衡点和正现金流 ………………………………………………( )
3. 市场份额 ………………………………………………………………( )
4. 产品开发介绍 …………………………………………………………( )
5. 融资方案 ………………………………………………………………( )
六、关键的风险,问题和假定 ……………………………………………( )
1. 关键的风险分析 ………………………………………………………( )
2. 应急计划 ………………………………………………………………( )
七、团队管理 ………………………………………………………………( )
八、假定项目能够提供利益 ………………………………………………( )
1. 总体的资金需求 ………………………………………………………( )
2. 融资及其使用 …………………………………………………………( )

一、执行概要

1. 创意背景和项目简述

由于目前的大学统一为大学生提供大一、大二的教材，大三、大四的教材只能自行购买，极为麻烦，然而大三、大四的教材基本属于专业课范围，实用性较强，努力学好专业知识将会为大学生今后的就业作出良好的铺垫。另一方面，目前市场的书店有限，而且寻找自己所需的书籍特别麻烦，提前拥有所需教材，就可以提前掌握相应的专业知识，在学习的竞争上就有了一定的优势。

淘书网不仅在第一时间提供学期用书的相关信息，而且将这类旧书廉价出售，并且送货上门，货到付款，客户不用出门，只需登录我们的网站，搜索需要的书目，关于这本书的详细信息就会显示出来，然后输入自己的相关信息，就可以满足客户的需求。我们承诺中南大学校园内24小时内即可收到书籍。方便、快捷、廉价、准确是我们的四大特色，也是我们的竞争优势。

2. 创业机会概述

进入大三、大四之后，上课的教材都需要自己去买，虽然学校每年都有跳蚤市场，但是还是不能满足大部分学生的需求，并且去旧书店找书不仅麻烦，而且能否找到还是另外一码事，结果人力物力都浪费掉了。为了减轻大三、大四学生的购书苦恼，满足他们的求学欲望，让他们能在互联网上就能完成购书操作，足不出户就能拥有属于自己的教材，一个大学校园淘书网的构思就这样诞生了，并且我们的团队拥有Java编程技术人员，有丰富的实践经验，避免了寻找网站专业技术人员的麻烦，就这样，我们向着我们的理想启程了。

3. 目标市场的描述和预测

我们的市场主要来自大三、大四的学生，而他们大部分都没有上课所需的全部教材，这并不是因为他们不愿意去买，而是对于大三、大四的学生来说，买新书完全没有必要，可以去复印一本，价格又便宜，也可以去图书馆借书，另外还可以参考老师的课件，但是这些虽然便宜方便，但今后都不容易保存，以后若需要用到这方面专业知识，还得翻翻书找找，所以旧书对大三、大四的学生来说是最好的选择了。

4. 盈利能力预测和预计能提供的利益

据调查，大三、大四学生平均每人每年需要购买教材的标价在200元左右，我们若以一折买进，三折卖出的话便可以盈利40元，每年大概有10050人愿意购买教材，所以每年期望盈利为402000元，减去年服务器租金、税收、仓库租金以及宣传等费用，期望纯收益为350000元。

二、产业背景和项目概述

1. 详细的市场分析和描述

我们所开发的是大学校园淘书网，在校园书网方面，暂时没有像我们这样目的性较强的网站，所以很有发展前景。我们针对的是大学三、四年级的学生，并且出售的是他们上课所需的教材,这方面的信息我们会提前掌握,因此市场是有需求的,又因为处于这两个年级的学生都要自行买书,所以我们所提供的服务更能满足他们的需求。初期在中南大学南校区试行,这里有三大院系:数学院、文学院、法学院,我们计划在每学期期末考试之后就去购书,但是在此之前,我们会向学院打听下学期教材使用情况,然后确定去购进哪种类型的书,只有这样,才可以领先其他竞争者,然后为了获得更多的书目,我们以一折的高价收购旧书,并托运回仓库,然后根据网上的购买信息,将旧书送至预定顾客,赚取一定的费用,一旦在这三个院成功了,就可以向其他院甚至其他学校推广了,因为在这一行,市场越大,收益才会明显。

2. 项目概述

我们的产品是来自大三、大四的教材以及送货上门的服务,这些旧书在平常的书店分布不均匀,有些书店有这些书,有些书店没有,这样大大加重了学生买教材的负担,为了方便学生,我们通过互联网,将教材(旧书)的信息发布到网上去,只要他们登录我们的网站,留下相关的信息,就可以买到书了,而且在中南大学校园内,不到24小时就可以收到书了。

三、市场调查和分析

1. 目标市场顾客的描述与分析

我们的顾客来自于大三、大四的学生,他们几乎都有电脑和手机,而且每天都在上网。网上廉价合适的旧书,他们会选择购买。因此我们的目标市场还是具有发展潜力的。

2. 市场容量和趋势的分析、预测

据调查显示,有55070的学生是需要教材的,24%的学生表现出无所谓的态度,21%的学生选择了不需要,这是对数学院大四的学生作的一项问卷调查,作为比较令人头痛的专业都还有一半以上的人愿意购买教材,如果那部分无所谓的同学有一半的人选择购买,那么将近会有67%的人愿意购买教材。目前中南大学大三、大四的学生大致有10050人,即每年会有10050人需要购买教材,今后如果学校扩招,就会有更多的人需要购买教材。今后一旦打开市场,将我们的网站推广到其他学校去,我们的市场将会更加广阔,随着目前大学入学率的增长,对教材的需求也就会变得炙手可热。由于书籍对大部分学生来说是必要的,每年都会有一部分学生毕业,有一部分学生入学,而且,上一届的旧书可以留到下一届,只要将上一届的旧书买进,就可以卖给下一届的学生了,这样形成一个良性循环。市场容量随着学校招生的多少呈线性变化,随着目前全国高校大学生人数的逐渐增长,市场容量也会增长,虽然递增速度较慢,但是整个市场是趋于稳定的。

3. 竞争分析和各自的竞争优势和劣势

我们的竞争优势体现在为学生服务的基础上,在中南大学校园内免费送书(今后市场若打开了,可以将范围扩大);廉价是我们的第二大特色;我们出售的是旧书,价格便宜,一般来说只要几元钱就可以买到一本教材;方便快捷是我们的第三大特色,顾客只需要在我们的网址上搜索需要的书目,输入通讯地址,就完成了网上的购书操作,接下来需要等待的就是收货了,我们承诺,中南大学校园内24小时内就可以收到购买书籍;准确是我们项目的第四大特色,现时学校附近虽然有很多书店,但是他们都零零散散,再加上书店面积有限,书籍的分类及数量都没有构成体系,给学生带来了极大的不便,有时为了买一本书要看过十几家书店才买到,而我们基本会将大三大四所用的教材写成数据库的形式链接到网上去,然后再给出相应书目的库存价格等信息,所以就完全省略了四处寻书的过程,在网上就可以轻松了解所需书目的详细情况,对学生来说太方便了。再者我们身为学生,在掌握和了解教材信息方面会比普通经商者要方便准确,为了提高我们的竞争优势,我们会以较高的价格购进教材(目前大部分的书店都是以废纸的价格收购旧书的,很多学生都不情愿),这样就保证了库存量。

但是我们仍面临着不少压力,对于有经验的书店经营管理者来说,他们定会在第一时间在公寓收集旧书,而且他们有车可以带书,一次性可以买走很多的书籍;另一方面,我们刚刚进入这个市场,书籍的购买成为了一大难题,假设市场某旧书的数量是有限的,就是说假设学生们没有买新书,买的都是旧书,那么这些书经过两三年的循环之后,分布在不同的书店,这样就难以避免供不应求的麻烦;不过由于教师的不稳定性,不同的教师喜欢不同的教材,没有统一性可言,虽然老师说了一部分参考用书,但是上课的大纲还是按照那本书来教,结果使得不少同学上课感觉跟不上节奏,不知道老师讲到哪里了,在一定程度上影响了学习的效率。这对于我们来说更是一种考验,如果下学年用的不是这一种教材,表示我们未销售出去的这类教材将无人问津了,另一方面,如果用的是新教材,表明今年这部分学生就不会来买旧书了,销售额就会减少;由于买教材的同学一半都会选择在开学那段时间购买,所以,其他时间的销售额一般会很低,甚至趋于零。

4. 估计的市场份额和销售额

由于我们所做的这个网站是为学生服务的,虽然会有很多的旧书店与我们竞争,但是路遥知马力,我们以最好的服务和宣传将我们的网站推销出去,相比起以盈利为目的的零售商来说,我们应该更具有潜力。据调查,在中南大学附近的旧书店有15个左右,但是真正能跟我们竞争的却寥寥无几,信息是我们竞争的最大优势,这样不仅避免了购买无用的书籍,而且还会吸引更多的客户,因此如果宣传做得到位的话,初期的市场份额应该会有30%,销售额有120600元。

四、项目战略

1. 各阶段的发展战略

在项目发展的初期,也就是宣传阶段,我们要做的就是将宣传尽量做到每个寝室,并且对前50名购书的同学有优惠,让大家相信我们的确是服务于大家的;在项目发展的中期,就是项目的推广阶段,这时候,我们将派相关人士过去进行考察,然后计划在各个学校招聘代理,形成全国连锁的经营模式,并且完善网上支付功能,使得付款更加方便;项目发展的后期,也就是网站的做大与做好,这时候,我们不仅仅局限于旧书的销售,而且可以延伸到各个领域。由于可以通过销售旧书来提高网站的知名度,因此,一旦网站有所更新,就会被众多大学生所察觉,也就顺便打开其他领域的市场,与此同时,注册一个属于我们自己的公司,招聘公司职员,将这个网站做大做好。

2. 通过项目战略来实现预期的计划和目标

在项目发展初期,由于刚刚进入这个市场,要被大多数人认可还需要一段时间。因此我们的计划是在前3年内使市场份额达到30%,5年之内要推广到湖南省各所高校,8年之内成立我们的公司,并将该网站延伸到多个领域,实现全球化的服务。

五、总体进度安排

1. 收入来源

收入主要来源于出售旧书的差价,然而,本项目与其他项目最大的区别就在于本项目的卖书最高峰是开学的那一段时间,之后买书的人就会很少了,所以可以在其他的时间找份其他的工作来做。

2. 收支平衡点和正现金流

我们的支出初期主要在于购书费、服务器和房屋租赁费及宣传费用等,计算得出年收支平衡点为 300 人购买全套书籍,一旦超出这个份额,每人每套有 40 元的纯利润,相关函数为 $y=40x-12000(x>0)$,其中 y 是纯利润,x 是购买全套书籍的人数。

3. 市场份额

计划初期的市场份额要达到 30%,即有 3015 位客户购买我们的旧书,销售额为 12.06 万元;中期市场份额在本校要达到 50%,即有 5250 位客户购买我们的旧书,销售额为 21 万元,在本省其他学校要达到 10%,即有 25000 位客户购买我们的旧书,销售额为 100 万元;后期市场份额在湖南省达到 30%,即有 75000 位客户购买我们的旧书,销售额为 300 万元,由于要延伸到其他领域,到时候的利润会逐步增加。

4. 产品开发介绍

本网站由自己自主开发,全面面向大学生,如果有机会的话还望有关专家进行指导。

5. 融资方案

初期由于我们还身为大学生,没有足够的资金,所以计划的第一融资方案是政府助资计划,因为只要政府通过了我们的创业计划,说明我们的创业还是可行的,这样实行下去的风险就会减少很多,尤其是对我们大学生创业来说;第二个融资方案是商业银行融资,因为那时候我们有了一定的硬资产作抵押,银行愿意与我们合作;第三个融资方案是股票融资,因为那时我们公司有了一定的资产与知名度,通过股票融资可以分散公司风险,扩大企业外部影响,提高企业资本变现能力,降低企业负债比率,提高企业偿债能力,增加企业投资能力。

六、关键的风险和问题

1. 关键的风险分析

对于我们的项目来说,初期的风险主要表现在财务和市场运作方面,作为大学生的我们都没有创业的经历,所以碰壁较多,而且流动资金的不充足也可能导致整个项目的失败,而且对市场的运作不够了解,怎样才能更好地在市场上拥有属于自己的天地,还有值得我们探究和学习的地方。

中期的风险主要在于管理和政策,因为那时候我们已经将市场推广到了整个湖南省,代理商也会相应增多,如何有效地管理,增加业绩将会成为一大障碍,而且随着市场的扩大,一旦政府推出某政策说今后的学习都改成在线学习,那我们的旧书销售就会急剧下降,我们的主要收入来源就一天不如一天。

后期的风险主要在于财务、技术、市场、管理、竞争、资金撤出以及政策这几大方面,管理和政策同上,这里就不多说了,我们的大部分财务都变成了用来出售的实物,所以公司一旦发生紧急情况,需要现金的时候可能就会出现问题,导致公司强行发行股票,或者低价出售一部分硬资产解决问题,后期的网站会做得比较大,而且涉及的领域比较广泛,竞争就会比较激烈,所以在技术上不能落后,必须走在社会前沿,这样才能使公司有优势,处于有利的竞争环境,最后要说的就是关于资金撤出的问题,如果公司做失败了,如何使公司的损失降到最低是资金撤出主要关注的问题,毕竟做任何事情都不会百分之百成功,要为自己留一条后路。

2. 应急计划

如果遇到专业上的问题,请教关于这方面的专家,让他们为我们分析指导;如果是管理上的问题,那么就派相关人士去相关的企业进行相互交流与学习,看别人的管理方法是否能派上用场,如果不能,我们能否在他们的方法上做些改进,然后再运用到本公司;如果是政策上的问题,我们就扬长避短,对于我们有利的政策就抓住机遇,不利的就减少损失;如果是公司失败了,有两条去路,一条是确实这个产品已经被市场淘汰了,那就放弃,另一条是并没有被市场淘汰,而是自己的问题,那么就对整个公司进行改革创新,改头换面,以另一种姿态出现在社会市场上。

七、管理团队

介绍项目的管理团队,其中要注意介绍各成员与管理项目有关的教育和工作背景(注意管理分工和互补);介绍领导层成员、创业顾问以及主要的投资人和持股情况。

八、假定项目能够提供利益

1. 总体的资金需求

(1) 本项目初期的资金需求如下:(南校区试行)购书费用:600×20=12000元;域名及主机年租赁费:5000元;自行车:500元;问卷调查、宣传海报和宣传单:120元;房屋年租赁费:500(元)×12(月)=6000元,共计:23520元。

这项统计表明,如果所购书全部销售出去,则试行阶段结束,并且在拥有网站使用权(一年)和一定的知名度上赚取约1.3万元。

(2) 如果试行成功,推广至整个中南大学,则需另外补充资金:

购书费用:18.9万元(这部分可分批投入);电动车:1000元;宣传海报和宣传单:500元,共计19.05万元。

2. 融资及其使用

我们初期的融资是来自于政府助资计划,我们可以完全根据政府助资的多少来决定市场投入的多少,并且保持一定的流动资金。中期的融资是来自商业银行,这部分资金比较客观,可以让我们将市场进一步推广至整个湖南省,毕竟购书的成本很高,而且还可以用于网站的扩展建设。后期的融资来自股票,有了股票,意味着我们公司成为了股份制公司,公司的风险也就相对下降了,介于此,我们就可以向其他领域延伸,而不仅仅局限于做旧书的销售。

撰写一份专业的创业计划书就等于你的创业成功了一半。创业计划书是将有关创业的想法,借由白纸黑字最后落实的载体。创业计划书的质量,往往会直接影响创业发起人能否找到合作伙伴、获得资金及其他政策的支持。创业光凭热情是不行的,创业计划书的撰写会使创业更加理性。

附录:创业计划书模板

资料来源:SIYB培训——创办你的企业(大学生版)创业计划书

创业计划书

企业名称:_____
公司主营:_____
负 责 人:_____
合 伙 人:_____
日   期:_____

电   话:_____
传   真:_____
电子邮件:_____
通信地址:_____
邮政编码:_____

目　录

一、执行概要……………………………………………………………(1)
二、企业概况……………………………………………………………(1)
三、创业计划作者的个人情况…………………………………………(2)
四、市场评估……………………………………………………………(3)
五、市场营销计划………………………………………………………(4)
六、企业组织机构………………………………………………………(5)

七、固定资产 …………………………………………………………（ 7 ）
八、流动资金(月) ……………………………………………………（ 9 ）
九、销售收入预测(12 个月) ………………………………………（ 11 ）
十、销售和成本计划 …………………………………………………（ 12 ）
十一、现金流量计划 …………………………………………………（ 13 ）

一、执行概要

执行概要列在创业计划书的最前面，它是浓缩了的创业计划书的精华。计划摘要涵盖了计划的要点，以求一目了然，方便读者能在最短的时间内评审计划并作出判断。

执行概要一般包括以下内容：公司介绍、主要产品和业务范围、市场概貌、营销策略、销售计划、生产管理计划、管理者及其组织、财务计划、资金需求状况等。

_____

_____

二、企业概况

企业概述（创业项目选择理由、主要经营范围、主要产品或服务、目标及潜在顾客、发展前景或目标、企业宗旨或经营理念或企业文化等简述）：

_____

企业类型：
☐生产制造　　☐零售　　☐批发　　☐服务　　☐农业
☐新型产业　　☐传统产业　　☐其他

三、创业计划作者的个人情况

以往的相关经验（包括时间）：

_____

_____

_____

教育背景，所学习的相关课程（包括时间）：

_____

_____

_____

四、市场评估

目标顾客及潜在顾客描述:
_____
_____
_____

市场容量或本企业预计市场占有率:
_____
_____
_____

市场容量的变化趋势及前景:
_____
_____
_____
_____

SWOT 分析

优　　势	劣　　势
1.	1.
2.	2.
3.	3.
4.	4.
5.	5.

机　　会	威　　胁
1.	1.
2.	2.
3.	3.
4.	4.
5.	5.

五、市场营销计划

1. 产品

产品或服务	主要特征

2. 价格

产品或服务	成本价	销售价	竞争对手价格

折扣销售	
赊账销售	

3. 地点

(1) 选址细节:

地址	面积(平方米)	租金或建筑成本

(2) 选择该地址的主要原因:

_____

_____

_____

_____

(3) 销售方式(选择一项并在其前面的□内画"√"):

将把产品或服务销售或提供给:□最终消费者　□零售商　□批发商

(4) 选择该销售方式的原因:

_____

_____

_____

_____

4. 促销

人员推销		成本预测	
广　告		成本预测	
公共关系		成本预测	
营业推广		成本预测	

六、企业组织机构

企业将登记注册成：_____

□个体工商户　　　　　　□有限责任公司
□个人独资企业　　　　　□其他
□合伙企业

拟议的企业名称：_____

企业组织结构图：

员工工作描述书（包括工作岗位说明、部门管理规范等，可另附页）：

_____
_____
_____
_____

职　　务	月　　薪
业主或经理	
员工	

企业将获得的营业执照、许可证:

类　　型	预计费用

企业的法律责任(保险、员工的薪酬、纳税):

种　　类	预计费用

合伙(合作)人与合伙(合作)协议:

内容条款 ＼ 合伙人	合伙人1	合伙人2	合伙人3	合伙人4
出资方式				
出资数额与期限				
利润分配和亏损分摊				
经营分工、权限和责任				
合伙人个人应负的责任				
协议变更和终止				
其他条款				

七、固定资产

1. 工具和设备

根据预测的销售量,假如达到100%的生产能力,企业需要购买以下设备:

名称	数量	单价	总费用(元)

供应商名称	地 址	电话或传真

2. 交通工具

根据交通及营销活动的需要,拟购置以下交通工具:

名称	数量	单价	总费用(元)

供应商名称	地 址	电话或传真

3. 办公家具和设备

办公室需要以下设备：

名　称	数　量	单　价	总费用(元)

供应商名称	地　　址	电话或传真

4. 固定资产和折旧

项　目	价值(元)	年折旧(元)

八、流动资金(月)

1. 原材料和包装

项　目	数　量	单　价	总费用(元)

供应商名称	地　址	电话或传真

2. 其他经营费用(不包括折旧费和贷款利息)

项　目	费　用(元)	备　注

九、销售收入预测(12 个月)

销售的产品或服务	销售情况\月份	1	2	3	4	5	6	7	8	9	10	11	12	合计
(1)	销售数量													
(1)	平均单价													
(1)	月销售额													
(2)	销售数量													
(2)	平均单价													
(2)	月销售额													
(3)	销售数量													
(3)	平均单价													
(3)	月销售额													
(4)	销售数量													
(4)	平均单价													
(4)	月销售额													
(5)	销售数量													
(5)	平均单价													
(5)	月销售额													
(6)	销售数量													
(6)	平均单价													
(6)	月销售额													
合计	销售总量													
合计	销售总收入													

十、销售和成本计划

项目	金额(元) 月份	1	2	3	4	5	6	7	8	9	10	11	12	合计
销售	含税销售收入													
	增值税													
	销售净收入													
成本	原材料(列出项目)													
	(1)													
	(2)													
	(3)													
	业主工资													
	员工工资													
	租金													
	营销费用													
	公用事业费													
	维修费													
	折旧费													
	贷款利息													
	保险费													
	登记注册费													
	……													
	总成本													
利润														
企业所得税														
个人所得税														
其他														
净收入(税后)														

十一、现金流量计划

项目 \ 金额(元) \ 月份	1	2	3	4	5	6	7	8	9	10	11	12	合计
现金流入 — 月初现金													
现金流入 — 现金销售收入													
现金流入 — 赊销收入													
现金流入 — 贷款													
现金流入 — 其他现金流入													
现金流入 — 可支配现金(A)													
成本 — 现金采购支出（列出项目）													
成本 — （1）													
成本 — （2）													
成本 — 赊购支出													
成本 — 业主工资													
成本 — 员工工资													
成本 — 租金													
成本 — 营销费用													
成本 — 公用事业费													
成本 — 维修费													
成本 — 贷款利息													
成本 — 偿还贷款本金													
成本 — 保险金													
成本 — 登记注册费													
成本 — 贷款利息													
成本 — 保险费													
成本 — 登记注册费													
成本 — 设备													
成本 — 其他(列出项目)													
成本 — 税金													
成本 — 现金总支出(B)													
月底现金(A−B)													

创业之问七:我怎么开办新公司?

学习目标

通过本篇学习,使学生认识创业相关政策及法律法规,全面了解新企业的法律形式、不同企业法律形式的比较、建立企业流程等相关知识,学会选择合适的企业法律形式,掌握开办新公司的基本流程。

技能要求

◎掌握创立新企业需要的法律知识
◎学会选择合适的企业法律形式
◎学会如何进行新企业的注册登记

理论概要

企业类型与经营模式

知识点1 认识创业政策与法规

大学生创业者在创建和经营企业前,如果了解国家和地方政府对大学生创业的具体优惠政策,就可以获得必要的帮扶。在创建企业的过程中,必须了解国家关于企业注册的有关条件,了解和遵守有关的法律法规,以确保自身和他人的利益不受非法侵害。

一、国家对大学生创业的优惠政策

(一) 政策支持

1. 免费创业服务

有创业意愿的大学生,可免费获得公共就业和人才服务机构提供的创业指导服务,包括政策咨询、信息服务、项目开发、风险评估、开业指导、融资服务、跟踪扶持等"一条龙"创业服务。

2. 大学生创业指导服务

自主创业大学生可享受各地各高校对自主创业学生实行的持续帮扶、全程指导、一站式服务,以及地方、高校两级信息服务平台,为学生实时提供的国家政策、市场动向等信息和创业项目对接、知识产权交易等服务。可享受各地在充分发挥各类创业孵化基地作用的基础上,因地制宜建设的大学生创业孵化基地和相关培训、指导服务等扶持政策。

3. 取消高校毕业生落户限制

高校毕业生可在创业地办理落户手续(直辖市按有关规定执行)。

4. 创新人才培养

创业大学生可享受各地各高校实施的系列"卓越计划"、科教结合协同育人行动计划等,同时享受跨学科专业开设的交叉课程、创新创业教育实验班等,以及探索建立的跨院系、跨学科、跨专业交叉培养创新创业人才的新机制。

5. 开设创新创业教育课程

自主创业大学生可享受各高校挖掘和充实的各类专业课程和创新创业教育资源,以及面向全体学生开发开设的研究方法、学科前沿、创业基础、就业创业指导等方面的必修课和选修课;同时享受各地区、各高校推出的资源共享的慕课、视频公开课等在线开放课程,以及在线开放课程学习认证和学分认定制度。

6. 改革教学制度

自主创业大学生可享受各高校建立的自主创业大学生创新创业学分累计与转换制度;还可享受学生开展创新实验、发表论文、获得专利和自主创业等情况折算为学分,将学生参与课题研究、项目实验等活动认定为课堂学习的新探索。同时享受为有意愿有潜质的学生制订的创新创业能力培养计划,以及创新创业档案和成绩单等系列客观记录并量化评价学生开展创新创业活动情况的教学实践活动。优先支持参与创业的学生转入相关专业学习。

7. 完善学籍管理规定

有自主创业意愿的大学生,可享受高校实施的弹性学制,放宽学生修业年限,允许调整学业进程、保留学籍休学创新创业。

8. 强化创新创业实践

自主创业大学生可共享学校面向全体学生开放的大学科技园、创业园、创业孵化基地、教育部工程研究中心、各类实验室、教学仪器设备等科技创新资源和实验教学平台。参加全国大学生创新创业大赛、全国高职院校技能大赛和各类科技创新、创意设计、创业计划等专题竞赛,以及高校学生成立的创新创业协会、创业俱乐部等社团,提升创新创业实践能力。

(二) 创业优惠

1. 税收优惠

持人社部门核发的《就业创业证》的高校毕业生在毕业年度内创办个体工商户、个人独资企业的,3年内每户每年8000元为限额依次扣减其当年实际应缴纳的营业税、城市维护建设税、教育费附加和个人所得税。

对高校毕业生创办的小型微利企业,按国家规定享受相关税收支持政策。

2. 创业担保贷款和贴息

对符合条件的大学生自主创业的,可在创业地按规定申请创业担保贷款,贷款额度为10

万元。鼓励金融机构参照贷款基础利率,结合风险分担情况,合理确定贷款利率水平,对个人发放的创业担保贷款,在贷款基础利率基础上上浮3个百分点以内的,由财政给予贴息。

对大学生创办的小微企业新招用毕业年度高校毕业生,签订1年以上劳动合同并交纳社会保险费的,给予1年社会保险补贴。

3. 免收有关行政事业性收费

毕业2年内的普通高校学生从事个体经营(除国家限制的行业外)的,自其在工商部门首次注册登记之日起3年内,免收管理类、登记类和证照类等有关行政事业性收费。

4. 享受培训补贴

对大学生在毕业学年(即从毕业前一年7月1日起的12个月)内参加创业培训的,根据其获得创业培训合格证书或就业、创业情况,按规定给予培训补贴。

 创业小贴士

各地都有鼓励大学生创业的很多利好政策,想要创业的同学可以到当地劳动就业部门、工商行政管理局等部门具体咨询,也可通过全国大学生创业服务网等官方网站、官方认证微博、微信等网络渠道进行了解。

二、注册企业必须考虑的法律与法规

所有创业者都要按照国家法律开办和经营企业,并承担相关的法律责任。企业只有登记注册,才能受国家法律保护。在开办和经营企业的过程中,还应遵守国家的税法、企业法、劳动法、合同法、环境保护法等与创业有关的法律法规。

(一) 企业相关法律知识

作为一个想创办企业的小企业主,你也许觉得法律太多了,弄不明白。其实,和你的企业有直接关系的法律只是其中一部分。你不必了解有关法律的所有内容,只需知道哪些法律和哪些关键内容与新办企业有关就可以了。

与新办企业直接相关的基本法律如表7-1:

表7-1 新办企业相关法律法规

法律名称	相关基本内容
企业法	公司法、个人独资企业法、合伙企业法、个体工商户管理条例、中外合资合作企业法、乡镇企业法等
民法通则	个体工商户、个人合伙、农村承包经营户、企业法人、代理、财产所有权、财产权、债权、知识产权、民事责任等
合同法	一般合同的订立、效力履行、变更和转让、权利义务终止、违约责任等。具体合同有买卖、借款、租赁、技术、建设工程、运输、委托等
劳动法	促进就业、劳动合同和集体合同、工作时间和休息休假、工资、职业安全卫生、女职工和未成年工特殊保护、职业培训、社会保险和福利、劳动争议、监督检查等

与企业相关的其他法律有：

会计法、税法、保险法、消费者权益保护法、专利法、商标法、反不正当竞争法、产品质量法、环境保护法等。

（二）树立守法经营观念

作为创业者，要知道法律不仅对企业有约束的一面，也给你的企业以法律保护。遵纪守法、诚信经营的企业才能立足和持续发展，这样的企业将赢得：

（1）客户的信任；
（2）供应商的合作；
（3）职工的信赖；
（4）政府的支持；
（5）甚至竞争对手的尊重。

三、依法纳税

依法纳税是每个公民和企业应尽的义务。根据我国税法规定，所有企业都要依法报税和纳税。

与企业和企业主有关的主要税种如下：

（1）增值税、营业税；
（2）企业所得税；
（3）个人所得税；
（4）城市维护建设税；
（5）教育费附加；
（6）消费税；
（7）关税等。

各类企业缴纳的一般税目税率如表7-2：

表7-2 各类企业缴纳税目税率一览表

企业类型	流转税		企业所得税	城市维护建设税	教育费附加	其他税种
	增值税	营业税				
制造业商业	一般纳税人：17% 小规模纳税人：3%		分为两档税率： 1. 一般25% 2. 小微企业经税务机关核准税率可以为20%	以流转税为基础，市区：7%；县城、镇：3%；偏远地区：1%	以流转税为基础：3%	资源税、消费税（烟、酒、烟火鞭炮、化妆品、汽柴油等商品）
服务业		3%、5%、20%				消费税（金银首饰）
农林牧渔业	17%		减征、免征			

 **创业小贴士**

个体工商户、个人独资企业和合伙企业不缴纳企业所得税。国家对个体工商户、个人独资企业和合伙企业的投资者,按5%~35%的超额累进税率征收个人所得税。

营业税税目税率表如表7-3:

表7-3 营业税税目税率表

税 目	税 率
一、交通运输业	3%
二、建筑业	3%
三、金融保险业	5%
四、邮电通信业	3%
五、文化体育业	3%
六、娱乐业	5%~20%
七、服务业	5%
八、转让无形资产	5%
九、销售不动产	5%

此外,国家和地方还制定了一些税收优惠政策,例如:

(1) 特殊商品(粮食、图书、报纸、杂志、饲料、农药、化肥、农机、食用植物油、煤气、沼气、居民用煤制品等)增值税为13%。

(2) 符合条件的小微企业,按20%的税率征收企业所得税。国家需要重点扶持的高新技术企业,按15%的税率征收企业所得税。

(3) 大学毕业生从事个体经营、合伙经营和组织起来就业的,可以根据情况减免税、费征收。具体政策可以向当地税务部门及人力资源和社会保障部门咨询。

征收税金的部门有地方税务局和国家税务局,不同税种缴纳的部门不同,一般来说,增值税在国家税务局缴纳,营业税和附加税在地方税务局缴纳,具体缴纳手续要根据各地的实际情况办理。大学生在开办企业的时候,应向专业人士或税务部门提前咨询。

四、尊重员工的合法权益

企业竞争力的一个关键因素是员工的素质和积极性。新开办的企业一开始就要特别重视以下四个方面的问题:

1. 订立劳动合同

劳动合同是劳动者与企业签订的确立劳动关系、明确双方权利和义务的协议。订立劳动合同对双方都产生约束,不仅保护劳动者利益,也保护企业利益,它是解决劳动争议的法律依据,绝对不能嫌麻烦或为了眼前小利而设法逃避。

 **知识链接**

《中华人民共和国劳动合同法》规定,用人单位必须与劳动者签订劳动合同。劳动合同的基本内容有:
- 工作职责、定额、违约责任
- 工作时间
- 劳动报酬(工资种类、基本工资、奖金、加班、特种工作补贴等)
- 休息时间(周假、节假日、年假、病假、事假、产假、婚丧假等)
- 社会保险、福利
- 合同的生效、解除、离职、开除
- 劳动争议

一般各地都有统一的劳动合同文本,有关信息可以从当地人力资源和社会保障部门获得。

2. 劳动保护和安全

尽管创业初期资金紧张,企业也要尽量创造良好的工作条件,防止工伤事故和职业病的发生,搞好危险和有毒物品的使用和储存,改善音、光、气、温、行、居等条件,以保证员工人身安全并提高他们的工作效率和积极性。

3. 劳动报酬

企业定的工资不能低于本地区人力资源和社会保障部门规定的最低工资标准,而且必须按时以货币形式发放给劳动者本人。有关最低工资标准的信息可以从当地人力资源和社会保障部门获得。

4. 社会保险

国家的社会保险法规要求企业和员工都要参加社会保险,按时足额缴纳社会保险费,使员工在年老、生病、失业、生育、因公伤残等情况下得到补偿或基本的保障。为员工办理社会保险对企业来说具有强制性。

目前我国的社会保险主要有养老保险、医疗保险、失业保险、工伤保险和生育保险。

知识点 2 选择企业的法律形式

一、企业和企业类型

1. 什么是企业

企业是以营利为目的而进行商品生产和交换活动的经济组织。企业可以是一个人，也可以是多个人组成的群体。

一个企业既要从市场上购买商品(产品或服务)，又要在市场上向顾客出售其生产的商品(产品或服务)。商品和现金会不断地在企业和供应商、企业和顾客之间流动，从而形成了两股流：

商品流——企业从市场上购买商品(设备、原材料等)，并向市场销售商品(产品、服务等)的商品活动流。

现金流——企业资金支出(购买原材料的费用、租金、员工工资等)和资金流入(销售商品或提供服务的收入等)的资金活动流。

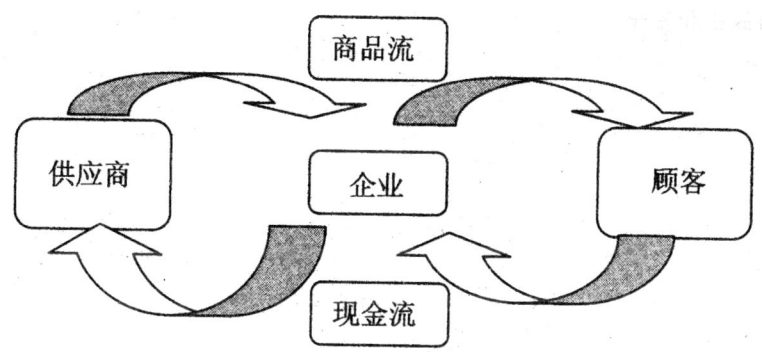

图 7-1 企业经营活动过程

企业经营的目的是营利，所以流入企业的现金应该多于流出企业的现金(如图 7-1)。一个成功的企业，商品和现金的流入和流出活动会不断地循环往复。

2. 你适合创办哪类企业

当你决定要创办企业时，你会发现，选择一个合适的项目是非常困难的，你必须先了解都有哪些企业类型，它们各自有什么特点，以确定自己创业的方向。企业类型多样，主要可以分为以下四种：

(1) 贸易企业——贸易企业从事商品的买卖活动，可分为零售业(如图 7-2)和批发业(如图 7-3)。零售商从批发商处购买商品，再卖给顾客，所有把商品卖给最终消费者的商店都是零售商，如超市、服装店、电脑专卖店等。而批发商则是从制造企业购买商品，然后再卖给零售商，如蔬菜、水产、文具、电脑耗材批发中心。

图 7-2 水果超市

图 7-3 服装批发市场

（2）制造企业——制造企业（如图7-4）生产实物产品。如果你打算开一家企业生产并销售家具、文具或电脑等，那么你拥有的就是一家制造企业。

图 7-4　家具制作车间

（3）服务企业——服务企业（如图7-5）不出售任何产品，也不制造产品，而是提供服务或劳务。如房屋维修、邮件快递、家政服务、法律咨询、技术培训等企业都属于服务企业。

图 7-5　教育培训机构

(4) 农、林、牧、渔业企业（如图 7-6）——这类企业利用土地或水域进行生产，种植或饲养的产品多种多样，如种果树和养殖家禽等。

图 7-6　蔬菜生产基地

企业经营过程中不一定符合上述单一分类。例如，你准备开办一家电脑维修部，你开办的就是服务企业，因为你所提供的是维修服务。但是，电脑维修部也可能同时出售电脑零配件，兼做零售。在这种情况下，要以主要经营业务内容来确定一个企业的经营类型。

把企业进行了上述分类后，你适合创办哪一类企业呢？对此，要针对不同企业类型的特点，结合自身的喜好、特长、资源认真进行分析。

- 贸易企业——一般需要有好的地理位置，并且商品流动量大，资金周转快。要求创业者善于与人沟通，有灵活的销售技巧，掌握有效采购、合理库存和记账等管理技能。
- 制造企业——这类企业投资较大，收益周期长，对创业者行业经验要求高，要求创业者有一定的组织生产管理的经验和技术，而且具有一定的创新、研发新产品的能力。创业者有资金，懂得生产管理、成本核算，并且树立产品质量意识非常重要。
- 服务企业——方便、快捷、热诚、安全是服务业的成功要素。要求创业者性格开朗、有耐心、讲诚信、能与各种人打交道、善于处理各种纠纷矛盾等，同时，要建立和维护客户档案，有能力带领员工团队。
- 农、林、牧、渔业企业——有无土地、水源、山林是创办农、林、牧、渔业企业的"门槛儿"，环保和科技是成功的保障，风险大、周期长是行业的特点。创业者要拥有相应的资源和资金，懂得相关技术，而且要积极与当地政府、群众、科研机构打交道。

二、企业的法律形态

在市场经济条件下,企业是以企业法人的形式存在的,是法律上和经济上独立的经济实体。任何一个投资人在创建企业时,都会面临如何选择企业的法律形式的问题。作为有创业梦想的大学生,我们首先要对我国企业有哪些法律形式有一定的了解。

企业的法律形态是指一个国家法律规定的企业在市场环境中存在的合法身份。一般来说,创业者新创办的企业都是小微企业,对于大学生创业,最常见登记注册的企业法律形式(如图7-7)主要有个体工商户、个人独资企业、合伙企业、有限责任公司四种。

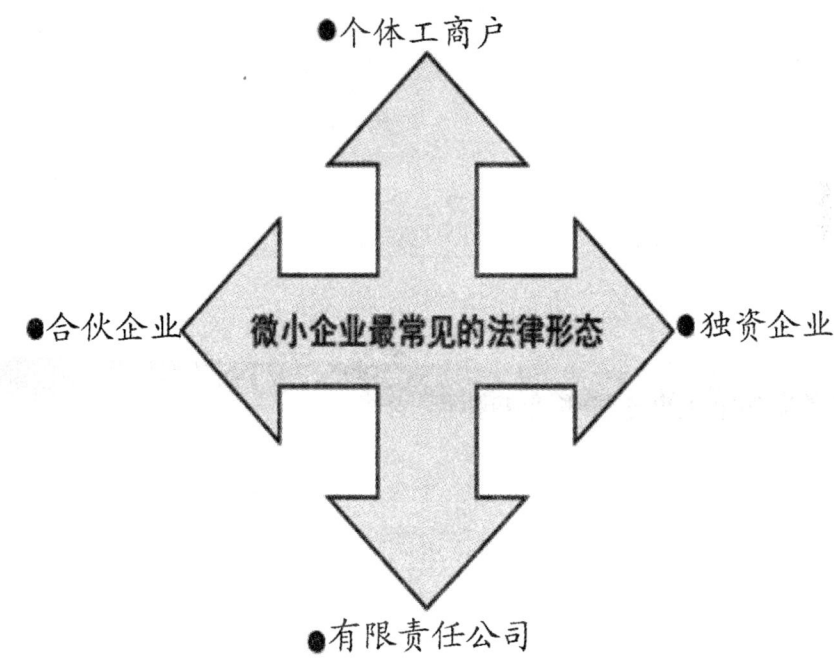

图7-7 微小企业最常见的法律形态

（一）个体工商户

《中华人民共和国民法通则》规定:"公民在法律允许的范围内,依法经核准从事工商经营的,为个体工商户。"个体工商户简称个体户。

（二）个人独资企业

个人独资企业是指依照《个人独资企业法》,在中国境内设立,由一个自然人投资,财产为投资人个人所有,投资人以其个人财产对企业债务承担无限责任的经营实体。

（三）合伙企业

合伙企业是指依照《中华人民共和国合伙企业法》,在中国境内设立的,由各合伙人订立合伙协议,共同出资、合伙经营、共享收益、共担风险,并对合伙企业债务承担无限连带责任的营利性组织。

（四）有限责任公司

有限责任公司是指股东以其出资额为限对公司承担责任，公司以其全部资产对公司的债务承担责任的法人企业。合伙或个人独资公司因创业者须承担无限责任，选择这两种企业形式的也比较少，有限责任公司内部的法律关系界定得比较清楚，企业以注册资本对外承担责任，投资者不负连带责任。因此，有限责任公司是绝大多数创业者所乐于采用的组织形式。

知识链接

不同的法律形态有不同的要求，从而对企业产生诸多影响，这些影响包括：
⊙ 开办和注册企业的资金
⊙ 开办企业手续的难易程度
⊙ 企业的风险责任
⊙ 创业资金的筹集
⊙ 寻找合伙人的可能性
⊙ 企业的决策程序
⊙ 企业的利润分配

三、常见微小企业法律形态的特点

不同的企业法律形态都有各自的特点，了解它们，有助于你为自己的企业选择合适的法律形态。（见表7-4）

表 7-4　不同微小企业法律形态比较

	业主数量和注册资本	成立条件	经营特征	利润分配和债务责任
个体工商户	• 业主是一个人或家庭 • 无资本数量限制	• 成立条件简单,业主只要有相应的经营资金和经营场所即可 • 个体工商户可以起字号	• 资产属于私人所有,自己既是所有者,又是劳动者和管理者	• 利润归个人或家庭所有 • 由个人经营的,以其个人资产对企业债务承担无限责任
个人独资企业	• 业主是一个人 • 无资本数量限制	• 投资人是一个自然人 • 有合法的企业名称 • 有投资人申报的出资 • 有固定的经营场所和必要的生产经营条件 • 有必要的从业人员	• 财产为投资人个人所有,业主既是投资者,又是经营管理者	• 利润归个人所有 • 投资人以其个人资产对企业债务承担无限责任
合伙企业	• 业主两个人以上 • 无资本数量限制	• 有两个以上合伙人,并且都依法承担无限责任 • 有书面合伙协议 • 有合伙人的实际出资 • 有合伙企业的名称 • 有经营场所和从事合伙经营的其他必要条件	• 依照合伙协议,共同出资,合伙经营,共享收益,共担风险	• 合伙人按照合伙协议分配利润,并共同对企业债务承担无限连带责任
有限责任公司	• 由 50 个以下的股东出资设立,1 个自然人或 1 个法人可以投资设立 1 人有限责任公司 • 注册资本为在公司登记机关登记的全体股东认缴的出资额 • 无资本数量限制	• 股东符合法定人数 • 股东出资达到法定资本最低限额 • 股东共同制定公司章程 • 有公司的名称,建立符合有限责任公司要求的组织机构 • 有固定的生产经营场所和必要的生产经营条件	• 公司设立股东会、董事会和监事会,并由董事会聘请职业经理管理公司经营业务 • 股东人数较少或者规模较小的有限责任公司,可以设一名执行董事,不设董事会	• 按照股东实缴的出资比例分配利润,全体股东约定不按出资比例分配的除外 • 股东出资达到法定资本最低限额以其认缴的出资额为限对公司债务承担有限责任 • 一人有限责任公司的股东以其投资为限对公司债务承担有限责任

四、选择合适的企业法律形态

选择企业的法律形态并非易事,要考虑很多方面,主要包括:
(1) 准备创办的企业规模;
(2) 行业类型和发展前景;
(3) 业主或投资者的数量;
(4) 创业资金的多少;
(5) 行业选择(技术密集型、资金密集型、特殊行业);
(6) 创业者的价值观念(倾向于个人决策还是协商合作);
(7) 企业承担的义务和责任。

你在选择企业法律形态和注册企业时,应该寻求更多帮助。我们国家有专门为扶持小企业提供咨询的政府机构(如国家和各地区的工商管理局等)和非政府组织(工商联合会等),还有帮助各类失业人员创业的劳动就业部门。

在选择你的企业法律形态时,要考虑你的企业和对你企业将产生的影响(图7-8):

图7-8 漫画示意

准备开办的企业规模较小,投资人和资金较少,所有风险由自己一个人承担,就可以选择较简单的企业形式,如个体工商户或个人独资企业(图7-9)。

图7-9 漫画示意

如果有较强的独立意识,不愿与他人合作,则可以选择个体工商户或个人独资企业。

图 7-10　漫画示意

如果你的资金和技术不足,但有志同道合的朋友愿意一起干,则可以选择合伙企业、有限责任公司等企业形式(图 7-10)。

图 7-11　漫画示意

如果开办的企业规模较大、投资人比较多,需要的资金较多,为避免较大的债务风险,可以选择有限责任公司这种企业形式(图 7-11)。

 创业小贴士

别人的意见只能供你参考,千万不要被别人的意见所左右。你要有主见,如果要采用他人建议的法律形态,一定要弄清楚原因。

五、选择合适的经营模式

经营模式也称企业营利模式,是企业根据企业的经营宗旨,为实现企业所确认的价值定位所采取某一类方式的总称。企业如果没有合理的经营模式,不管企业名气多大,多么能折腾,你所能做的,也只是苟延残喘。

(一) 经营模式的分类

1. 根据企业在产业链的位置,可分为:
(1) 生产代工型(纺锤型)经营模式;
(2) 设计+销售型(哑铃型)经营模式;
(3) 生产+销售型经营模式;
(4) 设计+生产+销售型经营模式;
(5) 信息服务类型。

2. 根据企业的业务范围,可分为:
(1) 单一化经营模式;
(2) 多元化经营模式;

3. 根据企业实现价值的方式,可分为:
(1) 成本领先模式;
(2) 差别化模式;
(3) 目标聚集模式。

(二) 大学生创业模式选择

创业没有准则,创业者应该根据自身的实际情况选择合适的创业模式,避免盲从,方可成功。以下几种创业模式,都有其可行性,供大学生创业者参考。

1. 互联网创业

互联网创业不同于传统的创业模式,对于拥有专业知识而缺乏足够资金与创业经验的大学生来说,具有很大的吸引力。目前主要有网上开店和网上加盟两种形式。

【精选案例 7-1】

喜欢八卦的小朋友可能已经知道,王思聪的绯闻女友是一位淘宝店主,而朱宸慧就是网友熟悉的网红"雪梨"。1990 年出生,2009 年,她还是浙江工商大学经济学院国贸系的学生,朱宸慧大三的时候和同学一起创办了淘宝女装店,卖衣服的同时自己担任模特,2011 年去新西兰留学,当年年底就开了淘宝店"钱夫人",启动资金只有 3000 块,不到一年,朱宸慧就把店铺做到了皇冠级别。创业三年后做成百人团队,年利润 1.5 亿。开个淘宝店就可以一年赚 1.5 亿,朱宸慧还用靠王思聪上位混娱乐圈? 明明可以靠脸吃饭,却非要拼实力,不靠男人,白手起家,也可以靠自己实现财务自由的姑娘都是棒棒哒!

2. 加盟创业

【精选案例 7-2】

连锁加盟领域一直都是草根投资者追捧的热点,也是草根投资者首选的投资方向,大家一直在寻找赚钱商机,想要发现好项目。加盟连锁项目第 17 届特许加盟展为创业者带来了新的投资方向:

趋势1：四线城市成为投资热点。
趋势2：起步成本提高，10万元成为标配。
趋势3：回购方式降低投资风险。
趋势4："互联网＋"成为大趋势。
趋势5：服务业成为加盟领域新宠儿。
趋势6：五类商机好项目备受追捧（餐饮业、休闲饮品、咖啡茶饮、幼儿教育、金融服务等五类项目是展会上最受追捧的创业项目）。

加盟创业的最大特点是利益共享、风险共担。创业者只需支付一定的加盟费，就能借用加盟商的品牌优势，利用现成的商品和市场资源，并能长期得到专业指导和配套服务，而不必摸着石头过河，大大降低了创业风险。

对初次尝试加盟创业的大学生而言，加盟创业要经过以下步骤：
（1）选准行业；
（2）找对品牌；
（3）查看直营店业绩；
（4）查看是否有完善的加盟机制；
（5）查看是否具有健全的培训体系；
（6）对总部与加盟店进行实地考察；
（7）对合同文本仔细阅读；
（8）提升创业能力。

3. 个人独资（个体经营）或合伙制开个小店面

这是一种较为常见的大学生创业模式，据有关调查显示，大学生选择这种创业模式的比例很高，约占所有创业模式的90%以上。这种模式对创业者要求不高，而且此创业模式的行业多集中在科技含量较低的服务业。

【精选案例7-3】

2012年，王婷从泰山学院化工学院毕业，在济南一家实验室工作，收入不高，但工作却十分轻松。随后，王婷不顾父母反对辞掉工作，从济南来到济阳开米线店，王婷的理由只有一个："喜欢做饭，也想做给别人吃。"王婷租来的店铺很简单，甚至称得上简陋，一块木板隔离出来的20多平方米的房间，就这样，王婷的"天下第一粉"米线店开张。开业前一天，王婷怕自己忙不过来，便给自己的好朋友兼大学舍友江鲁平打电话，让其过来帮忙。接到好朋友电话后，江鲁平当天便辞掉工作，此后，两个"90后"女孩开始做起生意。因为米线店靠近学校，吃饭的大多都是教师，也基本都是熟人带来的回头客，米线店生意越来越好。

4. 概念创业

【精选案例 7-4】

用 3D 技术打印珠宝成就了王寒的创业梦

用 3D 打印机,可以打印出杯子、模具,甚至髋关节、牙齿,或一些飞机零部件。那么,3D 珠宝打印有没有市场呢?武汉理工大学一名在校女生,将其变成了现实。今年 19 岁的王寒,创业才一年多,就做出了年销售上百万元的佳绩。

2013 年 8 月,学校艺术设计学院组织活动去北京采风,参观"设计资源协作"展厅,那里有很多比较有创意的设计。正是这次活动,让学工业设计的大二学生王寒第一次体验到了 3D 打印技术,并且对这个技术产生了浓厚的兴趣,筹划如何用这个概念来做一件具体的事情。

随后的暑假里,她在武汉一家珠宝公司实习,出差各地参加展销活动时,了解到婚恋市场对珠宝的需求十分巨大。"能不能用 3D 技术打印珠宝?"这个异想天开的想法盘桓在她的脑海里,一股创业的冲动推着她,想要把这一想法变成现实。

学校有创业园,向创业学生提供免费的办公地点。2013 年 9 月,王寒向学校提出了入驻申请。凭借独特的创业设计,王寒顺利地通过考试,入驻武汉理工大学创业园一间 38.5 平方米的办公室。"光有想法不行,还需要一个创业团队去实施。"2013 年 10 月,王寒递交报告给学院,申请创建一个项目兴趣小组。在学院副院长方兴的推介下,她遇到了比自己高一届的同校学生郑佳,其后来成为公司的市场总监。在郑佳的介绍下,王寒还邀请到中南财经政法大学珠宝专业的杨定为设计师。

2014 年 1 月,三个合伙人注册成立了武汉君珀珠宝有限公司。君珀公司线下有实体展厅,设计师事务所。一方面将珠宝设计与高科技 3D 打印技术相结合,另一方面与武汉工程科技学院珠宝设计系合作,将手工技法优势融合进艺术珠宝中。

这种凭借创意、点子或想法创业的方式催生了一种新的创业模式——概念创业。对于具有强烈的创新意识而又缺乏资源的创业者来说,概念创业无疑是一条实现梦想的终南捷径。但需要注意的是创业需要创意,然而创意绝不等同于创业,概念创业要求点子必须标新立异,还必须具有可操作性。此外,还需要在创意的基础上,融合技术、资金、人才、市场经验、管理等各种因素,如果仅凭点子盲目行动,必会以失败告终。

5. 团队创业

【精选案例 7-5】

刚读大一时,小何业余做家教赚点生活费。做了一段时间以后,他开始尝试给家教中介介绍客户,从中收一点劳务费。他发现那种在家长和家教之间单枪匹马做中介的小本经营模式有不少缺陷,收益少、客源少、业务断断续续等,家长和学生也没有稳定感。而他在网上搜索时发现,北京某家教机构通过规模化经营,强化专业化分工,做出了品牌和效益。受此启发,小何在经过一番市场调查后,在2007年底与另外6名同学一起成立了宁波海曙易达家教服务有限公司。公司地点就在学校的一座教学楼里,是学校免费提供的办公场所。如今,何伟哲的家教公司的规模越来越大,兼职的学生员工发展到了300多名,每月的营业额都有10多万元。目前,公司正在筹备扩张,打算设立拥有300平方米专用场所的培训学校,需要新招20到30个专职家教老师,从事从小学到高中科目的家教工作。致力于打造一支有职业精神的家庭教师队伍。

创业已告别个人英雄主义时代,一个由研发、技术、市场、融资等各方面组成的优势互补的创业团队,更有可能获得成功。需要注意的是,这一模式在组建创业团队时,最重要的是要考虑成员在知识、资源、能力或技术等方面上的互补性,充分发挥个人的知识和经验优势,一般来说,团队成员的知识、能力结构越合理,团队创业成功的几率就越大。

知识点3 新企业注册登记流程

【精选案例7-6】

因企业注册材料准备草率导致的纠纷

大学毕业生A和B两人就某一项目约定成立某有限责任公司进行开发,双方签订了开发协议,对双方的投入和利润分配进行了详细的规定。双方在注册登记有限公司时,只是根据工商局提供的格式化章程进行了简单修改,在修改的新章程里没有完全将双方协议中的投资和利润分配的详细条款纳入公司章程。后来双方对投资和利润分配方式产生不同意见,A要求依据章程,B则要求依据合作协议,最终导致项目停顿,公司也无法经营下去。

该案中对B来讲是非常不利的,他过分重视合作协议,而忽视了公司章程的重要性。公司章程是指公司必须具备的由发起设立公司的投资者制定的,并对公司、股东、公司经营管理人员具有约束力的调整公司内部组织关系和经营行为的自治规则。B认为章程只是为工商登记走的一个过场,实际却恰恰相反,公司章程相当于公司的"宪法",是公司运作过程中所有行为的规范性指引,公司及其股东、董事、管理机构、管理人员的一切行为都不得违反公司章程的规定,否则无效,要么必须承担相应的法律责任。绝大部分的公司章程都存在过于简单化的缺点,基本都是依据工商局提供的格式章程进行简单的"填空",导致遗漏需要进行特殊约定的事项,一旦出现纠纷,尤其是股东之间的纠纷,只能依据章程,必然导致其中一方遭受意想不到的损失。一个好的章程是公司规范运作的好的开始,也是公司股东、董事、管理层的护身符。当年新浪抛出"毒丸"计划成功阻击盛大网络的收购,就是利用其章程的有关规定,最终让盛大斥巨资收购新浪股份却无法实施对新浪的控制。

【点评】

有很多创业者把企业注册看作一种形式,各种文件的准备都比较草率,对自己的权利和义务不甚了然,根本就没有推敲其中的细节问题,而这些文件细节往往是以后出现经济纠纷的法律依据。许多创业者在出现经济纠纷之后才发现公司章程条款或合伙人协议条款对自己极为不利。因此,创业者在注册时对各项文件的准备一定要慎重。

大学生创业者要申请注册公司,就必须了解公司注册方面的法定程序和工作流程,然后针对每一个程序和流程的要求预先做好计划并准备相关材料,这样可以省却许多麻烦,避免走弯路,在节省时间的同时,又可以保障提交资料的准确性。

一、要创业,记得先去领个证

1. 实行注册资本认缴登记制。
2. 简化住所(经营场所)登记手续:申请人提交场所合法使用证明即可予以登记。
3. 推行"三证合一"登记制度改革。

实施范围:所谓"三证合一"是指将由工商行政管理、质量技术监督、税务三个部门分别核发不同证照或"一照三号"的登记模式,改为由工商行政管理部门核发加载法人和其他组织统一社会信用代码(以下称统一代码)的营业执照。该登记制度改革适用于公司、非公司企业法人、个人独资企业、合伙企业、农民专业合作社等企业类市场主体(含企业分支机构);个体工商户暂未纳入"三证合一"的范围。

二、企业注册登记时应准备提交的文件

1. 个人资料(身份证、法人户口本复印件或户籍证明、居住地址、电话号码);
2. 注册资金;
3. 拟订注册公司名称若干;
4. 公司经营范围;
5. 租房房产证、租赁合同;
6. 公司地址;
7. 股东名册及股东联系电话、联系地址;
8. 公司的机构及其产生办法、职权、议事规则;
9. 公司章程。

不同企业法律形态申办流程可参阅"全国大学生创业服务网",由教育部高校学生司和国家工商行政管理总局个体局联合编写的《大学生自主创业宣传手册》或者到当地工商局具体咨询办理。

三、注册步骤

（一）企业名称预先核准

在正式申请公司设立之前，应先将拟设立公司的名称，可通过工商局网上申请公司名称核准；通过后领取"企业名称预先核准通知书"。

1. 企业（公司）名称拟定

企业（公司）名称应由以下部分依次构成：行政区划＋字号＋行业或经营特点＋组织形式。如郑州市精华实业有限公司。

除国务院批准设立的企业外，企业名称不得冠以"中国"、"中华"、"全国"、"国家"、"国际"等字样。如需冠此字样，需向国家工商总局申请批准；如需冠"河南"等字样需向各省工商局申请批准。企业名称中的字号应当由两个以上的字组成，行政区划不得用作字号。企业名称可以使用自然人、投资人的姓名作字号。企业名称应当使用符合国家规范的汉字，不得使用外国文字、汉语拼音字母、阿拉伯数字、标点符号。企业名称中不得含有其他法人的名称。企业名称中的行业表述应当反映企业经济活动性质所属国民经济行业或者企业经营特点的用语。企业名称中行业标书的内容应当与企业经营范围相一致。

企业名称有下列情形之一的，不予核准：

（1）与同一工商行政管理机关核准或者登记注册的同行业企业名称字号相同，有投资关系的除外；

（2）与同一工商行政管理机关核准或者登记注册符合须如第8条的企业名称字号相同，有投资关系的除外；

（3）与其他企业变更名称未满1年的原名称相同；

（4）与注销登记或者被吊销营业执照未满3年的企业名称相同；

（5）其他违反法律、行政法规的。

2. 企业名称预先核准行政许可流程（图7-12）

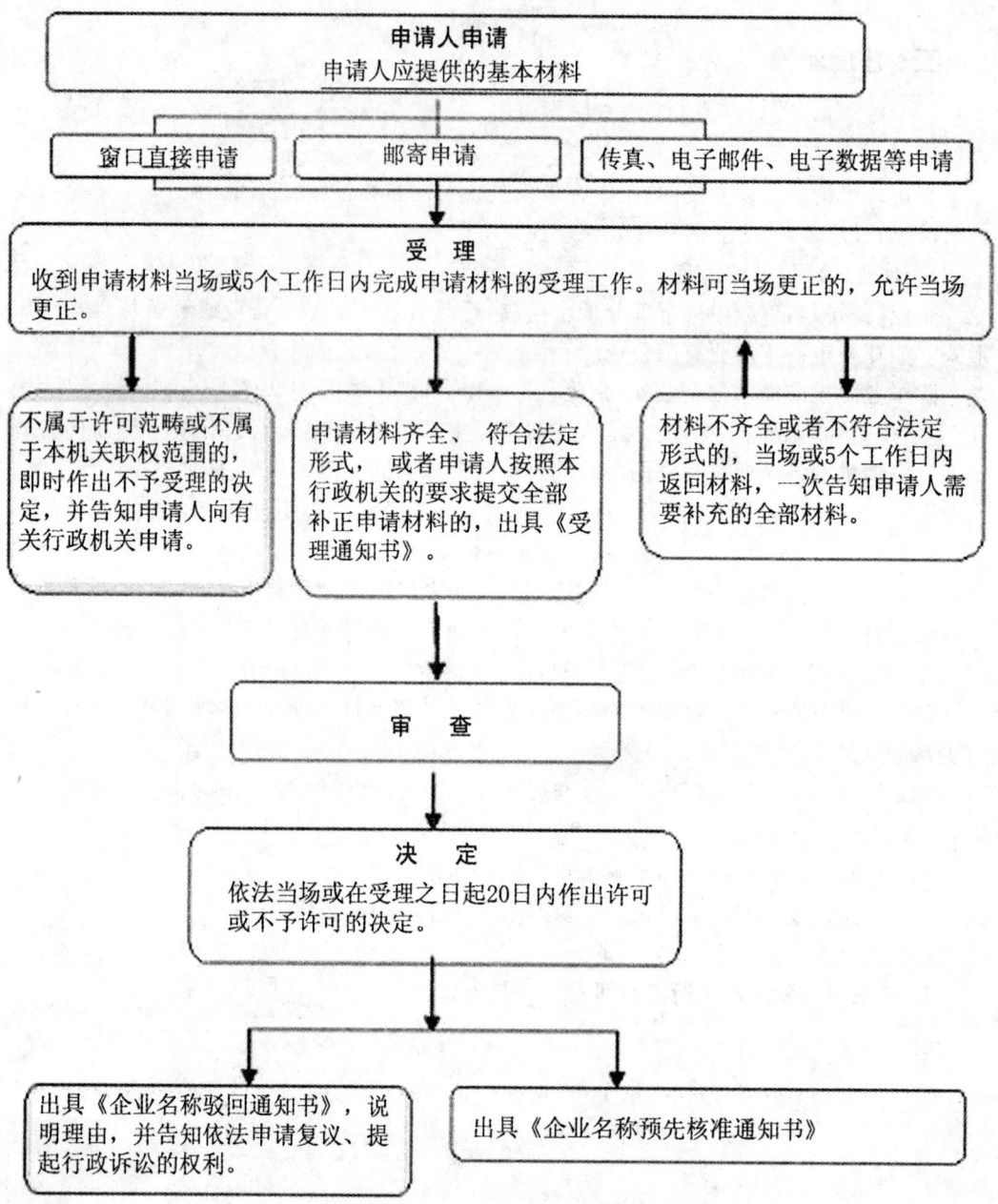

图 7-12　企业名称预先核准行政许可流程图

（二）递交申办工商营业执照材料

可参考工商企注字〔2015〕121号文件下发的新版《企业登记申请文书规范》和《企业登记提交材料规范》，按要求准备相关材料。

（三）领取"三证合一"营业执照后办理刻制公司印章

营业执照材料递交到工商局7个工作日左右，工商局会下发最新版的企业营业执照。

领完营业执照后,需要带着营业执照去办理刻制公司印章。

(四) 办理银行开户许可证

公章办完以后,需要带着所有证件及材料,去银行开设对公账户,银行审批之后会下发企业开户许可证。

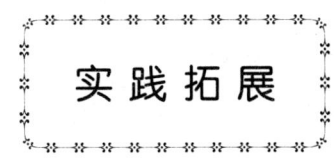

大学生初创企业模拟

1. 你为创业做好准备了吗?

问题	你的评价	
	是	否
1. 你决定出售什么产品或提供什么服务?		
2. 你知道你的顾客是谁吗?		
3. 你了解潜在顾客怎样看待你的产品或服务吗?		
4. 你知道你的竞争对手的产品或服务的价格吗?		
5. 你知道你的竞争对手的长处和短处吗?		
6. 你预测过自己的销售吗?		
7. 你制定了产品或服务的销售价格了吗?		
8. 你选择好企业地点了吗?		
9. 你决定使用哪种销售方式了吗?		
10. 你决定使用促销方式了吗?		
11. 你知道自己的促销需要多少钱吗?		
12. 你已经选定某种企业法律形态了吗?		
13. 你决定需要什么样的雇员了吗?		
14. 你知道雇用员工的法律责任吗?		
15. 你知道对你的企业的所有法律要求吗?		

续表

问　　题	你的评价	
	是	否
16. 你知道你的企业需要什么样的营业执照和哪些许可证吗？		
17. 你知道办这些执照和许可证需要多少钱吗？		
18. 你决定你的企业办理哪些保险了吗？		
19. 你知道办保险需要多少钱吗？		
20. 你预测了第一年的销售量了吗？		
21. 你预测了第一年的销售收入了吗？		
22. 你制订了第一年的销售和成本计划了吗？		
23. 你的销售和成本计划表明第一年有利润吗？		
24. 你制订现金流量计划了吗？		
25. 你的现金流量计划是否表明在你经营企业的前半年你不会耗尽现金？		
26. 你计算过开办企业所需要的启动资金数额吗？		
27. 你为企业筹集到所有的启动资金了吗？		
28. 如果你计划申请贷款，你预测过可用于担保的资产价值吗？		
29. 你是否对创办自己的企业有足够的信心？		

在你的评价中，有多少个"否"？然后再看下面的表格。

"否"的数量	给你的反馈意见
0	你准备得很好，你可以开办自己的企业
1~10个	你应该回到创办企业的准备步骤中去，并在需要改进的地方下些工夫
10个以上	在当前阶段开办企业的风险太大，如果你仍然很想开办企业，你应该回过头从创业的最初阶段重新考虑

2. 根据已学内容，填写表7-5，试模拟创建一个公司。

表 7-5　经营思路表

阐述你的经营思想	
产品和服务设想	
预计销售对象	
产品和服务十大优点	1.
	2.
	3.
	4.
	5.
	6.
	7.
	8.
	9.
	10.
满足了顾客哪些需求	
你的经营策略	

3. 模拟公司名称预核准及工商注册。

公司登记(备案)申请书(模拟)

注:请仔细阅读本申请书《填写说明》,按要求填写。

□基本信息			
名　　称			
名称预先核准文号/注册号/统一社会信用代码			
住　　所	＿＿＿＿省(市/自治区)＿＿＿＿市(地区/盟/自治州)＿＿＿＿县(自治县/旗/自治旗/市/区)＿＿＿＿乡(民族乡/镇/街道)＿＿＿＿村(路/社区)＿＿＿＿号		
生产经营地	＿＿＿＿省(市/自治区)＿＿＿＿市(地区/盟/自治州)＿＿＿＿县(自治县/旗/自治旗/市/区)＿＿＿＿乡(民族乡/镇/街道)＿＿＿＿村(路/社区)＿＿＿＿号		
联系电话		邮政编码	

□设立				
法定代表人姓名		职　务	□董事长　□执行董事　□经理	
注册资本	＿＿＿＿＿万元	公司类型		
设立方式（股份公司填写）	□发起设立		□募集设立	
经营范围				
经营期限	□年　　□长期	申请执照副本数量	＿＿＿个	
□变更				
变更项目	原登记事项		申请变更登记事项	
□备案				
分公司□增设　□注销	名称		注册号/统一社会信用代码	
	登记机关		登记日期	
清算组	成员			
	负责人		联系电话	
其他	□董事　□监事　□经理　□章程　□章程修正案　□财务负责人　□联络员			

□ 申请人声明
本公司依照《公司法》、《公司登记管理条例》的相关规定申请登记、备案，提交材料真实有效。通过联络员登录企业信用信息公示系统向登记机关报送、向社会公示的企业信息为本企业提供、发布的信息，信息真实、有效。
法定代表人签字：　　　　　　　　　　　　公司盖章 　　（清算组负责人）签字：　　　　　　　　　　年　　月　　日

附表 1

法定代表人信息

姓　　名		固定电话	
移动电话		电子邮箱	
身份证件类型		身份证件号码	
（身份证件复印件粘贴处）			
法定代表人签字：　　　　　　　　　　　　年　月　日			

附表 2

董事、监事、经理信息

姓名_____ 职务_____ 身份证件类型_____ 身份证件号码_____
    （身份证件复印件粘贴处）
姓名_____ 职务_____ 身份证件类型_____ 身份证件号码_____
    （身份证件复印件粘贴处）
姓名_____ 职务_____ 身份证件类型_____ 身份证件号码_____
    （身份证件复印件粘贴处）

附表3

股东(发起人)出资情况

投资者名称或姓名	证件类型	证件号码	出资时间	出资方式	认缴出资额(万元)	出资比例

附表 4

财务负责人信息

姓　名		固定电话	
移动电话		电子邮箱	
身份证件类型		身份证件号码	
(身份证件复印件粘贴处)			

附表 5

联络员信息

姓　名		固定电话	
移动电话		电子邮箱	
身份证件类型		身份证件号码	
(身份证件复印件粘贴处)			

注：联络员主要负责本企业与登记机关的联系沟通，以本人个人信息登录企业信用信息公示系统依法向社会公示本企业有关信息等。联络员应了解登记相关法规和企业信息公示有关规定，熟悉操作企业信用信息公示系统。

公司登记(备案)申请书填写说明

1. 本申请书适用于有限责任公司、股份有限公司向公司登记机关申请设立、变更登记及有关事项备案。

2. 向登记机关提交的申请书只填写与本次申请有关的栏目。

3. 申请公司设立登记,填写"基本信息"栏、"设立"栏有关内容及附表1"法定代表人信息"、附表2"董事、监事、经理信息"、附表3"股东(发起人)出资情况"、附表4"财务负责人信息"、附表5"联络员信息"。"申请人声明"由公司拟任法定代表人签署。

4. 公司申请变更登记,填写"基本信息"栏及"变更"栏有关内容。"申请人声明"由公司原法定代表人或者拟任法定代表人签署并加盖公司公章。申请变更同时需要备案的,同时填写"备案"栏有关内容。申请公司名称变更,在名称中增加"集团或(集团)"字样的,应当填写集团名称、集团简称(无集团简称的可不填);申请公司法定代表人变更的,应填写、提交拟任法定代表人信息(附表1"法定代表人信息");申请股东及投资情况变更的,应填写、提交附表3"股东(发起人)出资情况"。变更项目可加行续写或附页续写。

5. 公司增设分公司应向原登记机关备案,注销分公司可向原登记机关备案。填写"基本信息"栏及"备案"栏有关内容,"申请人声明"由法定代表人签署并加盖公司公章。"分公司增设/注销"项可加行续写或附页续写。

6. 公司申请章程修订或其他事项备案,填写"基本信息"栏、"备案"栏及相关附表所需填写的有关内容。申请联络员备案的,应填写附表5"联络员信息"。"申请人声明"由公司法定代表人签署并加盖公司公章;申请清算组备案的,"申请人声明"由公司清算组负责人签署。

7. 办理公司设立登记填写名称预先核准通知书文号,不填写注册号或统一社会信用代码。办理变更登记、备案填写公司注册号或统一社会信用代码,不填写名称预先核准通知书文号。

8. 公司类型应当填写"有限责任公司"或"股份有限公司"。其中,国有独资公司应当填写"有限责任公司(国有独资)";一人有限责任公司应当注明"一人有限责任公司(自然人独资)"或"一人有限责任公司(法人独资)"。

9. 股份有限公司应在"设立方式"栏选择填写"发起设立"或者"募集设立"。有限责任公司无需填写此项。

10. "经营范围"栏应根据公司章程、参照《国民经济行业分类》国家标准及有关规定填写。

11. 申请人提交的申请书应当使用A4型纸。依本表打印生成的,使用黑色钢笔或签字笔签署;手工填写的,使用黑色钢笔或签字笔工整填写、签署。

注:以下"说明"供填写申请书参照使用,不需向登记机关提供。

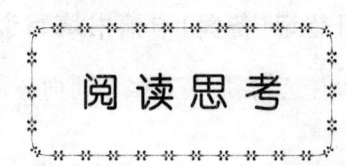

大学生互联网创业的起步选择有哪些?

全球经济衰退的时候,互联网行业却在逆势增长。互联网是一个汇集了人类各种需求和机会的平台,主要是因为互联网的门槛较低,网络覆盖可以从低龄群体一直到中高龄群体。互联网创业将推动中国人口红利第二次高潮,新浪网超过70%的网友支持大学生网络创业。

大学生互联网创业如何起步?

27岁的陈士骏,一张信用卡和几台计算机,和两位朋友互联网创业创立YouTube,20个月,不到两年的时间,这间公司卖给Google,陈士骏从信用卡负债者实现130亿身家。

在中国,28岁的叶凯已成为亿万富翁,叶凯担任CEO的玩蟹科技开发了2014年最火爆的手机游戏《大掌门》,这款游戏的利润可达1亿。上市公司掌趣科技宣布拟用17.39亿元收购玩蟹科技100%股权,拥有玩蟹28%股份的叶凯成为亿万富翁!

如果要创业,还是做互联网创业。不想用传统行业这个词去定义互联网以外的行业,因为互联网和其他行业的界限正在模糊。许多公司都有了自己在互联网上的一个位置:网站,而上亿的人包括建筑工地、田间主要从事体力劳动的人们,在社交媒体微博、微信上有自己的账户,有的人平时工作生活中可能不起眼,在网上却是大名鼎鼎的版主。

人们都早已成为互联网上的一分子,与互联网早已密不可分,不同的只是多数人没有依靠提供互联网产品或服务来生存和盈利。

• 从你自己的痛点做起!

互联网创业,从何处起步?从你自己的痛点做起!用户的痛点,就是创业的最好出发点。结合互联网的技术手段,寻觅拥有相同痛点的人,用互联网和移动互联网来解决痛点,就是极佳的互联网创业出发点。

简·库姆(Jan Koum),2009年创办了whatsapp(美国版"微信"),谁能想到,WhatsApp的最初产生,仅仅是因为创始人所在的健身房禁止使用手机打电话呢?据报道,2009年WhatsApp现在的联合创始人兼CEO Jan Koum所在的健身房推出了一个奇怪的政策:会员在健身期间禁止打电话。此禁令一出,Koum经常会漏接电话,他对此非常苦恼,作为一名软件工程师,他决定开发一个应用来解决这个问题。就在同时,Koum作出了两个判断:首先,iPhone将会成为人们未来的必需品,它不仅是一个设备,更是一个用户的"自我延伸"。其次,他不想让广告出现在自己的应用中。到了2011年11月,WhatsApp火了。

邢帅,读不起大学是他曾经的痛点,于是他就办一所学校,让所有人花最少的钱学一门技术。2009年邢帅网络学院成立,提供以就业为目标的技能、考证培训。2010年,YY网络语音聊天室开始火热,邢帅借助YY加入互联网教学行列。邢帅网络学院以老师在线直播讲课为主,辅之以录制视频教学,开设科目达几十种。目前,全职兼职辅导老师和员工团队近600人,在院学生超过10万。2013年7月,邢帅获得1,500万人民币的A轮融资。

余佳文,进入大学后,由于经常记不住课程表、找不到教室,也不敢和女生搭讪,余佳文创立了一个能自动导入课程表到手机又兼容校园社交的应用"超级课程表"。通过手机APP,用移动互联网为与他有类似需求的学生提供服务。通过"超级课程表"手机APP,学生可以分享课堂笔记、作业、复习计划以及在线交流。目前覆盖全国600万大学生用户。2013年6月获得由红杉资本领投的千万级A轮融资。

学文科的女孩子龚海燕2002年上了一家交友网站,主要是想给她自己找对象,但是效果非常差,很多信息都是假的。她当时就去问一些学计算机的朋友,说做网络难不难?人家说你有一千块钱就可以做。后来她就了解怎么申请域名,怎么做静态网页,2003年9月21号申请到域名,在10月8号把第一个网页(纯静态)自己做的放上去,当时上面只有一个女孩子征婚,是友情赞助。挂了四天,有了第二个人。2010年7月,世纪佳缘以54.41%的市场份额牢牢占据着行业第一的位置,拥有5千多万注册会员,并于2011年5月11号在美国纳斯达克上市。在做婚恋网站的过程中,龚海燕也通过网站找到自己的另一半。

一个周末,在上海交大闵行校区的一间学生宿舍里,张旭豪和同学康嘉全神贯注合打了一场实况足球的电脑游戏,晚间十点多,两人感觉肚子饿了,给几个餐厅一连打好几个电话,要么是打不通,要么是没人接。在一阵抱怨和无奈中,他们饿着肚子畅聊起来:"干脆我们办个外卖网站吧。"2008年4月张旭豪与其同学创办"饿了么"网上餐厅。2011年12月的日均交易额突破10000单,成为中国最大的订餐网站。2012年加盟餐厅数共计20000余家,完成在线交易规模达到6亿元。

• 从自己的兴趣爱好做起

如果自己都不爱,又怎么能吸引到互联网黏性用户?有句话:业余时间决定你未来的职业生涯。上学、上班做的事常常不是一个人所爱而是被迫的,但是业余时间痴迷的事却是不给钱甚至自己掏钱也要愿意做的事。这个爱好吸引力如此之大,是否存在有相同爱好的人呢?你无妨将个人爱好与互联网社区或互联网产品相合,做一个聚集所有与你有相似爱好的人的方案网站。

17岁的"宅男"蒋磊开始创办军事阅读网站"铁血网"时完全出于自娱自乐,只因他好这口。历经11年发展,铁血网成为能够提供社区、电子商务、在线阅读、游戏等产品的综合平台,是中国最大的军事垂直门户网站。截止2012年10月,铁血网已有1000万注册会员,月度覆盖超过3000万,pv过3亿。铁血网的主要产品包括全球最大、最负盛名的军事交流平台——铁血社区、原创网络小说平台——铁血读书、覆盖全国的实体店铺和电子商务网站——铁血君品行;自主研发与联合运营模式并行的铁血游戏,以及最精准有效的市场营销业务——铁血广告。

- **从自己的专业做起**

把你的专业放到互联网上去,让所有人参与。你也许是卖保险的、做销售的、做人力资源、做文员的、做律师、做生产检验的……无论你过去从事什么工作,都可以试着想一想如何将曾经的专业与互联网结合,服务大众,同时让大众能广泛地参与进来。互联网创业,特点是连接性,连接你的用户和你及和你有相同背景的人。

任晓倩3岁学画,曾想成为画家。研究生毕业后第一次创业,给北美的一些大公司提供个性化礼品设计。她发现个性化、私人定制的潜力非常大。她当时做的是照片的个性化产品,但是照片太过真实,容易暴露隐私,如果有艺术加工会更好,可以添加幽默、快乐的元素。以前找她这样的专业画家才能完成这样的事情,周期长、费用高、产量小。而这项技术活用计算机可以轻松完成,并实现艺术的个性化。经过五年的时间创业和打磨,任晓倩的移动互联网创业项目"魔漫相机"的手机应用APP风靡中国,用户用手机拍下的照片能迅速变成一幅幅漫画,用户可以随时看到幽默、乐观、快乐的自己。产品上线已8000多万用户,海外用户占了一半,这款应用曾在多个国家应用下载中排行第一。

张馨心曾是一个在法律行业有十年工作经历的人,她深深感到在这个行业里久了像是个手工作坊,一方面律师的收入不稳定,寻找客户资源难,竞争激烈。中国有上千万的中小企业,每年还新增上百万家,但90%以上没有请法律顾问,不是没需求而是请不起。一家中小公司,聘请一个法律顾问年费用至少3万元。极少数大律师很忙,80%律师很闲,律师与客户间彼此不信任。如何让90%的公司请得起律师,让80%的律师有事做?张馨心结合自己十年做律师的经历开办了绿狗网,为中小微企业提供专业而全方位的法律产品与服务,从咨询律师"问"开始,"写"法律文书,"审"法律文书,"打"官司等帮小企业解决日常的法律问题。家庭个人及企业用户可直接在线上进行法律服务自助交易,用户可以在绿狗网上一站式解决法律问题。"想做法律界的天猫,用淘宝模式卖法律服务!"

互联网创业第一步很难迈,从自己的痛点做起,从自己的兴趣爱好做起,从自己的专业做起,这三个点是最容易起航的互联网创业点。这三点看似不同,其实都有一个共同点:即是你非常熟悉的点,你得熟悉自己的痛点、爱好和自己的专业,比别人了解得都深入,这样你才能说服和你有相同点的人加入你的网站,聚合这群人。

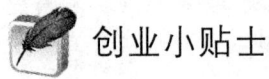 创业小贴士

创业孵化园助力大学生"迈出第一步"

大学生有创业的想法,然而创业初期往往急需的办公地点和资金缺乏。大学生创业孵化园,提供免费房租、水电、网络,提供前期创业咨询和培训,帮助有创业意向的大学生迈出第一步。很多大学都有自己的大学生创业孵化园,也有很多面向社会的创业孵化园,只要你有简单的创业认证手续,就可以入住其中,较低的入园门槛,是对所有创业起步者

最大的支持。

现在,请你再重新回头看看,你为创业做好准备了吗?你对大学生创业可以享受的各项政策优惠了解了吗?你清楚在校生创业可以从哪里寻求帮助吗?可以获得哪些扶持吗?你知道自己适合创办什么样的企业了吗?如果创办企业,你知道自己需要准备哪些材料,走什么流程吗?如果这些你都清楚了,接下来我们就一起看看如何管理你的企业。

创业之问八：我如何管理新公司？

学习目标

通过本篇学习，使学生全面理解和掌握企业的营销战略、如何做好财务管理、如何进行顾客管理等相关知识，并采用案例讨论和模拟实训的方式，提高学生分析问题、解决问题的能力，并培养学生综合运用所学的理论知识和掌握的职业技能学会管理好、处理好企业成长过程中遇到的各种问题。

技能要求

◎学会制定合适的营销战略
◎学会对企业进行基本的财务管理
◎学会进行顾客管理
◎学会创业企业的风险管理

理论概要

新企业的管理

选择了合适的企业法律形态，注册了自己的公司。创业容易守业难，企业一旦运转起来，你每天的工作就会非常繁重。如何管理好一家企业远比书本上说得要复杂得多。一个好的企业主每天都要学习新东西。现在，你要开始学习如何管理你的新公司。

了解企业的日常管理活动。由于企业的类型不同，它们的日常业务活动也有差异。例如：

⊙零售批发企业的日常工作主要是销售、采购存货、记账和管好店员。

⊙服务行业的日常工作是招揽生意，完成服务任务，以及管理员工，使他们的工作保质保量、有成效。除此之外，还要采购材料，控制成本和新业务定价。

⊙制造企业的日常业务要复杂得多，你要接订单，核实自己的生产能力，安排车间生产。这意味着你要购进原材料，调配好工厂的设备，监控工人的工作质量，控制成本，销售产品等。

知识点 1　新企业的营销管理

任何一个企业都有自己的产品,任何产品都是为了给企业带来利润,而利润应该是消费者和企业双方都可以接受的价格。怎样才能确定产品价格,怎样才可以使企业实现利润最大化,怎样才可以实现企业良性发展,这些都需要初创企业学会进行营销管理。

无论产品还是企业都有生命周期,都要经历形成、成长、成熟、衰退这样的周期。

一、产品和企业的生命周期

(一)产品生命周期概念

产品生命周期,是把一个产品的销售历史比作人的生命周期,要经历出生、成长、成熟、老化、死亡等阶段。就产品而言,也就是要经历一个开发、引进、成长、成熟、衰退的阶段。

(二)产品在各个时期的特点

1. 开发期

从开发产品的设想到产品制造成功的时期。此期间该产品销售额为零,公司投资不断增加。

2. 引进期

新产品上市,销售缓慢。由于引进产品的费用太高,初期通常利润偏低或为负数,但此时没有或只有极少的竞争者。

3. 成长期

产品经过一段时间已有相当的知名度,销售快速增长,利润也显著增加。但由于市场成长及利润增长较快,容易吸引更多的竞争者。

4. 成熟期

此时市场成长趋势减缓或饱和,产品已被大多数潜在购买者所接受,利润已达到顶点后逐渐走下坡路。此时市场竞争激烈,公司为保持产品地位需投入大量的营销费用。

5. 衰退期

这期间产品销售量显著衰退,利润也大幅度滑落。优胜劣汰,市场竞争者也越来越少。

(三)产品在生命周期各个阶段的销售规律

如图 8-1,8-2 所示。

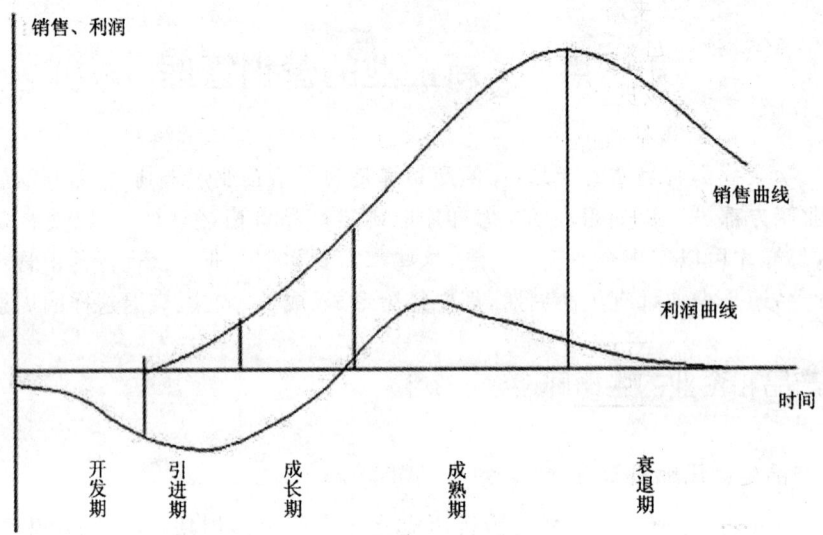

图 8-1 产品销售曲线和利润曲线变化图

 创业小贴士

明白了产品的生命周期后,创业者应该建立"干着今天,想着明天,设计着后天"的经营思路,在第一个产品进入成熟期后,就要启动第二个新产品的开发,或者第一个产品的升级换代产品了,这样,待第一个产品进入衰退期时,第二个产品正好跟上来。只有这样,企业的利润才可以保持在一定的稳定水平。

(四)企业的生命周期

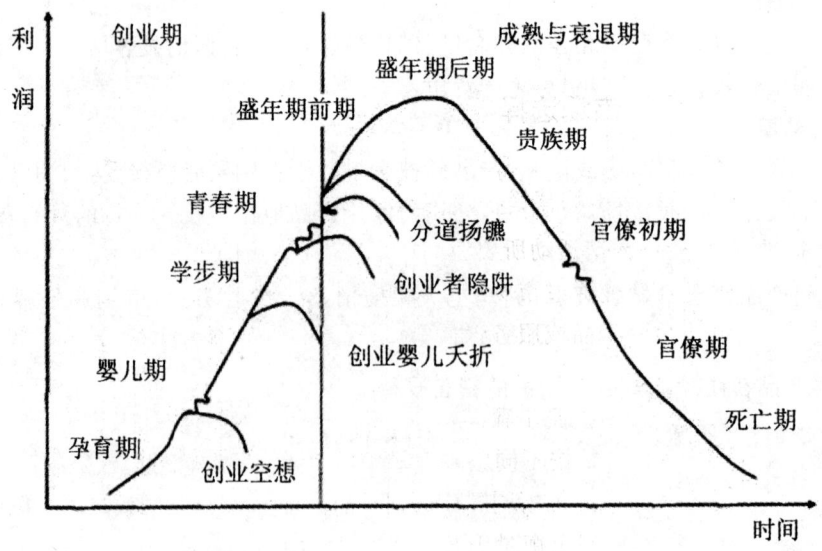

图 8-2 企业生命周期的十个阶段

从企业的生命周期来看,任何企业在青春期之前死亡率都是很高的,但是,平安度过青春期之后,在稳定期虽然看到了企业的繁荣和利润,同时也应该防止出现另外一些弊病。所以,创业意识应该贯穿在整个企业经营的始终,时刻不能放松。

如果用一句话来概括营销:就是让顾客满意并使企业赢利(如图8-3)。事实上,不同行业、不同规模的企业,在营销手段上,所采取的方法都是大相径庭的,因此,不管你用任何形式的营销手段,最终目的是把企业的产品卖给顾客,并且给企业换取利润,以维持企业的正常运转。

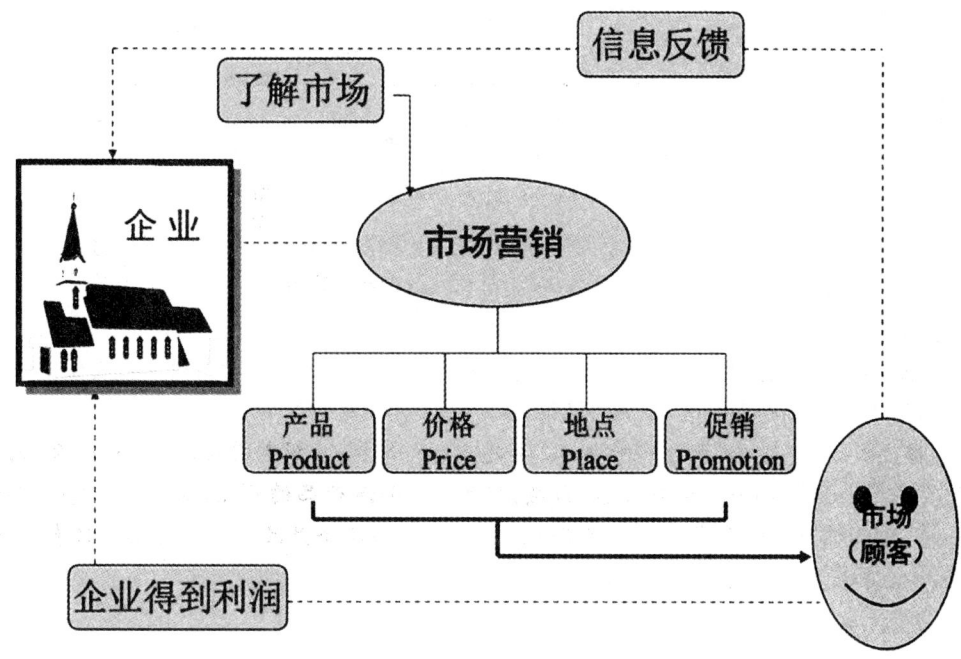

图 8-3 市场营销简化图

二、初创企业目标市场选择与定位

(一)目标市场和目标市场营销

目标市场,就是企业营销活动所要满足的市场,也就是企业决定进入的市场。

目标市场营销是指企业通过市场细分选择了自己的目标市场,专门研究其需求特点并针对其特点提供适当的产品或服务,制定一系列的营销措施和策略,实施有效的市场营销组合。

目标市场营销包括三个主要步骤:

(1)细分市场。其做法是按不同的细分变量将市场划分为不同的顾客群,针对不同的顾客群销售不同的产品或提供不同的服务。

(2)选择目标市场。即制定衡量细分市场吸引力的标准,选择一个或几个要进入的市场。

(3) 产品定位。即确定企业的竞争地位及其向每个目标市场提供的产品。

(二) 创业企业可以开展的三种目标市场营销战略及优缺点

1. 无差异性营销战略

企业面对整个市场,只提供一种产品,采用统一的营销策略吸引所有的顾客。采用此策略的企业把整个市场看作一个整体,不需要进行市场细分。

优点:生产经营品种少、产量大,能节省成本费用,提高利润率。

缺点:忽视了需求的差异性,市场适应性较差。

2. 差异性营销战略

企业对整体市场进行市场细分,根据企业的资源与营销实力,选择不同数目的细分市场作为自己的目标市场,为所选择的各目标市场设计不同的产品,采取不同的营销组合策略,满足不同目标顾客的需要。

优点:适应各种不同需求,能扩大销售,提高市场占有率,建立企业及品牌的知名度。

缺点:因差异性营销会增加设计、制造、管理、仓储和促销等方面的成本,会造成市场营销成本的上升。

3. 集中性营销战略

企业选择一个或少数几个细分市场作为企业的目标市场,经营一类产品,实施一套营销策略,集中企业的资源和实力为之服务,争取更大的市场份额。

优点:目标市场集中,企业资源集中,能快速开发适销对路的产品,树立和强化企业和产品形象,也有利于降低生产成本,节省营销费用,增加企业盈利。一般适用于中小企业,或企业发展的初期。

缺点:目标市场狭小,一旦市场需求突然发生变化,或出现更强的竞争对手,就可能使企业有较大的风险。

(三) 创业企业目标市场营销战略选择的因素

上述三种市场营销战略各有利弊,它们各自适用于不同的情况,企业在选择营销战略时,必须全面考虑各种因素,慎重决策。这些因素主要有:

(1) 企业竞争力;

(2) 产品差异性的大小;

(3) 市场差异性的大小;

(4) 产品生命周期的阶段;

(5) 竞争者的战略。

 创业小贴士

网络创业分为技术创业、项目创业和营销创业。大学生创业不可能有过多的技术投资,创业初期注重精细化,要有精确的市场定位、精细的结构、最集中的力量和主打产品。

三、初创企业市场定位

市场定位是指企业根据竞争者现有产品在市场上所处的位置,针对顾客对该类产品某些特征或属性的重视程度,为本企业产品塑造与众不同的、给人印象鲜明的形象,并通过一定的营销活动将这种形象生动地传递给顾客,从而使该产品在市场上确定适当的位置。

(一)企业如何开展市场定位

企业的市场定位工作一般包括以下三个步骤:

1. 调查研究影响定位的因素

适当的市场定位必须建立在市场营销调研的基础上,必须先了解有关影响市场定位的各种因素。主要包括:

(1)竞争者的定位状况;

(2)目标顾客对产品的评价标准;

(3)目标市场潜在的竞争优势。

2. 选择竞争优势和定位战略

企业通过竞争者在产品、促销、成本、服务等方面的对比分析,了解自己的长处和短处,从而认定自己的竞争优势,进行恰当的市场定位。市场定位的方法很多,且还在不断的开发中,一般包括以下七个方面:

(1)特色定位,即从企业和产品的特色上加以定位。

(2)功效定位,即从产品的功效上加以定位。

(3)质量定位,即从产品的质量上加以定位。

(4)利益定位,即从顾客获得的主要利益上加以定位。

(5)使用者定位,即指企业通过明确其产品适用者并借助使用者代表进行劝说,达到吸引目标消费者加以定位。

(6)竞争定位,即根据企业所处的竞争位置和竞争态势加以定位。

(7)价格定位,即从产品的价格上加以定位。

3. 准确地传播企业的定位观念

企业在作出市场定位决策后,还必须大力开展广告宣传,把企业的定位观念准确地传播给潜在的购买者。

(二)可供企业选择的市场定位战略

1. "针锋相对式"定位

这是一种竞争性最强的目标市场定位策略。创业者把产品定在与竞争者相似的位置上,同竞争者争夺同一细分市场。实行这种定位战略的企业必须具备以下条件:①能比竞争者生产出更好的产品;②该市场容量足够吸纳两个竞争者的产品;③有比竞争者更多的资源和实力。

2. "填补空缺式"定位

寻找新的尚未被占领,但为许多消费者所重视的市场,即填补市场上的空位。这种定位策略有两种情况:一是这部分潜在市场即营销机会没有被发现,在这种情况下,企业容易取得成功;二是许多企业发现了这部分潜在市场,但无力去占领,这就需要有足够的实力才能取得成功。

3. "另辟蹊径式"定位

当企业意识到自己无力与同行业强大的竞争者相抗衡从而获得绝对优势地位时,可根据自己的条件取得相对优势,即突出宣传自己与众不同的特色,在某些有价值的产品属性上取得领先地位。

【精选案例 8-1】

A 产品的目标市场进入战略

A 产品是专业洗涤蔬菜、水果的洗涤用品。其主要功能在于能够去除蔬菜水果表面及内部 95% 以上的残余农药。其主要特点是:专业高效、绝无毒性、使用方便、无二次污染。

(1) 可替代产品及目标消费群体细分

从目前市场情况看,所面对的竞争是来自"厨房洗洁精用品"这类产品。但它们与 A 产品并非属于同类产品,但是两者却具有功能上的可替代性。

(2) 目标市场定位

消费者急需专业去除蔬菜水果内外部农药的洗涤用品,故 A 产品的目标定位市场应具有如下特点:专业性的功效、中高档的定位、大中城市的居民、知识分子家庭。

(3) 目标市场进入

① 从定位角度分析目标市场进入战略;

② 从目标市场覆盖范围角度分析目标市场进入战略。

【思考】

1. A 产品是怎样进行市场细分和目标市场定位的,你认为哪些值得借鉴?
2. A 产品的目标市场进入战略怎样?
3. 如果你是该公司经理,你将如何处理 A 产品市场定位及竞争战略规划问题。

四、市场营销组合策略

市场营销组合策略就是企业针对目标市场的需要,全面考虑企业的任务、目标、资源以及外部环境条件,对企业的各种可控制因素进行最佳组合和运用,以满足目标市场需要,实现企业的利润和目标。根据目标市场需求和企业的资源因素,可把市场营销组合的要素归纳为四个不同的策略子系统,即产品(product)、价格(price)、分销(place)、促销(promotion),因此,市场营销组合策略简称"4P's",见图 8-4。

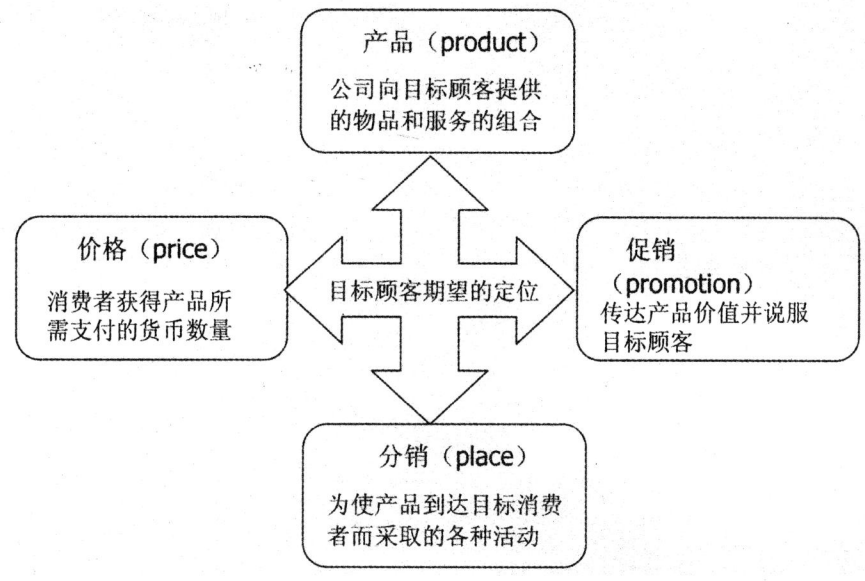

图 8-4 市场营销组合策略

(一) 产品策略

产品是指企业向顾客销售的东西。包括有形的物品、无形的服务、组织、观念或企业产品组合。一个完整产品的属性可以包括三个层次,如图 8-5 所示:

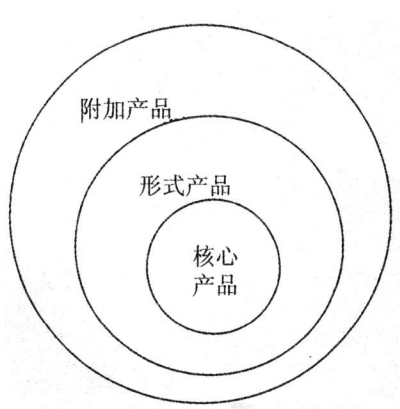

图 8-5 产品属性分层

- 核心产品——指产品的使用价值,如人们购买轿车为了出行方便。
- 形式产品——指产品的质量、设计、包装、品牌等要素,如人们购买生日蛋糕都需要精美的包装。
- 附加产品——包括区别不同产品的附加服务和价值,如服装店为购买衣服的顾客提供免费熨烫服务。

1. 产品在不同生命周期定价策略不同

不管创业者生产的产品质量有多好,价格还得由市场说了算。具体来讲,一个产品在它的生命周期的不同阶段,价格也不尽相同。

(1) 开发阶段：在产品开发阶段进入市场，定价较高，但利润较低，因为营销成本偏高。

(2) 发展阶段：产品逐渐得到市场认可，定价较高，利润开始增长。

(3) 成熟阶段：因为大多数潜在顾客已经买了，新顾客很少，价格降低或打折销售，盈利减少，营销费用加大。应在此时开发新产品并迅速引进市场。

(4) 衰退阶段：原有产品销售额和利润开始下降，宜退出市场，新产品开始盈利。

2. 产品进入市场的最佳阶段

作为创业者，应该分析你进入市场正处于哪个阶段，从而确定你的营销策略。最佳的时机当然是及早进入市场，以在市场的发展阶段获得最大的利润。而且，此时竞争也不是很激烈。

如果你想在产品的发展和成熟期获利，那就需要在产品的开发阶段就进入市场，这个阶段的营销任务就是向顾客介绍新产品，使顾客了解新产品将给他们带来什么。但是，营销费用相对高些。

 创业小贴士

研究显示，市场的开发者往往能够在较长的时间内保持竞争优势。原因之一在于他们通常在产品质量和品种上都占有优势，二是他们在消费者心中树立起了品牌。

（二）价格策略

在制定产品价格时，你必须知道：你产品的成本，顾客愿意出多少钱买你的产品，竞争者同类产品的价格。

为了获得利润和吸引顾客，产品定价还有一些常用的技巧和方法。

 知识链接

企业定价策略是指企业根据市场中不同变化因素对商品价格的影响程度采用不同的定价方法，制定出适合市场变化的商品价格，进而实现定价目标的企业营销战术。

1. 新产品定价策略

新产品定价是营销策略中一个十分重要的问题，它关系到新产品能否顺利进入市场，能否站稳脚跟，能否获得较大的经济效益。目前，国内外关于新产品的定价策略，主要有取脂定价策略、渗透定价策略和满意价格策略三种。

（1）取脂定价策略

取脂定价策略，又称撇油定价策略，是指企业在产品寿命周期的投入期或成长期，利用消费者的求新、求奇心理，抓住激烈竞争尚未出现的有利时机，有目的地将价格定得很高，以便在短期内获取尽可能多的利润，尽快收回投资的一种定价策略。

（2）渗透定价策略

渗透定价策略，又称薄利多销策略，是指企业在产品上市初期，利用消费者求廉的消费心理，有意将价格定得很低，使新产品以物美价廉的形象，吸引顾客，占领市场，以谋取远期的稳定利润。

(3) 满意价格策略

满意价格策略,又称平价销售策略,是介于取脂定价和渗透定价之间的一种定价策略。由于取脂定价法定价过高,对消费者不利,既容易引起竞争,又可能遇到消费者拒绝,具有一定的风险;渗透定价法定价过低,对消费者有利,对企业最初收入不利,资金的回收期也较长,若企业实力不强,将很难承受。而满意价格策略采取适中价格,基本上能够做到让供求双方都比较满意。

2. 差别定价策略

所谓差别定价,也叫价格歧视,就是企业按照两种或两种以上不反映成本费用的比例差异的价格销售某种产品或劳务。差别定价有四种形式:

(1) 顾客差别定价。企业按照不同的价格把同一种产品或劳务卖给不同的顾客。

(2) 产品形式差别定价。企业对不同型号或形式的产品分别制定不同的价格,但是,不同型号或形式产品的价格之间的差额和成本费用之间的差额并不成比例。

(3) 产品部位差别定价。企业对于处在不同位置的产品或服务分别制定不同的价格,即使这些产品或服务的成本费用没有任何差异。例如电影院,虽然不同座位的成本费用都一样,但是不同座位的票价有所不同,这是因为人们对电影院的不同座位的偏好有所不同。

(4) 销售时间差别定价。企业对于不同季节、不同时期甚至不同钟点的产品或服务也分别制定不同的价格。如衣服在刚入市场时的价位和过季时候的价位就有很大差别。

3. 心理定价策略

心理定价策略是针对消费者的不同消费心理,制定相应的商品价格,以满足不同类型消费者的需求的策略。心理定价策略一般包括尾数定价、整数定价、习惯定价、声望定价、招徕定价和最小单位定价等具体形式。

(1) 尾数定价策略

尾数定价又称零头定价,是指企业针对的是消费者的求廉心理,在商品定价时有意定一个与整数有一定差额的价格。这是一种具有强烈刺激作用的心理定价策略。心理学家的研究表明,价格尾数的微小差别,能够明显影响消费者的购买行为。一般认为,五元以下的商品,末位数为 9 最受欢迎;五元以上的商品末位数为 95 效果最佳;百元以上的商品,末位数为 98、99 最为畅销。

(2) 整数定价策略

整数定价与尾数定价相反,是针对的是消费者的求名、求方便心理,将商品价格有意定为整数,由于同类型产品,生产者众多,花色品种各异,在许多交易中,消费者往往只能将价格作为判别产品质量、性能的指示器。同时,在众多尾数定价的商品中,整数能给人一种方便、简洁的印象。

(3) 习惯性定价策略

某些商品需要经常、重复去购买,因此这类商品的价格在消费者心理上已经定格,成为一种习惯性的价格。许多商品尤其是家庭生活日常用品,在市场上已经形成了一个习惯价格。对这些商品的定价,一般应依照习惯确定,不要随便改变价格,以免引起顾客的反感。

(4) 声望定价策略

这是整数定价策略的进一步发展。消费者一般都有求名望的心理,根据这种心理行为,企业将有声望的商品制定比市场同类商品价高的价格,即为声望性定价策略。它能有效地消除购买心理障碍,使顾客对商品或零售商形成信任感和安全感,顾客也从中得到荣誉感。如瑞士劳力士手表,价格为五位数,我国的一些国产精品也多采用这种定价方式。当然,采用这种定价法必须慎重,一般商店、一般商品若滥用此法,弄不好便会失去市场。

(5) 招徕定价策略

招徕定价又称特价商品定价,是一种有意将少数商品降价以招徕吸引顾客的定价方式。商品的价格定得低于市价,一般都能引起消费者的注意,这是适合消费者求廉心理的。

(6) 最小单位定价策略

最小单位定价策略是指企业把同种商品按不同的数量包装,以最小包装单位量制定基数价格,销售时,参考最小包装单位的基数价格与所购数量收取款项。一般情况下,包装越小,实际的单位数量商品的价格越高,包装越大,实际的单位数量商品的价格越低。

(三) 渠道策略

现在普遍称为市场营销渠道策略或分销渠道策略,是指采用什么样的方式让顾客方便地得到你的产品,一般来说有如下方式:

(1) 直销——指生产商直接把产品销售到顾客手中,减少了中间环节。

(2) 零售——是生产商把产品卖给零售商,零售商又把产品卖给顾客的一种方式。

(3) 批发——这种方式中,生产商以追求销量为目标,把产品大量批发给批发商,批发商又转卖给零售商,通过零售环节卖给顾客。

 **知识链接**

网络销售的两种主要模式

目前企业可操作的网络销售模式主要有两种:

⊙通过淘宝、易趣等知名C2C平台发布销售信息。借助快递、邮局或者企业驻全国各地的办事处、经销商来实现物流环节。

优势:

(1) 平台管理、订单管理不需要很多的人力资源;

(2) 可以获得稳定的客户来源和确切的消费者资料,容易通过服务提升忠诚度。在线支付可以加快企业资金周转;

(3) 企业有完全自主的定价权,同时也可以更精确地了解在线活动的促销效果;

(4) 可以获得客观及时的销售数据,库存管理更简洁。

弊端:

(1) 通过这个平台实现的销售将远小于传统渠道;

(2) 不便于企业信息化管理,订单处理和财务流程有风险;

(3) 对经销商的货物流不易监管,通过经销商直送解决物流可能会使得企业对销售平台的掌控力减弱。

⊙企业自己建设网上销售平台。自己推广运营,利用全国的营销网络实现配送或者配送业务外包给第三方平台。

优势:

(1) 经销环节较少,获得更多利润空间;

(2) 对渠道和经销商的依赖程度将降低,促销信息和美誉传播更广更快;

(3) 促销品采购、库存、运输等营销费用降低;

(4) 加快资金周转,简化财务流程;

(5) 充分利用数据挖掘技术,获取准确的市场数据和客户信息辅助决策。

弊端:

(1) 搭建自营平台投入较大,若维护不善极易遭受损失;

(2) 容易引起实体分销渠道价格体系混乱;

(3) 自营网站的推广和配送规划难以解决;

(4) 消费者投诉问题处理不当,负面信息对品牌的影响将是巨大的。

网络销售、电话订购和电视购物频道等模式的成熟,必然会给渠道变革带来新的启示。同时,消费者的行为习惯也在发生改变,若企业抓住新的机遇,及时调整营销渠道、战略方向,与时俱进,不断创新,这也是企业努力的方向。

(四) 促销策略

促销是指把你企业的产品信息传递给顾客,吸引他们来购买你的产品。促销通常有四种方法:

(1) 广告——你可以通过报纸、广播或电视做广告。广告宣传页、价格表、名片等也是给你的企业和产品做广告的方法。

(2) 营业推广——当顾客来到你的企业或以其他方式与你接触时,你要想方设法让他们买你的产品。促销手段很多,例如,你可以用醒目的陈列、展示、竞赛活动吸引顾客,也可以用买一赠一的方式刺激顾客的购买欲。

(3) 公共关系——企业多做一些公益活动来树立形象和口碑,提高顾客对品牌的认识和忠诚,比如小型赞助、媒体文章、演讲,也可以义务举办一些社区活动来达到效果。

(4) 人员推销——派人员与顾客进行面对面的销售,有时是最有效的促销工具,上门做销售推广,组织一些销售会议或举办博览会、交易会等活动来推广产品。

促销很费钱,但有效的促销方法可以使你的产品很快占领市场。为达到促销目的,要充分考虑企业的具体情况,然后再决定对你的企业奏效的促销方式,一般要考虑以下几个要素:

• 产品类型——直接面向消费者的产品,选择广告促销的比较多,生产批发工业品的企业,则往往选择人员推销。

• 顾客认识——在顾客了解产品的阶段,广告语宣传有积极的作用,在顾客比较产品时,人员推销直截了当。当顾客有购买意向的时候,营业推广和人员推销效果最为明显。

• 产品生命周期——新产品上市,采用广告与公共关系能迅速辐射市场,建立产品知名度;在产品成熟阶段,营业推广、人员推销成为最重要的促销活动;产品衰退阶段,广告宣传已经不重要,营业推广可以节约成本。

【感悟与训练】

航空公司的经营游戏

1. 将学生分成5~6个组,每个组将分别代表一家航空公司在市场经营。
2. 市场经营的规则是:所有航空公司的利润率都维持在9%;如果有三家以下的公司采取降价策略,降价的公司由于薄利多销,利润率可达12%,而没有采取降价策略的公司利润率则为6%;如果有三家和三家以上的公司同时降价,则所有公司的利润都只有6%。
3. 把每个小组派代表叫到一边,交代上述游戏规则,并告诉小组代表,你们需要初步达成协商,初步协商之后小组代表回到小组,并将情况向组员汇报。
4. 小组经过五分钟讨论之后,需要作出最终的决策:降还是不降。并将决定写在纸上,同时交给老师。
5. 教师公布结果。

这个游戏用简单的形式再现了商业领域的竞争关系和定价策略,从而为参与游戏的人提供了实战演练的机会。游戏体现的是典型的博弈论思想,教给我们在"背靠背"的情况下,应该怎样猜测和应对对手的想法。

做这个游戏将要遇到的障碍和解决方法:

1. 游戏看似简单,结果往往出人意料但又在意料之中,因为大部分公司都会选择降价,而降价的结果则是导致两败俱伤。这个游戏可以用博弈论中典型案例——囚徒困境来分析。尽管每家航空公司都不降价均可保持9%的利润率,但是受到降价后利润率的吸引,大家还是会选择降价。在这种选择下,每家公司都降价导致的是行业利润率的集体下降,变成6%。这种结果是不可避免的,因为每家公司都在追逐高效益。
2. 告诉我们两个道理:不要假定竞争对手比你傻;不要打价格战,因为价格战没有赢家。经营行为还是应该按照行业规则和市场需求来操作。

从这个游戏中,我们要明白市场规律在商业中的作用是不可替代的,只有按照市场规律办事才能赢得胜利,否则就会吃大亏。

 知识链接

初创公司营销过程中易犯的7个致命错误

(1) 不够理解客户。
(2) 产品卖点并不能满足目标顾客的需求。

(3) 创始人没有和顾客"亲密接触"。
(4) 初创公司没有保持持续不断的跟进。
(5) 只对 UI/UE 进行优化,却忽视了销售漏斗。
(6) 价格定位不合理。
(7) 创始人并不过问产品营销业务。

漏斗原理

以往在企业营销活动中,有相当一部分企业只重视吸引新客户,而忽视保持现有客户,使企业将管理重心置于售前和售后,造成售后服务中存在的诸多问题得不到及时有效的解决,从而使现有客户大量流失。然而企业为保持销售额,则必须不断补充"新客户",如此不断循环。这就是著名的"漏斗原理"。

企业可以在一周内失去 100 个客户,同时又得到 100 个客户,表面看销售业绩没有受到任何影响,而实际上为争取这些新客户所花费的宣传、促销等成本显然要比保持老客户昂贵得多,从企业投资回报程度的角度考虑是非常不经济的。因此,以"漏斗原理"作为制定企业的营销策略的指导思想,只适应于传统的生产观念以及产品观念和推销观念为主导的时代。

知识点 2　新企业的财务管理

财务风险是初创企业的第一风险,大学生创业者必须要重视财务管理,并且在经营中注意防范风险,才能使企业生存下去。

 创业小贴士

一个企业所做的每一个决定都有其财务上的含义,而任何一个对企业财务状况产生影响的决定就是该企业的财务决策。因此,从广义上讲,一个企业所做的任何事情都属于公司理财的范畴。

——达摩达蓝(纽约大学商学院金融学教授)

资金就像一个企业的血液,企业的经营是靠资金的流动来维持的。财务管理是有关资金的筹集、投放和分配的管理工作,是以取得最高回报率的方法筹集资本并管理公司资本的过程。新创企业成本与收入的管理与控制、企业财务目标即利润的规划与预测、各项资金的有效配置和管理及如何在国家税收调控下实现节税和避税,以达到投资人收益最大化的目的。这些基本问题又都围绕新创企业的财务管理目标而展开,所以,财务管理工作是企业管理活动最重要的组成内容,是新创企业经营管理的核心。

但大学生在创业初期往往对财务管理认识不足,将重点放在产品的开发与经营上,忽视了财务管理在企业中的重要性,以至于成为大学生创业失败的主要原因之一。

一、大学生创业财务管理的重要性

1. 有助于企业的发展

对于初创期的大学生管理者而言,缺乏相关的创业知识和创业实践,对财务也没建立科学的管理理念和做法,比如筹资成本、投资风险、赊销商品等存在一些不科学的做法,导致筹资成本高、投资风险大、赊销坏账多等阻碍企业发展的结果。

2. 有助于提升企业融资能力

大学生初创企业,规模小,融资的渠道窄,抵御风险的能力差,如果提高企业财务管理水平,则可以合理安排资本结构,制定科学合理的财务战略决策,降低投资风险,优化资本结构,提高初创企业的融资能力。

二、初创企业应记好的四本最基础的账目

（一）现金账

（1）建议以月度为周期,目的是防止现金流断流。

（2）要详细记录每月几个重要的现金结算日期。例如,何时发工资,何时交房租,何时交水电费、上网费等,还要记住重要的回款账期,即每月几日某项工程（或某长期客户）结账。重要的缴费和结算节点必须心中有数,账上记录。这样可以有效避免出现赤字或支付能力不足。

（3）月末、月初何时资金最紧张,何时资金最富裕,紧张的节点到来前,就要准备出相应的现金预备支付；宽裕的节点到来前,就要预算好如何支配这笔钱,何时进货,何时预付,创业者都要清清楚楚。

（二）销售账

（1）建议以单日为周期记录,即每天记,最好就是日清月结。

（2）用流水账方式记录,即每天卖掉多少（销售额）,每天进货花多少（进货成本）,毛利是多少,发生在这笔销售的人工费多少,交通费运输费多少,每一笔都要按时间顺序进行详细记录。

（三）费用账

（1）建议以表格形式把所有已经发生的费用都呈现出来,每月记录一次即可。

（2）企业经营期间发生的费用都要记录在费用账内,包括人员工资、房租、水电费、上网费、交通费、通信费、办公室耗材、设备折旧等。因为这些都将会从毛利里支出。如果创业者对于必然要发生的费用心中无数,就会造成"表面上赚钱,实际上赔钱"的结果。

（3）为计算保本销量提供依据。因为利润＝销售额－总成本,总成本＝进货成本＋经营成本。

当然,不同性质的企业,其经营成本也各不相同。例如,创意设计类、服务类企业,产品的成本大多在设计费、劳务费上；经营生产类企业,成本大多在进货和原料成本上；而餐

饮类和某些电商的经营成本,既有进货费、材料费又有劳务费、管理费。

(四)库存账

(1)初创企业最初由于经营初始,业务量小,都不具备完善、合格的库房,库房管理制度也是在经营中逐渐建立和完善起来的,因此有时理货或盘库不及时,就会出现库存与账目不符的现象。

(2)要建立定期盘库和专人理货的制度。每次盘库和理货都需要两人以上,及时记录,及时整理。尤其是超市类企业,有时理货不及时,进货早的在库房最里边,进货晚的在外边,就容易造成提货时从最近处提货,新进的新鲜货物卖出去了,早进的货反而留下了。如果是食品类有保质期的货物,就会因为盘库和理货不及时而造成不必要的损失。

(3)库存账要注意记录进货日期和出货日期、进货批次、批量、存放货架等信息。这样便于创业者及时掌握库存周转周期,有利于资金的分配使用。进货是需要出钱的,卖货是要进钱的,因此说,库存与资金运筹管理是密不可分的。

初创业企业成功的关键就是正确、严格的财务控制。处于初创期的企业往往把管理的重点放在经营上,而忽略财务管理。这是创业者对财务管理认识上的偏差。许多企业融资顺利、计划书完美、产品适销对路、组织高效、营销有力,最后却因财务管理不善而失败。

 创业小贴士

对于初创企业来说,虽然刚建立的企业各方面都需要完善,但是"人财物,进销存",是最重要也是最根本的基础,万不可大意。初创企业弱小而脆弱,抗风险能力差,"人财物,进销存"这六个方面中的任何方面一旦出现失误,都将给企业带来致命的打击。

三、个体经营、微小型企业应做好日记账和流水账

俗话说:"麻雀虽小,五脏俱全。"就是说,不论你的企业在开始创业之初是几个人、有多少资金、规模多大,都要做好来往账目,记好企业日记账和流水账,并且要日清月结,这样就可以及时发现企业现金流的情况,对你的下一步决策提供参考。不要这兜进那兜出,也不要把个人的钱和经营的钱混在一起。

 创业小贴士

作为创业者,必须了解资产、负债和所有者权益的概念,同时要明白收入、支出、成本、利润等会计基础知识,只有这样,你才可能知道每天做了多少生意,挣了还是赔了,以便及时调整经营策略和营销方式。

(一)流水账

流水账就是按照企业每天发生的收入和支出事项的时间顺序,把所花费和收入的金

额及时记录下来。这是企业和个人理财最基本也是最有效的方法。

(二) 流水账记账步骤

(1) 及时收集日常发票、单据,并注意发票上要注明时间、金额、品名、数量等。

(2) 按时间顺序对收入和支出登记在账本上。

(3) 每天及时记录,最好做到日清月结。最起码每周、月都要把余额统计出来。

(4) 分析这些数据,保存好凭证备查。

(三) 日记账

方便、简单的日记账并不是规范的财务记账方法,是创业者在开办初期常用的方法,可以根据实际情况分设几本日记账。

(1) 现金日记账主要记录每日的现金收支情况。

(2) 银行日记账主要记录每天银行账户收支情况。

(3) 销售日记账用来记录每天的销售收入情况。

(4) 采购日记账用来记录每天采购的物品和支出情况等。

日记账应该以月为单位进行核算,日记账也叫借贷记账法。

 创业小贴士

创业者要记住:"有借必有贷,借贷必相等。"通过对盈利,支出,应收、应付账款的及时分析,把握企业发展的方向,合理控制成本。

四、做好税务规划

(一) 什么是税务筹划

"税务规划"又称"合理避税"、"税收筹划",指在法律规定许可的范围内,通过对经营、投资、理财活动的事先筹划和安排,尽可能取得节税的经济利益。从税收筹划的起源和定义可以看出,税收筹划不仅是企业利润最大化的重要途径,也是促进企业经营管理水平的一种方式,更是企业领导决策的重要内容。税收筹划活动在西方发达国家和地区比较普及。

(二) 税收筹划的意义

合法避税是指在尊重税法、依法纳税的前提下,纳税人采取适当的手段对纳税义务的规避,减少税务上的支出。合理避税并不是逃税漏税,它是一种正常合法的活动;合理避税也不仅仅是财务部门的事,还需要市场、商务等各个部门的合作,从合同签订、款项收付等各个方面入手。

避税是企业在遵守税法、依法纳税的前提下,以对法律和税收的详尽研究为基础,对现有税法规定的不同税率、不同纳税方式的灵活利用,使企业创造的利润有更多的部分合法留归企业。它如同法庭上的辩护律师那样,在法律规定范围内,最大限度地保护当事人的合法权益。

 **创业小贴士**

避税是合法的,是企业应有的经济权利。必须强调一点:合法规避税收与偷税、弄虚作假钻税法空子有着本质的区别。

五、新企业常见的财务风险及应对措施

(一)创业初期常见的财务风险

1. 赊销和账期造成回款困难,甚至坏账;
2. 货物积压或销售不畅;
3. 房租等固定支出在经营利润中占有比例太大;
4. 创业之初考虑公司形象问题,租用面积太大,用在公司门面和装修上资金过多,业务开展不起来;
5. 创业启动资金被固定资产占用太多。

(二)应对财务风险的常用措施

(1)当现金流断裂时,首先应该去寻找帮扶资金,想办法让自己解困。目前我国各级政府和社会上对大学生创业的创业扶持基金很多,创业者应多留意这些政策和组织的帮扶要求,在困难时,可以去申请资金扶持,以渡难关。

(2)出让部分股份,以换取周转资金。在资金遇到困境时,创业者可以采取出让部分股份给其他企业、机构、个人的方法,吸纳新股东或者合资经营,以维持企业生存。

(3)如果是因为货物销售不畅导致的资金占用,可采取促销手段,加快商品流通和促进销售,具体措施可以采取优惠、促销、打折等营销活动,提高企业知名度和美誉度,增进销售,回笼资金。

(4)如果是因为场地过大造成的房租压力过大,可采取部分分租的形式,出让一部分与自己产品和服务不冲突但是相关的企业,一起来分担房租压力。如卖地板的与卖灯具的合租,开饭店的与开停车场的合作,做设计的把一楼分租给广告公司等,这样的战略合作随处可见。

(5)创业初期,不要添置太多的固定资产,有些设备能租就租、能借就借,避免被固定资产占用有限的启动资金。

(6)如果不是公司形象直接与业务有关的话,创业初期,不需要豪华装修。可以等公司业务、客户、盈利模式稳定之后,视企业发展需要再扩大面积和进行豪华装修。

(7)不要因为是熟人或朋友就不签订合作协议。不论是赊销、铺货还是账期,都应该买卖双方协商后,签订购销合同或合作协议,创业者要有自我保护意识,才会把各种风险降到最低。

(8)业务结构上,先做挣钱的生意,再做你理想的产品。创业者首先应保证企业可以生存下去,然后再去追逐你心中理想的但是眼前不挣钱的项目或产品,因为如果企业不能

生存,一切想法和计划都会落空。

 知识链接

初涉商海的创业者对于市场、产品、促销、生产等环节关注较多,而对于财务风险的概念通常重视不够。事实上财务风险往往是致命的,被忽略的隐性成本、规模化垒高的固定成本以及现金流状况等,都可能导致企业利润下降或者忽然间倒闭。

1. 隐性成本是不易被察觉的。因为它无法被现有的会计规则明确地记录在财务报表中。如果你的企业销售额有了大幅提升,但是利润却没有什么变化,甚至还不如以前,这背后的原因可能就是隐性成本的增加所造成的。对公司内部的人才成本、内耗成本重点出击,是解决隐性成本的关键。创业者组建创业团队时,应注意角色分工,人才只有用当其位、用当其时、用其所长,才能充分发挥价值,减少因人为运作不当而可能发生的隐性成本。再者是控制内耗成本,创业者应特别注意团队的融合,建立合作与主动沟通的文化氛围,优秀的企业是极少有内耗的。

2. 如果生意好,创业者通常会进行规模扩张,这样做的结果是利润的迅速增长,但同时也非常容易引发一个财务风险,那就是被规模化垒高的风险。大公司同样会犯这样的错误,问题在于管理者被销量上升的景象所迷惑,而忽视了"规模化"背后的固定成本垒高的风险。初创公司,单一产品的销量不断上升的情况下,创业者一定要提醒自己依靠销量支撑的高固定成本所蕴藏的财务风险。

3. 初创企业习惯于把目光投注在销售量和利润表的数字上,而忽视客户的回款质量,最终造成现金流风险,导致企业陷入经营困境。在企业运营的三个主要活动中都可能产生现金流问题。第一是筹资活动:企业在初创时期,经营风险较高,融资需要依赖低风险性的资本性资金(指由投资者个人提供的资金);第二是经营活动:创业者应十分关注应收账款。应收账款在会计处理上,虽说属于资产,也属于收入,但实际上,这些账款是还没有真正到手的资产,累积过多,导致坏账风险就增大了;第三是投资活动:投资节奏需要受到现金流的约束,长、短期投资组合的安排,不同业务之间的资金流互补,都是投资决策需要遵循的原则。另外把短期融资用作长期投资,现金流就极有可能出现问题。

知识点3　新企业的顾客管理

【精选案例8-2】

佳能如何能够成为市场的"黑马"?

现在很少有人知道施乐这个品牌了,从1959年发明了世界上第一台复印机开始,美国施乐公司在整个20世纪60年代和70年代初一直保持着在世界复印机市场的垄断地位。施乐公司为了阻止竞争公司的加入，先后为其研发的复印机申请了500多项专利，几乎囊括了复印机的全部部件和所有关键技术环节，构筑了坚固的防御"城墙"，设置了有效的进入壁垒。

虽然在一段时间内，面对施乐公司强大的实力和几乎无懈可击的专利保护壁垒，许多竞争者只得望"机"兴叹。然而，佳能却没有消极等待，但也没有盲目正面对抗，而是处心积虑地积极筹划进入复印机制造领域：一方面，通过查阅施乐公司拥有的所有专利，参考其专利资源，力求在相应的技术基础上有所创新和突破；另一方面，佳能广泛展开对购买施乐复印机的客户调查，终于发现了一些现有客户对施乐复印机的抱怨。日本佳能公司为了进入复印机市场，调查了施乐公司的消费者，了解到消费者对施乐公司复印机产品的不满意之处，并对没有购买施乐复印机的潜在用户调查，了解到他们没有购买施乐的复印机产品的原因。佳能公司进而从中找到了开发新产品的突破口。

经过调查，佳能公司发现，施乐公司的复印机产品存在以下问题：复印机价格昂贵，动辄几十万、上百万元一台。这些复印机都是大型的，只能放在公司的某个固定地点，工作方式被称为"集中复印"。很多小企业虽有复印的需求，但却承受不了高昂的价格，还不如拿到外面复印合算，只有复印量大的企业使用才划算。施乐公司复印机追求非常高的复印质量，但很多企业并不需要，只要能满足基本需要就行。施乐的复印机操作复杂，需要受过专门培训的人员才能胜任操作。这种工作方式不仅麻烦，而且保密性不好。因为即使老板想要复印某个机密文件，也不可避免地要经复印操作人员过目。

所有这些不便之处，都是源于施乐复印机的大型和昂贵。佳能意识到，要想从施乐手中分得复印机市场，就要反其道而行，推出体积小、简单、无需专人操作、价格便宜的复印机。佳能决定抢占这个更有发展前景的小型复印机市场。为此，佳能开发出了自己的复印技术，率先研制出了第一款小型办公和家用复印机产品。

施乐过去的用户都是一些大企业，许多普通人、非专业人员由于没有接触过复印机，从来没有听说过施乐。看到佳能率先推出小型复印机以后，他们往往把佳能认作了复印机行业的老大。

在佳能领导的企业联盟的全力攻击之下，施乐遭遇到了全方位的挑战和严重的挫折。从1976年到1981年，施乐在复印机市场的份额从82%直线下降到35%。在其后的市场份额争夺当中，施乐再也没有动摇过佳能在这个市场中领导者的地位。

【思考】

1. 您认为施乐为什么会被市场所淘汰？
2. 您认为佳能之所以能够取代施乐在市场中居于领导者地位，原因何在？

在激烈的市场竞争中，顾客是企业重要的战略资源，顾客及其需要是企业建立和发展的基础。任何企业的盈利都是通过顾客购买企业的产品或服务来实现的。如何在竞争中赢得顾客和战胜竞争者，是每一个大学生创业者必须思考的问题，也是企业成功的关键。对于新企业而言，企业的第一份订单和第一位顾客对企业发展来说，是很关键的开端，因此，管理好顾客，一切以顾客为中心，让顾客满意，才是企业的生存之道。

顾客管理属于市场营销的范畴，将成为企业管理的核心内容。所谓顾客管理就是企业通过有效的顾客沟通，动态地掌握顾客的真实需求的变化，并对顾客需求和消费行为进行合理地组织和引导，使其结合成为企业忠诚的消费群体的过程。顾客管理可以分为售前顾客管理、售中顾客管理与售后顾客管理三个部分。

一、重视终身顾客价值

如今，"使顾客满意"已成为现代企业的经营哲学，以顾客为中心的新的经营方式正在得到广泛的认同。在现代激烈竞争的环境下，适应顾客的需求，给顾客自己选择产品的权利，让顾客得到自己真正想要的东西，是竞争的关键需要。如果没能满足顾客的需求，顾客就会离你而去。因此，当我们要追求企业的发展，尤其希望能建立永久经营的事业时，我们就必须把眼光放远，不但要重视顾客的眼前价值，更需要进一步来创造、提高顾客的终身价值。

二、以顾客为中心的公司才能获得成功

要想获得良好的公司效益，该怎么做呢？

（一）坚定不移地致力于打造企业的核心竞争力

创业者必须致力于一个核心理念，那就是保证产品的品质，使它能符合顾客的"需求"，更要符合其"理念"，能全面融入顾客的生活中。

【精选案例8-3】用对顾客负责的核心理念打造核心竞争力

IBM公司的原则是：尊重个人、顾客满意和永不止步地提高质量。西安杨森制药有限公司遵循对患者、医生和客户负责，对员工负责，对社会负责，对股东负责的企业信条。

公司的核心理念要贯彻到各个部门、全体员工中去，表现为不仅要积极做好本部门的工作，同时还要考虑公司的大局，与其他相关部门做好协作，否则，让顾客满意就会成为一句空话。例如，快递员送货包装破损了，致使顾客有情绪，这些会反应到顾客对产品包装、配送环节的不满意；顾客反映给客服，客服接待处理缓慢了，会进一步造成顾客不满，而反应到不再购买该店产品，致使销售部门也受到连累。

也就是说，公司各部门都要彼此协调和合作，任何一个部门的脱节，都会损害公司的形象，进而使给顾客提供的优质服务得不到落实。

（二）全面顾客满意是企业效益最大化的根本

要能提供良好的"消费体验"，让其吸收、参与和感动；培养出满意的顾客，建立起对你的品牌的忠诚，进而与顾客一同分享、学习和成长。

总而言之，只有全方位的顾客满意，才能长久留住顾客，实现顾客的终身价值。

【精选案例 8-4】

小卖部的全面顾客满意策略

在市中心的一条街道上,两个邻居甲和乙同时开了一个小卖部,都是卖些烟酒饮料、小食品和日用品,其规模相仿。一晃就过了半年时间。邻居甲的小卖部变得顾客盈门、人气鼎盛,甚至有顾客愿意隔几条街道,来这里买一包烟、一瓶饮料,就好像最成功的商店一样完美。然而,他的邻居乙的小卖部却与他有着天壤之别。门前只有稀散的几个人过来张望一下,好不容易等来的人买的也是些不值钱的东西。

是什么造成这两个小卖部之间这么大的差别呢?

1. 邻居甲想尽各种办法迎合、吸引、留住顾客。如:设置了一个阅报栏,订了几份最流行的报纸,阅报栏附近每天都有一批人员在此浏览,凝聚了人气;为附近的居民提供一些力所能及的免费服务,如免费提供气筒为自行车打气,为居民免费提供起子、钳子等日用小工具;遇到外地问路的,详细地指点迷津,绝无一点儿不耐烦,小店甚至备有免费的市区地图;遇到大人出门,还会代为照看小孩。

相反,乙邻居认为:顾客就是顾客,拿钱买东西,属于平等交易,没有必要"讨好"的。

2. 邻居甲看到的是顾客的多次购买价值,而不是一次性买卖。为此,首先,绝不卖假冒伪劣商品,不管有多大的利润;其次,顾客买再少的东西,也要心存感激,绝无怠情;遇到带小孩的父母亲买东西,常赠送小孩糖果、新奇小玩具或者小金鱼,亲切地夸奖和逗小孩玩。

相反,邻居乙看到的是一次购买的价值,认为只是买一点微不足道的东西,他对顾客不愿意多看一眼。

3. 邻居甲认为顾客永远是对的。首先,面对顾客在价格、质量、品种方面的挑剔,不厌其烦——不断地尽力满足顾客的需求,认为顾客挑剔只是要买到自己需要的商品,而不是麻烦制造者。绝对不与顾客争吵。在邻居甲处买的东西,不满意可以退货,邻居甲不会追问太多的。为防止别处买的东西拿来退,从而无端造成损失,邻居甲采用凭借收据的办法。

邻居乙相信自己的判断,认为顾客的意见就是挑刺。遇到提建议的顾客,有时甚至尖刻地骂上两句。对于好不容易卖出的货,当然是不可能退的。

4. 邻居甲对于缺货一般不说"没有"。遇到顾客要买的东西本店缺货时,并不会轻易说句"没有"了事,而是把这作为一个契机,想尽一切办法弄到。并且,备了一个缺货登记簿,安排专人负责采购,以批发价卖给顾客。定期对小店盘点,以顾客需求作为进货的考量点,进的都是顾客急需的商品,当然卖得快。

邻居乙面对缺货直接说"没有"就完了。

5. 邻居甲经常了解顾客意见。对顾客提出的有价值意见加以奖励(赠送小礼品)。从而完全把握了周边地区的人口结构、需求特点,并不断改进商品的结构、陈列布局、进货渠道、服务方式。

邻居乙一直是老面孔，没有什么变化。

6. 邻居甲主动寻找服务居民的机会。邻居甲在一次聊天中，了解到附近居民从超市买不到新鲜、好吃的大米，他为此专门打听到进货地点，然后将居民集中起来代为采购，结果居民们以批发价吃到新鲜、好吃的大米，对他十分感谢，他自己也赚到了一笔可观的收入。

邻居乙则缺乏这种发现需求、满足需求的精神。

7. 邻居甲每天开业时站在店外向内看一分钟。留心外观是否引人注意，是否能给人好感；留心商品的陈列是否醒目，使顾客容易看到、接触到；留心是否将所有的商品标上了价格标签。

邻居乙每天开业时直接进店，疏忽了从顾客角度看待商店的思考。

8. 邻居甲不断地学习商品知识，并将其运用于买卖。在顾客观望之际，他常常一两句得体的商品知识介绍，如某种饮料含有美容的成分，就让一位中学女生当即买了一瓶尝试。

邻居乙认为商品知识是厂商的事情，从不多加了解。

9. 顾客在进入邻居甲的店里时，可以很轻松地看看、选择，如果没有选中什么，邻居甲绝不会露出丝毫不好看的脸色，仍然表示诚恳的欢迎。

顾客进入邻居乙的店里，邻居乙立即表示欢迎，并马上询问："买点什么？"一旦没有买什么东西，立即显示出难看的脸色。

10. 在收钱和找零钱时，邻居甲在收钱时当面点清数额，在找钱时都是崭新的钞票或硬币。

而邻居乙常常将不干净的钱找给客人，遇到客人有意见时则说："这也是顾客给我的。"

【点评】

1. 全面顾客满意策略有助于保持顾客忠诚，增加重复购买的数量。
2. 全面顾客满意策略减少价格波动和不可预知风险，节约销售成本。

三、如何提高顾客的忠诚度

知识链接

营销大师谈 4:3:2:1 营销法则：
⊙40%的顾客是靠老客户介绍而来的；
⊙30%的顾客是靠营业门面而来的；
⊙20%的顾客是靠广告宣传而来的；
⊙10%的顾客是靠其他方式而来的。

研究表明：顾客感到满意的服务他会告诉至少十二个人。相反接受一次非常不满意

的服务他会把抱怨告诉至少二十个人。

(一) 了解顾客满意度

增强顾客忠诚感,降低顾客流失率,可极大地提高企业的经济收益。忠诚的顾客会长期购买企业的产品和服务,愿意支付较高的价格,为企业作有利的口头宣传,影响其他顾客的购买行为。与忠诚的顾客保持长期关系,企业还可减少促销费用和启动性服务费用。

顾客忠诚度往往靠一些小事的积累而形成,忽略这些细节,有可能使老顾客流失。

【精选案例 8-5】

海尔连续八年问鼎顾客满意度第一

海尔不仅仅局限于满足消费者的日常需求,而是致力于将服务做到与众不同、达到高度标准化的服务品质,为此海尔发布了服务三大免单承诺,按约上门、超时免单;一次就好、多次免单;服务规范、违规免单。对于其中的"按约送达、超时免单"承诺,海尔更是喊出了"为迟到的每一分钟买单"的口号。消费者在抱怨家电没人管的时候,海尔发布了主动服务,主动上门为消费者提供家电检修服务。随着消费水平的提高,单一的、传统的家电服务已经无法满足消费者的个性化需求,海尔再次以满足用户的潜在需求为前提,创新升级了自己的服务举措,提供独有的增值服务,为用户提供安全测电、讲解指导使用、产品维护保养、一站式产品通检、现场清理等贴心关怀。

一系列的举措,使海尔连续八年问鼎"中国顾客满意度排行榜"服务满意度第一,继续领跑中国家电服务行业,很多家庭成为海尔忠诚的顾客群体。

(二) 重视流失顾客的意见

顾客流失,表明企业为顾客提供的消费价值下降。顾客流失率上升,企业的利润必然下降。

知识链接

美国西北大学教授、当代市场学权威菲利普·科特勒的研究结论:
◎获取一个新顾客的成本是留住一个老顾客的5倍。
◎公司每年老顾客的流失率为10%。
◎一个公司如果将其老顾客的流失率降低5%,就可以提高利润25%~85%。
◎转换一个竞争对手的满意顾客,需要付出大量的努力。

(三) 分析流失的顾客,改进经营管理

1. 识别核心顾客

保持核心顾客的忠诚感,企业才能取得明显的竞争优势。明确核心顾客,是企业的一项重要的战略工作。要识别核心顾客,必须回答以下三个问题:(1)哪些顾客对本企业最忠诚,最能使本企业盈利? 企业应识别消费数额高、付款及时、不需要多少服务、愿意与本企业保持长期关系的顾客。(2)哪些顾客最重视本企业的产品和服务？哪些顾客认为本企业最能满足他们的需要？(3)哪些顾客更值得本企业重视？任何企业都不可能满足所有顾客的需要。企业应尽力留住重要的顾客。竞争对手企业更重视的顾客必然会从本企业流失。

2. 找出顾客流失的根本原因

创业者应亲自了解顾客流失的原因，而不应委托企业外部营销调研人员完成调查工作。外部专业人员不太了解企业的经营管理情况，很难发现企业失误的根本原因。深入了解核心顾客流失的原因及意见，可以发现经营管理工作中存在的问题，采取必要的措施，为核心顾客提供较高的消费价值，增强企业的竞争实力，提高企业的经济收益，确定企业的发展方向。

3. 制定失误分析制度

创业者可从流失的顾客那里获得大量的市场信息，分析顾客在本企业消费份额变化情况，计算消费份额增加或减少的顾客百分率，并分别计算各类顾客（最好的核心顾客、其他核心顾客、一般顾客、可以失去的顾客）的流失率。此外，还应统计各类失误的频率，以便判断本企业是否已解决原先存在的问题，并及时发现新出现的问题，以便改进经营管理工作。

4. 建立投诉和建议制度

创业者要致力于给顾客创造一个畅通的投诉通道，一个以顾客为中心的企业应为顾客投诉和建议提供方便。许多服务行业的公司都备有不同的表格，请顾客留下他们的感受和意见。有的公司还开设800免费电话、网站和电子邮箱，以便与顾客进行交流。这些信息可以为公司带来大量的好创意，使创业者能更快采取行动，及时解决问题。

【精选案例8-6】

伊利认真对待客户流失

在中国的奶品行业，伊利、蒙牛和光明三大品牌的市场占有率达到了全国市场的50%，三大品牌的相互竞争成为市场竞争的重点。

在一系列争夺奶品行业中，伊利面临着巨大威胁。发展新客户，防范老客户流失，极力维护老客户的忠诚，及时处理好客户关系，成为伊利长期发展的一个重要项目。

特别是三聚氰胺事件后，全国奶制品受到极大的冲击，伊利从增强产品品牌实力、丰富产品类别、广告造势上提升，渠道方面、服务、质量管理等一系列措施挽回顾客。在产品策略上重新上架产品都是经国家质检部门检验合格的批次产品，保证质量，取得消费者的信任感；在促销、价格策略方面，通过买一送一刺激消费者的购买欲，价格下调，挽留老客户，表现了伊利的诚意；在渠道策略上，首创了奶牛合作社，调动现有的产业链资源，稳定奶源，实现了利益共享、风险共担。

对三聚氰胺事件后顾客的处理，(1)致歉：迅速发表道歉声明，宣布召回全部问题产品，并承诺今后杜绝此类事件的发生；(2)为顾客负责到底：官网上开辟投诉服务专区，相应产品生产线停业整顿,抚慰顾客的情绪;(3)对顾客作出承诺:把好质量关,彻底杜绝问题的发生。

随着伊利多项安全措施的实行,带动了顾客的信任感持续回暖,许多消费者表示愿意重新信任以及购买。

 创业小贴士

企业在与顾客接触时,要永远留给顾客一个好印象。只有顾客对产品和服务满意,才会再次光顾成为你的客户;只有顾客不断购买你的产品,你的利润才会滚滚而来。而争取你的产品成为顾客不可替代的产品,才是企业追求的目标。

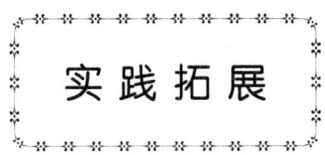

大学生初创企业的风险控制

创业环境的不确定性,创业机会与创业企业的复杂性,创业者、创业团队与创业投资者的能力与实力的有限性,是创业风险的根本来源。风险控制是初创企业用以降低风险消极结果的决策过程。下面的游戏可以帮助我们通过调整风险承担中的各种因素来尝试进行风险控制。

风险承担——投掷游戏

1. 活动目的

做这个游戏来说明风险承担中的各种因素。活动中的器具大小、距离等可以根据实际情况进行一定的调整。

2. 活动说明

游戏的第一部分:

第一步,在教室里放一个篮子并准备三个弹力球作为投掷物。

第二步,确定篮子所对应的投掷位。最远投掷位和篮子之间的距离约为 10 米,最远投掷位和篮子之间分 10 个等距,用粉笔在地面上用横线来表示每个投掷位,并标出分数(从离篮子最近的投掷位开始依次从 1 到 10)。如下图所示。

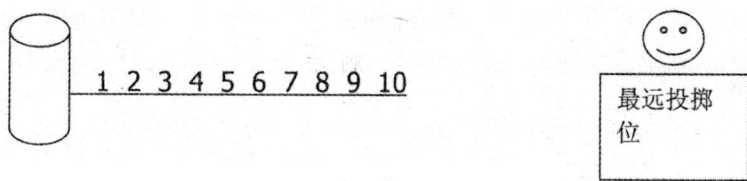

第三步,游戏开始前教师宣布游戏规则和奖品。

第四步，游戏开始，每个学生可以投掷三次，可以自行选择离目标物不同距离的投掷位，请两个学生助手做记录员，记下投掷者成功投掷的次数及相应的投掷位分数。失败投掷不计。

第五步，记录员把每个学生成功投掷的分数相加，即为该学生的得分。把所有学生的得分按由高到低的顺序写在黑板上，给分数最高的学生颁发奖品。

讨论：

1. 那些得分最高的学生是怎样确定他们的投掷位的？在三次投掷中，他们的投掷距离有几次改变？

2. 那些得分较低的学生的问题出现在什么地方？他们在玩游戏的时候做过什么调查或改变？

3. 那些得分居中的学生对于游戏中的风险采用了什么应对方法？

4. 如果再次进行这个游戏，学生们会做出怎样的调整和改变来提高得分呢？

游戏的第二部分：

把全班的学生分组，每组五或六人。

告诉学生，每组有三分钟的准备时间，然后每个组的每个学生都有三次投掷机会，每组所有成员的成绩相加为小组成绩。仔细观察学生们在三分钟的准备时间里所做的事情，有些组可能会在练习投掷，有些组则可能是坐在那里讨论。游戏结束后让学生解释一下他们这样做的原因。

给每个人三次投掷的机会，然后计算小组成绩。

讨论：

1. 在这部分活动中学生们使用了哪些其他资源？（例如，之前得分的大致范围、每个人之前的成绩、群体意见等。）

2. 第二次游戏与第一次游戏有哪些不同？（参与者有了更多的资源，同时可能要服从群体压力，这可能会导致个人目标和群体目标之间发生冲突。）

3. 在商业情境下哪个游戏更真实？（这个问题要引发学生思考创业者在设定目标时所承受的压力，包括来自客户、下属、以往的标准、对失败成本的估计以及成功后的成就感等。）

4. 在第二部分活动中小组的成绩总和是否高于第一部分活动所有学生的成绩总和？如何解释这种差异？（团队合作，技巧的改进，团队成员间的讨论，第一部分活动中的得分范围，群体压力等。）

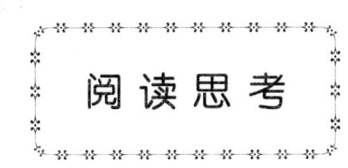

你认为互联网创业成败的关键是什么？

- 定位——我是谁？我的网站或技术有怎样的差异性和利益点？

定位需要回答的问题有三个：我们的业务是什么，我们的目标客户是谁，应该向他们提供什么样特征的产品或服务。通过对业务的定义可以界定出谁是我们的客户和竞争者，谁是我们的合作伙伴，我们应该拥有什么样的资源和能力。

以电子商务中 B2C 的企业为例，凡客诚品以低价、快、时尚品牌形象出现，用 9 块钱的丝袜、29 块的 T 恤、59 块的帆布鞋迅速吸引了无数的时尚男女；再以点评网站中的豆瓣为例，"文艺、小资、优雅"是豆瓣自创办之初就坚持的品牌调性，豆瓣读书、豆瓣电影、豆瓣音乐三大板块无不彰显着这样的味道，即便如今已经拥有了 4500 万活跃用户，豆瓣也没有生硬地将商业意愿强加给消费者，而是顺着用户的使用需求不断调整产品形态。对于互联网企业来说，用户永远都是最大的财富。而坚持清晰独特的定位，就是改变用户鼠标移动方向的最有效方式。假如我们想要做电子商务网站，那我们就要思考是做像 1 号店那样的"网上沃尔玛"，还是像京东那样的"网上国美"；是以满足象牙塔里的少男少女为目的还是 22 岁至 32 岁的都市白领为主；同样的商品，你的产品、价格和服务有什么优势，这些都是我们需要率先规划好的。

- 业务系统——消费者和利益相关方需要什么？我们还能做什么？

业务系统的建立关键在于对市场环境、消费需求、竞争对手及自身优劣势的通盘分析，从而找出一个最佳的切入点。对于大多数想创业却又始终犹豫不决的人来说，能否找到这个"最佳切入点"是其首要解决的问题。对于任何一个打算进入某个行业的创业者来说，都应该反复询问以下问题来确定利益相关方：

第一，我们拥有哪些优异能力，这个叫"内功"。比如资金实力、技术实力、互联网创业经验等；

第二，周边环境可以为我提供哪些业务活动，谓之"外力"。简单地举例，地域环境方面，如身处江浙一带则可从事服装、鞋帽或小商品的国内外贸易具有明显的优势；行业环境方面，如前段时间因开发了网游加速器而红极一时的四川迅游网络科技，其成功就和成都市政府对游戏开发企业大力扶持密不可分；

第三，我们可以为各个相互作用的主体提供什么价值，此称"人和"。在互联网产业价值链中，往往有这些价值点需要去满足：网民需要更便捷、更有趣的网络生活，商家需要更迅速、更稳定的售卖渠道，广告主需要更精准、更有效的广告发布平台，而互联网企业呢？需要更多更具消费黏性的用户。譬如，广州大学城区域内学生人数众多，可是尚缺少一个公共平台，可以将社交、游戏、电子商务等功能都涵盖。聚焦在电子商务方面，则可能有这样的机会点——可为校外的商家和校内的学生搭建一座直接有效的对接桥梁；

第四,从共赢的角度,我们应该怎样才能够将这些活动形成一个有机的价值网络,同时又让其他利益相关方得到他们想要的利益。注意,这里说的是"有机的价值网络",那就必须是通过吸力将利益相关方连接在一起,而不是一厢情愿地生拉硬绑在一起。那么,对于互联网企业来说,流量和人气就是生命线了,而这生命线上的"命根",则是产品品质和用户体验。

- 关键资源能力——我们最大优势是什么?用什么来安身立命?

这是保证我们的创业构思和设计得以实施的关键因素,关键资源能力包括金融资源(财力,资金投入是靠团队成员拼凑还是银行借贷)、实物资源(办公场所、办公用品等)、人力资源(团队成员的各自分工如何,是否需要再招募成员,成员间的利益具体如何分配等)、信息(保证创业项目开展过程中的外部信息通畅及内部信息秘密)、客户关系(如果做电子商务,上游供货商、物流商、下游终端消费者如何管理)等等。

阿里巴巴为什么那么成功?因为他们有马云,更因为马云身后有一大帮铁杆智囊团和后援队。华为拿什么和爱立信等国际巨头竞争?因为他们浑身上下都散发着令竞争对手胆寒的狼性气息,因为他们始终把创新当作自己保持领先的秘诀。QQ为什么以IM起家却能够成功地延伸到门户网站、电子商务网站、游戏平台甚至是微博?因为这只"企鹅"具备超高的人气,并且带来总能无法释怀的使用体验。

- 盈利模式——我们的利润来自哪里?

清晰的盈利模式很重要,可是也要注意避免盈利模式的单一或生硬化。从谁那里可以获取利益,谁可以分担投资或支付成本。以电子商务网站为例,我们的盈利来源是靠网站上的广告,还是从商家到消费者中间的差价,或者是商家会员的月费,销售提点。

这两年人气日益高涨的豆瓣多被业内人士诟病为发展速度缓慢、盈利模式不清晰,事实上豆瓣未来将具有持续盈利能力。以豆瓣稍带有商业化意味的购书单功能为例,豆瓣的初衷并不是从商务角度设计的,而是用户在选择、发现、购买一系列流程中的一环。购书单的比价功能也并非如导购网站那样赤裸裸地商业化,其实豆瓣一直和电子商务领域保持着安全距离,帮助用户发现自己想要的,提供多种获得的渠道。最后,豆瓣很可能会变成电子商务网站的使用伴侣,一个民间的评级筛选系统,发挥着引导用户的功用。当然,结合豆瓣的数千万用户,这将是电子商务领域不容忽视的一股力量。

- 现金流——创业者的血液

创业的终极目标是获得收益,而收益好坏的直观表现就是现金流状况。对于大多数狂热的互联网创业者来说,财务规划始终是个最头疼的事情。当他们有一个自认为绝佳的创业点子时,总会不顾一切地投入其中,直到碰得头破血流时,才会清醒地认识到创业的现实意义。为什么互联网是个烧钱的行业呢?因为太多人不知道该怎样花钱。

综合考虑现金流结构时,我们需要逐项地考虑以下问题:网站的建设成本多少,建成上线后的推广成本多少,需要投入多长时间可以收回成本,多久可以开始盈利,成长风险多大,如何规避等。

在越来越集中和垄断的中国互联网市场,纯粹的模式创新一次又一次经历了"长江后浪推前浪,前浪死在沙滩上"的弱肉强食过程。中国的IT技术高手很多,然而互联网创业的成功不仅需要高超的技术和不可磨灭的热情,更需要更加周密系统的商业思考。希望能够给那些心怀梦想的互联网创业者些许启示。

【思考】

1. 互联网创业成功的关键因素有哪些?
2. 互联网创业应如何规避风险?

创业活动充满风险,你做好足够的心理准备了吗?如何管理好一家企业远比书本上说得要复杂得多,要经营好一家企业,你还要不断提高自己的管理能力,经营企业的课题更复杂,要学的东西更多。要想成功,你必须不断学习,改善经营。随着你的经营管理能力的不断提高,你的企业也就更具有成功和赢利的希望。

创业之问九：互联网时代大学生创业的风口在哪里？

学习目标

通过本篇学习，使学生对互联网时代的商业创新模式有所了解，认识"互联网+"的本质含义，通过互联网大佬来开拓学生视野，把握创新创业方向。

技能要求

培养自我学习能力及信息处理能力

理论概要

互联网时代大学生创新创业趋势

知识点1　"大众创业、万众创新"引领新常态

2015年李克强总理在《政府工作报告》中提出"大众创业、万众创新"的总动员，即简称"双创"，随之"双创"的顶层设计先后出炉。2015年6月，国务院颁布了《关于大力推进大众创业万众创新若干措施的意见》，明确指出，推进大众创业、万众创新，是培育和催生经济社会发展新动力的必然选择，是扩大就业、实现富民之道的根本举措，是激发全社会创新潜能和创业活力的有效途径。2015年中央经济工作会议明确指出，坚持深入实施创新驱动发展战略，推进大众创业、万众创新，依靠改革创新加快新动能成长和传统动能改造提升。党的十八届五中全会提出了"创新、协调、绿色、开放、共享"五大发展理念，将"创新"作为五大发展理念之首，进一步指出，坚持创新发展，必须把创新摆在国家发展全局的核心位置，不断推进理论创新、制度创新、科技创新、文化创新等各方面创新，让创新贯穿于党和国家的一切工作中，让创新在全社会蔚然成风。

中国经济步入新常态，呈现出速度变化、结构优化、动力转换三大特点。加快实施创新驱动发展战略，适应和引领经济发展新常态，打造"大众创业、万众创新"和"增加公共产品、公共服务"是实现中国经济中高速不减势的"双引擎"。

党和国家领导人非常关注"双创"在我国的发展态势。习总书记在十二届全国人大四

次会议上强调"要抓住时机,瞄准世界科技前沿,全面提升自主创新能力,力争在基础科技领域作出大的创新、在关键核心技术领域取得大的突破"。李克强总理在出席国家科技战略座谈会时指出,要依托"互联网+"平台,集众智搞创新,厚植科技进步的社会土壤,打通科技成果转化通道,实现创新链与产业链有效对接,塑造我国发展的竞争新优势。要把科技与人民群众的创造力在更大范围、更深程度、更高层次上融合起来,既要"顶天",努力突破核心关键技术,勇攀世界科技高峰,又要"立地",通过大众创业、万众创新将科技成果转化为现实生产力。这就要求我们必须着力提高教育质量,强化创新发展的人才和科技基石,要深入推进大众创业、万众创新,在全社会大力弘扬创新创业精神,使创业企业不断涌现和发展壮大,包括新创办企业和现有企业的创业创新,不断为企业这部创新发动机注入新生力量和活力,汇聚形成经济发展的新动力。

政府饱含热情,重磅政策相继出炉,创新实举频频发力。为鼓励大学生创业,国务院办公厅发布《关于深化高等学校创新创业教育改革的实施意见》(国办发〔2015〕36号);为鼓励农民工返乡创新创业,国家出台支持农民工等人员返乡创业的意见,助力广袤乡镇百业兴旺;为给创业者更多资金支持,国务院常务会议决定设立600亿国家中小企业发展基金,政府与市场携手激发新常态中的新动力。中国的创新社会正在快速发展。大众创业、万众创新正在由梦想走进现实。

知识点2 互联网时代的商业创新模式

互联网时代是一个全新的时代,就像电力时代和蒸汽时代一样,带来世界的全新变革。从时代的角度出发,互联网时代不但界定了会发生全新的变化,同时,也界定了新的时代一定有一个新时代的规律。

商业实现的过程是组织与客户之间的交易,第一是交易,第二是组织。交易是什么?是信息链接;组织是什么?是网,也是链接。所以互联网时代的商业创新最主要是改变商业环节的信息链接。万物皆是信息点,互联网影响商业的核心就是信息链接的革命,从而实现商业形态发生革命。

互联网改变了交易场所、拓展了交易时间、丰富了交易品类、加快了交易速度、减少了中间环节。可以说互联网颠覆了以往的商业模式,带来了新的商业创新,而这些商业创新主要体现在:①社群平台替代技术研发作为企业的主要隔绝机制;②社群成为企业的异质性资源,并对产品设计起到决定性影响;③跨界协作成为商业新常态。大批工业经济时代大型厂商被淘汰,很多行业巨头轰然倒下,很多优质厂商的寿命戛然而止。行业转型之快,口碑、消费者忠诚度下降之快,令人咂舌。就如2013年9月时任诺基亚公司CEO的约玛·奥利拉在记者招待会上公布同意微软收购时最后说的一句话:我们并没有做错什么。但不知为什么,我们输了。作为商业活动的主要驱动力,价值创新的改变对于商业模式的影响毫无疑问是巨大的,从脱媒、众包、自媒体对于价值链的破坏,到范围经济对规模经济的反击,再到共同创造兴起,都为商业模式的改变提供着答案。而在这些眼花缭乱的互联网时代商业创新中,在价值创造改变的背后,都不可避免包含着一个理念,那就是连接。连接挖掘出了顾客深层次的需求,创造了难以估计的价值,颠覆了所有以往成功的商业模式。

中国互联网的发展大致经历了这样的轨迹:门户网站—即时通信—搜索引擎—网络游戏—电子公告板(BBS)—博客—社交网络服务(SNS)—视频网站—电子商务网站—点评类网站—微博—团购网站—基于位置的服务(LBS)。每一种互联网商业形态的出现,都曾掀起阵阵热潮,引来无数效仿者,但最终都将走向成熟和理性,剩下几个大品牌引领行业发展。而随着技术的发展和网民消费需求的变化,总会有更新的互联网商业形态出现。

在这股喧嚣的工业化热潮中,互联网创业的机会似乎无处不在,门槛相对也较低。创新创业已从"精英"走向"草根"。

【精选案例 9-1】

Airbnb(Airbed and Breakfast)中文名为"空中食宿"的服务型网站。Airbnb成立于2008年8月,总部位于加利福尼亚州旧金山市,可为世界各地的旅行者们预定、安排自己外出旅行时的食宿。目前用户遍布190个国家。2011年,Airbnb服务增长了800%,2015年底,这家公司获得15亿美元新一轮融资,公司估值250亿美元。

Airbnb是一个旅行房屋租赁社区,用户通过网络或手机应用程序发布、搜索度假房屋租赁信息并完成在线预订程序。Airbnb是联系旅游人士和家有空房出租的房主的服务型网站,它可以为用户提供各式各样的住宿信息,并从成交额中提取10%的服务费作为公司的主要盈利来源。这种简单的商业模式在过去的7年中却呈现出惊人的增长速度。

Airbnb的创始人布莱恩·切斯基(Brian Chesky)的父母都是普通的社会义工,他没有很好的家庭背景,完全是白手起家。Airbnb的创办并没有什么"高大上",其主要业务是给旅游人士和家有空房的房主提供联系平台,在世界范围内利用互联网将资源和需求进行对接。但就是这样贴近普通民众生活的事业,获得了快速的成长和发展。在中国,也已经开始有诸如"小猪短租"之类的服务平台,努力拓展着自己的业务。

【点评】

Airbnb短租是众多"草根"创业的典型。在这个互联网时代,诞生底层创业者的概率越来越大,而且社会给他们的空间也越来越大,而且大学生进行互联网创业还具有自身优势,创业离我们并不遥远。

Facebook创始人扎克伯格华丽蜕变为全球最年轻的亿万富豪的故事再一次点燃了热血青年们的互联网创业热情,身怀"绝技"的他们前仆后继投身到这个行业中,试图创造属于他们的神话。然而却终究难逃"创业约等于失业"的魔咒。这些互联网狂热分子失败的原因大多不是因为技术不行,而是缺乏长远的规划以及在规划指导下的系统运营。通常花费巨大的成本将网站建成并上线运行后,却因推广不到位、用户黏性差、盈利模式不清晰、现金流短缺甚至国家政策有变而胎死腹中。

那么，在发展不断加速、竞争日趋激烈的中国互联网业，我们的创业机会在哪里呢？基于普遍需求或专注某个行业的电子商务网站（B2C/C2C）？满足学生、白领或商务人群交友和游戏需要的社交网站？还是热闹非凡的团购网站？抑或已初露锋芒的LBS网站？再或是某项足以改变网民生活的技术？无论是哪种商业形态，要想获得持续盈利，都必须明晰自己的商业模式，即要解决怎样挣钱的问题。眼下"双创"加上"互联网＋"让互联网行业成为创业者和投资人的新宠。但2015年年中开始的资本寒冬，又使互联网项目成为首先被质疑和抛弃的方向之一——这难免不让人联想到2001年那场互联网泡沫。

问题来了，"互联网＋"创业还是当下好的方向吗？回答是肯定的。这里不仅有大机会，但也有误区。上一代互联网创业风口的特征很明显，即完成互联网的普及——从门户到搜索到电商，各个创业方向的本质，都是通过网络技术和一定模式"解决信息流通问题"。当时创业其实无所谓太多模式创新，只要将美国成功模式拷贝到中国即可。这一代互联网创业则不同，因为经过20年的发展，互联网已经成为经济社会中的基础设施，再依靠它解决信息流通问题，"价值稀缺性"不大，不构成可行的商业模式空间。新的命题是，如何将互联网与传统产业、日常需求相融合，改造流程、提升效率、从产业链创新上获取新价值。比如，在实现方式上，共享模式已经在各行各业中得到验证。"Uber"和"滴滴"通过激活冗余和沉寂的社会资源，改变了人们出行方式因而成功。但同样的需求，在上一代互联网创业思维下的满足模式可能是：将出租车信息放在网上，替代客服电话，信息交易在线上完成，但服务和交易环节在线下完成，这显然就不适宜了。

今天，与"融合与改变"的需求相关联的特性就是：垂直化和应用性——即或在某一领域形成黏性足、价值溢出明显的模式，或者切准某一特定需求的应用类型，而不是"只能看，不能用"。比如企业级市场在新一波创业潮中被青睐，从人力资源、行政、财务报销，到CRM、社保、数据等，各个领域都有非常精准的创业项目涌现出来。在这些新特性下，可见的结果是，国内新一波互联网创业模式已经走在世界前列，纯粹抄袭复制的模式恐怕很难出头了。

知识点3 "互联网＋"与"＋互联网"的创新创业浪潮

通俗来说，"互联网＋"就是"互联网＋各个传统行业"，但这并不是简单的两者相加，而是利用信息通信技术以及互联网平台，让互联网与传统行业进行深度融合，创造新的发展生态。当前大众耳熟能详的电子商务、互联网金融、在线教育、在线旅游、在线影视等行业都是"互联网＋"的杰作。而"＋互联网"是指在原有的商业或工作模式中增加互联网的应用与服务，比如银行开通的网银、移动客户端，电信的网上营业厅，证券公司、保险公司的网上业务办理，各行业的信息化办公等。

因此，"互联网＋"是一种创新的理念，"＋互联网"仅是一种手段。按照首次提出"互联网＋"这一概念的易观国际董事长首席执行官于扬先生的观点，他认为：在未来，"互联网＋"公式应该是我们所在行业目前的产品和服务，在与我们未来看到的多屏全网跨平台用户场景结合之后产生的一种化学公式。

2015年7月,国务院印发了《关于积极推进"互联网+"行动的指导意见》,明确了未来三年以及十年的发展目标,明确推进"互联网+",促进与十一个发展领域相融合,即:互联网+创新创业、互联网+协同制造、互联网+现代农业、互联网+智慧能源、互联网+普惠金融、互联网+公共服务、互联网+高效物流、互联网+电子商务、互联网+便捷交通、互联网+绿色生态、互联网+人工智能等,促进形成新产业模式的重点领域发展目标任务,并确定了相关支持措施。到2018年,互联网与经济社会各领域的融合发展进一步深化,基于互联网的新业态成为新的经济增长动力。互联网支撑大众创业、万众创新的作用进一步增强,互联网成为提供公共服务的重要手段,网络经济与实体经济协同互动的发展格局基本形成。

知识链接

"互联网+"重大产业趋势

⊙车联网:车联网是以车内网、车际网和车载移动互联网为基础,按照约定的通信协议和数据交换标准,在车、路、人及互联网之间,进行无线通信和信息交换的大系统,是能够实现智能化交通管理、智能动态信息服务和车辆智能化控制的一体化网络,是物联网技术在交通系统领域的典型应用。

⊙在线教育:全球在线学习行业收入2010年为321亿美元,2015年为1070亿美元,据艾瑞研究数据,未来几年中国在线教育市场将保持每年30%以上的增速。

⊙大数据:人们对海量数据的挖掘和运用,预示着新一波生产率增长和消费盈余浪潮的到来。

⊙视频变局:随着4G、5G时代的来临,移动终端呈现井喷式发展,成为受众观看视频的主要手段。2014年在线视频用户使用率达到69.3%,将逐渐替代电视频道化。预计2016年,内容资源将成为各视频网站竞争的关键点。与此同时,各家视频巨头重点发展移动端,争取实现多频多终端覆盖。

⊙智能硬件:智能硬件因为连接虚拟和现实,跨越互联网和传统企业,引来众多互联网企业涉足。每个互联网企业都在其自身优势领域切入,然后从单点进行突破,进一步向智能硬件生态体系的方向发展。如APPLE WATCH,腾讯路宝盒子,小米智能电视,360安全路由等。

⊙互联网金融:在传统的金融体系下,银行服务很多只能在银行柜台和系统内完成,无法和商业场景无缝对接。互联网的出现,特别是移动互联网,让金融与商业紧密结合在技术上再次成为可能,成本也能做到极低。交易随着场景无缝对接,不需要再分离就可以完成。移动互联网技术模糊了金融与商业、消费、社交等场景的边界。互联网技术之所以能改变金融,是因为它可以改变金融的渠道能力。如互联网金融、电子支付、P2P网贷等。

⊙泛娱乐:是以IP(Intellectual Property,知识财产)为核心,打通游戏、动漫、文学、影视等全生态的产业链。从《花千骨》到《夏洛特烦恼》,2015年,以IP为核心的游戏、动漫、文学、音乐、影视跨界融合和泛娱乐浪潮愈加澎湃,泛娱乐不仅成为从腾讯、乐视到小

米等互联网公司的重点打造领域,同时也是华谊等传统影业公司转型的重要支点。

⊙企业互联网化:近年来随着大数据、移动端、云计算等技术的规模应用,以BAT为代表的中国互联网企业正逐级深入地将业务向传统行业延伸。如果说2014年是企业互联网元年,那么2015年就是企业互联网进入实质性发展的一年,未来五年将是中国企业互联网市场爆发性增长的黄金时期。

知识点4　大学生互联网创业与职业拓展

"如果不骑在新世界的背上,就会被新世界踩在脚下。"著名财经作家吴晓波这样描述眼下我们所处的时代。2015年作为中国第四次创业大潮的起点,创业机会的浪潮一波又一波出现。自媒体、网红、微商、VR、大数据、众包、众创、众扶、众筹,让创业的机会眼花缭乱。中国开启"双创"行动,掀起了第五次创业浪潮,从精英创业到大众创业,创业离我们大学生不再遥远。

关于大学生创新创业者,从扎克伯格、乔布斯、比尔·盖茨辍学办企业的成功故事,到韩寒、郭敬明在学生时代就位列畅销作家排行榜,以及黄恺在大学时期就创造"三国杀"、蒋磊退学创办铁血网,今日大学生群体正成为创新创业大军中不可忽视的一支力量。

近年来,高校毕业生人数不断攀升,2014、2015年都达到700多万人,就业形势非常严峻。鼓励大学生创新创业,一方面有利于缓解大学生就业压力,实现以创业带动就业;另一方面,大学生群体是未来中国经济社会发展的中坚力量,激发大学生创新创业热情,增强青年人创新创业能力,是促进中国经济向提质增效转型、提高技术进步对经济增长贡献的重要方式和手段。

国家鼓励和支持在校大学生自主创业、休学创业,可以通过保留学籍,降低学业风险等方式,减轻家长负担,同时又给有创业理想的大学生一个历练和发展的机会。不过,目前大学生创业的成功率仅为千分之几,对此,创新工场老总李开复建议:"可以先到创业企业实习,来获得创业所需要的独立、自信、执行力,不断磨合、不断成长,同时具备抗压能力、学习能力、执行能力。"

目前成功的商业模式丰富多彩,下面择取比较典型的、可行的互联网创业模式进行分析,供大学生创业者参考选用。

1. 网络销售类

由于网络销售存在成本和风险相对较低、回报速度快、回报率高等特点,因而深受我国大学生喜爱;特别是对于一些创业资金有限的大学生,网络销售创业模式是其最佳选择。网络销售类创业主要以电商网站提供的创业平台和微博、微信为主要载体。门槛相对较低,因此大学生在进行创业的过程中一般会首先考虑这一创业模式,它对大学生创业活动的开展产生着一定的积极影响。

2. 专业服务类

大学生在创业初期能够结合自身专业优势,通过设计网站、提供信息咨询服务、搭建网络沟通平台、开发和维护网络软件;或者根据自己的专业设计相应的实体产品、虚拟产品、创意产品等方式进行创业。这一创业模式相较于网络销售类更有利于大学生的个人发展。创业活动的可持续性也相对较强,能够进一步提升大学生自身创业能力,为大学生积累创业工作经验,是一种质量更高的创业模式。

3. 高科技项目类

由于大学生是当前我国高科技知识和相关技术的接受和实践者,在高科技项目类创业方面具有一定的发展优势和发展前景,所以大学生可以将创新创意基本思路作为创业指引,以互联网平台为依托,充分借鉴云服务、智能技术、互联网技术等高科技手段,进行高科技项目创业。同时,现阶段,国外发达国家对我国高科技项目创业较为关注,项目融资的成功率相对较高,为大学生高科技项目创业模式的选择提供了一定的便利,也促进了高科技项目创业的发展。

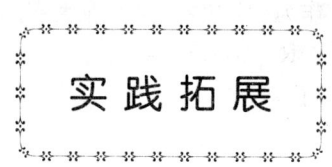

实 践 拓 展

大学生互联网创业需要注意的几个误区

1. 沿袭传统互联网创业模式,主要解决信息流问题,但不能融合到交易环节。这中间最明显的代表可能就是O2O。O2O成为风口的市场基础有很多,比如,移动互联网新环境下,入口资源不如Web端可控和稳固,BAT等各大巨头开始寻求线下流量突破,O2O随之成为战略资源。但很多O2O公司的模式是,通过微信公众号、APP、Web站和m站等在线方式,给用户提供线下服务信息及获取优惠券、补贴的通道,以达到将线下客户整合到线上的作用,希望通过高频接触,形成线下到线上的入口。但创业团队缺乏线下经历、意识和资源,实施过程中,没有注重线下环节的深挖。

2. 智能硬件创业的泥坑。将传统硬件产品加上通信模块联网整合到APP,加上很酷的外观设计,再带上后现代的有情怀的广告词,就构成了一个智能新产品。其实,一方面,某些智能硬件并没有从本质上或创新方面改善、提升、优化相应的需求,并不能对原有产品起到替代性作用。另一方面,更重要的是,带有"互联网+"思维的新型创业者,很难克服或者吃亏最多的就是供应链、渠道问题,还有将来的售后问题。

3. 排斥投资者共同参与和以上市、赚钱为目的。

大学生创业者的最大理想应该是创造、完善行业产业链,用技术来造福用户,而不是仅以上市、赚钱为目的,更不是打倒竞争对手为归宿。

在PC互联网时代,中国和硅谷可能相差20年,在移动和社交时代,我们的差距可缩至5年;在大数据浪潮中,几乎是零距离了。我们看到,大规模生产、分享、应用数据的时代已经开启,数据正在成为关键的生产要素,许多创新和进步由此发端,大数据让信息从知识载体进化为智慧的源泉。在大数据与计算领域一定会产生领导全球的公司,而且这样伟大的公司很可能会出现在中国。

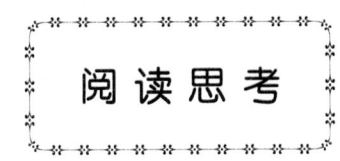

你了解互联网大佬和新宠们都在想什么、干什么吗?

一、互联网大佬之一:马云

中国需要几十个、几百个BAT(互联网三巨头:百度、阿里巴巴、腾讯公司),这才是中国经济繁荣的真谛。

——马云

以下是马云在2016年2月19日召开的第十六届中国企业家论坛(被誉为"中国达沃斯"的亚布力年会)上的专场演讲内容:

早上好!很多人都去滑雪,我没有去,我第一次学滑雪是在亚布力,亚布力学完滑雪以后我去了瑞士。因为我在亚布力学会了滑雪,所以认为我在瑞士就可以滑雪,结果我坐了15分钟缆车爬到山顶,一看把自己给吓坏了,我不知道15分钟可以爬得那么高,一看山的坡度,以及所有的滑雪道根本就找不到道,我根本不敢滑,我就花了将近2个半小时走了下来。

其实有的时候,我们以为自己知道很多东西,以为自己懂,如果不对未来有敬畏之心,不对未来、对昨天有感恩之情,对今天有争气之力,对明天有敬畏之心,我们可能永远跌跌撞撞、磕磕绊绊。我们对未来必须要看清楚,只有看清楚了灾难、看清楚了困难,知道有灾难、知道有困难的人,才有资格乐观,否则是盲目乐观。

今天中国经济有没有问题?哪个国家的经济没有问题?都有问题。但是我自己来看,今天我们对经济的恐慌本身要比经济问题来得更大。整个转型升级说了这么多年,我们没有做好充分的思想准备,我们对整个中国经济转型升级付出的代价没有做好充分的准备,人人都在喊转型升级,但对转型升级付出的代价有多大、该怎么去做我们没有做好准备。但是今天来看,以能源、石油、资源为支撑的整个经济下滑,转型升级已经是势在必行,必须这样的。

其实中国现在出现了三个新的增长点,这三个新的增长点,第一,服务行业。第二,消费。第三,高科技。这是中国的新"三驾马车",如果把前面的传统与基础设施投资、出口导向加上内需称为马车的话,那么消费、服务、高科技是三辆奔驰轿车。因为只有这样去思考,这也是美国经历过、欧洲经历过、日本经历过,我们必须要思考的,中国未来真想要三个档次不是马车的车,那就是把消费做起来,把服务做起来,把高科技做起来,这才是我们要解决的问题。

什么是内需?内需就是消费。为什么消费做不起来,内需做不好?因为投资和出口是政府导向,消费是市场导向,是企业导向。政府可能有能力把银行的钱给掏出来搞基础设施投资,政府能够用各种各样的方法把出口刺激起来,但是政府很难把老百姓口袋来的钱掏出来做点什么事。所以把老百姓口袋里的钱掏出来的事情,这是企业家的创新,是市场的行为。我们国家在市场经济的道路上,应该不断地走下去。

所以我自己觉得,消费和内需这两个字要重新定义,所以今天什么是消费?消费的消是可以消耗的东西,所谓的费是可以浪费的东西。

刺激消费,消费就是消耗。消耗产品,消耗优质产品会是中国13亿人巨大的机会。而且可以浪费,什么叫浪费?我们以前以为汽车和房子是两个内需,汽车、房子一年一辈子也就买一次到两次,汽车和房子里面的东西才是天天可以消费的,墙上挂一幅毕加索的画根本就是浪费。但是,这些东西消费起来中国的经济才会起来,所以刺激创新是搞创新,搞市场行为。中国可以做的事情非常多,我们企业在迷茫的过程中只有一个问题,你的想象力不够。

20多年前的美国,同样是以基础设施建设和出口为主的一次性投资消费拉动经济的市场。他们做了一个很重要的转变,美国有2亿多人口,有消费能力的中产阶级也就是几千万,但是美国以这个需求为主拉动了世界经济。今天中国的中等收入人群有3亿,我们的收入是中等收入,但是我们的消费能力还是农民水平。我们不鼓励老百姓去消费,我们不鼓励年轻人花钱,那就是我们对未来没有信心。其实对未来的信心也不是所谓的建立整套医疗保障,这又是学者思想,真正地我们对未来有信心是对年轻人有信心。今天看到中国大量的年轻人加入了高科技行业,加入了消费行业,加入了服务性行业,这是我们的机会所在。

我自己对中国经济的远景一直充满信心,虽然短期来看是有问题的。但是要忘掉短期,如果你做企业是为了明年,为了下个季度,你只是个职业经理人。职业经理人考虑的是下个季度,作为企业要考虑的是五年、十年、二十年。如果从二十年角度来讲,经济有几个轮回,只要经历了几个轮回的好企业,请问哪一家大公司没有经历过倒霉时期,没有经历过倒霉时期的企业绝对不能成为一个企业。没有受过伤的女人哪叫女人,没有受过伤的男人哪叫男人,那是男孩、女孩,企业也一样。所以在座的每个人想想看,未来中国也只有这条路,基础设施的投资和出口,我们今天继续坚持是肯定不行的,那么以消费拉动就是创意拉动,创造拉动,创新拉动,鼓励创造、创新,鼓励走向市场经济,这是我们巨大的机会。现在是勇者胜,智者胜,能者胜。

我对未来是充满信心的,但我对今天,明天,胆小谨慎,如履薄冰。一句话,以前这样,今天依旧坚持这样。今天很残酷,明天更残酷,后天很美好,但是绝大部分人死在明天晚上,见不到后天的太阳。相信这个你就会走出去。

供给侧改革的核心思想,是以客户为中心,以市场为中心,改变自己适应别人。我们原来的模式是B2C,企业自己想象,认为客户需要什么,生产出东西去找;而未来消费需要什么,按需定制、规模化柔性化定制。必须要改革自己去适应未来,而不是改变别人来适应自己。

今天所有企业请记住,电商不是一个零售的渠道,不是一个销售的方式,是一个思想观念的进步。八九年前,北京曾搞过一个实验,有一个公司做电子商务,他说他可以在1小时之内将任何东西送到北京城里某处,结果人家说我就买一瓶可乐,这个公司很快就破产了,因为他在一个错误的时机做了一个正确的事情。

今天中国经济的主力部队是什么?以前中国经济的驱动是政府驱动,其实三个主要的部队是第一民企,第二国企,第三外企。改革开放10年,进入民营企业的发展,后10年外资企业进来,再前面的10年是国资企业。现在来看,这三支军队全部被打掉了,现在是以消费、服务、技术为支撑的未来的年轻人。"双11"卖了900多亿,百分之六七十的销售额来自那些从来没有听过名字的企业,5年以前根本不存在的公司。这才是我们这个国家和这个时代未来的希望,这帮80后、70后所创造的企业,他们用高科技的手段创造创新发现需求,引领需求,这就是时代的进步。

我想告诉大家BAT不是垄断,是暂时领先。如果三家真的合起来做一件事情,就真的变成一个垄断,所以我们三家一定要竞争,竞争的目的是能够让市场更健康,让自己更健康,对用户更加公平。但是第二,我们必须联合起来一起做事情,完善服务。我完全同意,为此我跟马化腾先从公益上联手做起来,一步步达成共识。今天人家说BAT太大了,阿里巴巴太大了,大到不可倒,其实没有一家企业是不可倒的。今天美国世界第一大经济体有多少像BAT这样的企业,第三大经济体日本有多少像我们这样规模的企业,中国就这么几个而已,中国已经习惯了让国有企业做大,民营企业真正做大做强就被吓坏了,好像只有国有企业才能做这么大,民营企业不应该做这么大。我们这么大的经济体,中国不是需要一个BAT,中国需要几十个、几百个BAT,这才会使我们国家经济繁荣起来。

我肯定是不聪明的,我觉得人类在21世纪要跟机器人比谁更聪明,这是不可能的,但是我们可以跟机器人比的是智慧。智慧实际上是一个道德担当,智慧是对别人有用,聪明是对自己有用,记住这一点,智慧是帮助别人。我自己并不觉得我到了智慧这样的地步,但有一样我想明白一个道理,我们不能控制我们出生在哪户人家,出生在哪里,但是我们能够控制自己怎么死,我们知道自己怎么可以不进监狱。我们必须明白自己,如果不想被老虎咬死就别上山,如果不想被淹死就别到河里去。阿里巴巴最少要活102年,我从前面10年、20年,我从基因、使命、整个体系来保障,所以未来它会怎样我没法控制。至于我有没有考虑过我自己的死亡,我考虑得非常清楚,我知道我都会有离开的一天,尤其到了我这个年龄我经历过见过的事情,想明白死亡并不可怕,但是死了以后你说这个公司会怎么样,这是我现在花最多精力的事情,如何让这个公司我不在、我们不在的时候,它依然能够有一批比我们更厉害的人起来。发现人才,建立文化,建立机制,变得更为重要。如果你要找接班人,要趁你年胜力强的时候找,不要七八十岁再找,七八十岁再生儿子就太晚了。

我认为"首富"的"富"是"负责人",最重要的边界我认为是"守福",有福气,有家庭的幸福,有朋友,这是最大的福气。我们没办法做到首富,但是一定能作为守福气的人,所以最大的边界是我自己觉得快乐。但是我觉得今天社会给了我这么多的资源,这么大的市值,这么多的利润,这么多的年轻人,这么多的数据,这么多的技术,假设不能今天努力为这个社会做点贡献,我认为是不对的。所以,我不是因为贪婪,不是因为追求市值,说实在一点市值2000多亿美金已经造成这么大的混乱,如果上万亿美金,我马云这点小身板是扛不下去的。什么是边界,无边界。只要是对社会有利,对自己有利,对员工股东未来有利的事情,你又有足够的能力,就可以去做,今后是跨界才能赢。

关于跟微信的竞争，我刚才讲了，如果马化腾说不会跟马云竞争，那是假话；如果问阿里巴巴会不会，我告诉你我以前没想过，现在开始想了。以前我是嘴巴上硬，我下手不够狠。商场如战场，在商场上绝对不是消灭对手你就能活了，我已经放弃了"你死我活"了。但是我们必须要防患于未然，我们必须把竞争放在一个地步上，因为我们今天必须要参与今天全世界的竞争，而不仅是国内竞争。社交网站和社区是有巨大的差异，社交做的是分享，社区做的是共享，如何打造一个更加广泛的社区活动，这是我们希望的。因为互联网很快会成为一个社会，在这个社会里面，如何共建共创，如何持久地创新是我们感兴趣的。无论是来往也好，顶顶也好，今天在这里不会放弃，我们不认为阿里巴巴是电商大头，超越阿里巴巴只是时间问题，只是理念、组织、人才上不一样。我不认为微信今天已经是大佬，超越微信不是模仿微信，而是在微信的概念理念上继续对未来探索，这是阿里这家公司必须对未来进行探索的。今天的天猫、淘宝不是我们复制出来的，是对超越了未来的探索才有的今天。

二、互联网大佬之一：马化腾

2015年4月29日，为进一步探讨"互联网＋"的发展趋势与前景，促进城市管理创新与产业转型升级，腾讯在北京钓鱼台国宾馆举办"势在·必行——2015'互联网＋中国'峰会"，与500位政府官员、各地领导一起，共同就"互联网＋"主题展开深入探讨。

马化腾做了"'互联网＋'是一种能力"的主题演讲，以下内容是根据演讲内容整理而成：

·互联网不是对传统产业的替代和颠覆，而是传统助力器

"互联网＋"的概念最初是在2012年易观的一份报告中出现，当时我没有看到。2013年的时候，我们在上海举行了"众安保险"成立的活动中，当时有一场访谈，那是第一次我们认识到互联网是一个跨界的概念，我们就分享了一些思路。我其实在跟我们这个行业和传统行业的朋友们沟通的时候，他们认为互联网是虚拟经济。虽然后来互联网的发展越来越迅猛，但是大家把它定义为是一个颠覆、冲突和替代事物。

我自己的想法略有不同，所以当时借这个场合，我认为我们干的这一行（互联网）就是一个工具，这个工具应该所有行业都可以用，所以当时打了一个比方，类似于两次工业革命，像蒸汽机和电力一样，我们把它定义为第三次工业革命的一部分。从很多传统行业朋友们的眼神当中可以看得出来，他们眼中放出了光芒，他们也理解了这个概念。

·互联网与传统行业融合是新的"信息能源"

再进一步拓展，其实互联网和传统行业不断地融合，它是不是和前面蒸汽机和电力一样也是一种能源形态呢？今天我们把它定义为一种信息能源。

这样的话，所有的行业都应该很清楚，完全可以把"互联网＋"这个新的行业融入到自

己的行业当中,如果你不这么做,你在你所处的产业和行业就会落伍或被淘汰。

在之前我经常举的几个例子就是,大概在两年半前,微信有一场风波,就是和运营商之间的风波。外界说微信取代了短信,占据了运营商的通道,对于运营商是一个替代和颠覆。这对当时的我们产生了很大的压力。以至于我在北京过安检的时候被人认出来,还问:"你们的微信要收费吗?"我当时感到压力很大,这是新的移动互联网通信对于传统通信第一次的一个很大的冲击。

在一年半前,互联网金融又一次引发了大家的讨论和关注,当时我们和阿里在共同推进互联网金融的过程当中引发了监管部门的关注,像网络信用卡被叫停。所以大家可以看到,互联网发展到一定程度,和传统行业,比如在和金融业的整合遇到了很多的问题,但是这些问题是健康的,需要大家探讨和理解。

最近这一年滴滴和快的的竞争,对于互联网交通这个领域又引发了全社会的讨论,在"两会"期间也是一个热点话题,大家很支持互联网交通,这是好事情。但是引发的问题是政府监管没有相应的政策能够把这种新业态和传统行业的出租车、传统的黑车划分出来。

我举的这几个例子都是当前最热点的"互联网+"和传统行业结合的例子,有很多的朋友一听就会明白。

我们还看到更多的领域都可以跟互联网整合。这是因为最近这三年移动互联网高速发展,中国有6.5亿网民,是全世界有最多网民的国家。其中有5.6亿通过手机上网,中国的手机用户是全球第一。

只有这样存在一个大的基础,才有可能形成5.6亿的人24小时不间断地和周边的传统行业保持实时连接,奠定了一个基础,才有更多的商机。这是大势所趋的,而且率先出现在中国,我觉得这是我们一个难得的机遇,是一个大浪潮。

·腾讯只做两件事:连接器和内容产业

其实在这个大浪潮来临之前,我们站在第一线,三年前我们内部有一个组织变革,我们做了有史以来最大的一个组织架构的调整,来适应移动互联网以及互联网跟传统行业的结合。我们把过去的很多业务重新梳理,改变了我们原来什么都做的业务战略,我们把搜索卖掉、把电子商务卖掉,很多O2O和小的业务我们纷纷砍掉。

同时我们大量地投资腾讯生态周边的伙伴们,我们现在的定位很清晰也很简单,就做两件事情:

第一就做连接器,通过微信、QQ通信平台,成为连接人和人、人和服务、人和设备的一个连接器。我们不会介入到很多商业逻辑上面去,我们只做最好的连接器;

第二我们做内容产业,内容产业也是一个开放的平台。

·提供"去中心化"的智能解决方案

这样的定位有什么好处?就是我们认为未来的"互联网+"模式是去中心化,而不像过去是一个集市。我们是去中心化的、场景化的,跟地理位置有关的,千人千面,每个人需求都能实现。这样的话,才能最大限度地连接各行各业,传统行业能够在自身垂直领域与做出成绩的合作伙伴进行整合,这样生态的力量才是最强大的。

腾讯"互联网+"的解决方案大家可以看到,它是一种更加立足长远,更加去中心化的一种智能解决方案。

· 与各方共同推进"互联网+"

我们现在正在积极推动跟各大城市做"互联网+"的合作,刚才提到很多产业,还包括民生、政务方面,我们都希望积极地和各地政府合作进行"互联网+"的融合。我们甚至还希望跟各个地方的经信委合作,把"互联网+指数"这个概念提出来,把十几项或是二十几项纬度能够列出来,每一个跟省市区达到多少分进行对比,来客观评价出城市的产业在"互联网+"当中进展的程度和结合的程度,我想这是一个很有意思的话题。

最后我想表达的就是,"互联网+"这个领域非常大,而且国家现在又提出一个新的众创空间,大的创新创业的概念。

腾讯在四年前用了三年时间提出来开放平台,昨天我们在移动互联网大会上宣布了腾讯开放战略转型,升级为众创空间。

过去腾讯虽然这三年的开放平台成绩很大,用了三年的时间在我们的平台上可以说再造一个腾讯,合作平台产生了超过2千亿产值、分成数百亿。今天我们看到有了"互联网+",有了很多O2O的结合,越来越多的创客、创业团队跟每个产业、每个行业深度整合的创业思路。上次在上海我们开了一个三千多人的活动,就诞生出来很多很有创意的公司。

今天我们也想向在座所有的城市提出申请,希望你们提供更多的资源,和我们一起把"互联网+"这个创新创业平台建好。

总之,"互联网+"这个世界非常大,让我们一起出去看看,谢谢大家!

 知识链接

腾讯在行动:2016年5月26日上午,以"连接校园智有主张"为主题的河南腾讯智慧校园项目发布会暨首家建设高校郑州澍青医学高等专科学校战略合作签约仪式在郑州澍青医专圆满落幕。此次签约标志着腾讯公司与河南省政府签约建设的"互联网+"行业系列建设中的"互联网+教育"正式扎根中原教育沃土,将惠及河南近千万名师生。

三、互联网大佬之一:李彦宏

2016年6月8日,百度联盟峰会召开,百度董事长兼CEO李彦宏现场分享了他对未来互联网发展趋势的理解,他认为在PC时代和移动互联网时代之后,即将兴起的将是人工智能时代,未来人工智能时代将接替移动互联网时代。相关观点整理如下:

2012年以来,整个移动互联网成长非常迅速,现在中国互联网渗透率达到50%左右。

虽然市场看起来仍然很繁荣，但是人口红利趋薄、市场规模趋于饱和的前景已经显现，移动互联网面临着巨大的挑战。

李彦宏认为，"互联网＋"是在经济新常态中维持运营效率、推进经济增长的主要动力。而人工智能将会迎来井喷式创新，并超越大数据和云计算等推动互联网进入PC和移动之后的第三个时代。

今天的人工智能到底会对主流产业带来什么样的改变？2016年联盟峰会上，李彦宏以金融行业为例，指出了人工智能、大数据等技术下金融行业的未来——因为人工智能，互联网金融已开始迈入更加普惠且风险性更低的"秒时代"。

在演讲中李彦宏指出，依据人工智能，依据对大数据的分析与理解，机器学习的技术能够实现很多过去不是那么方便实现的东西。李彦宏介绍，如今的百度教育信贷已经可以依赖人工智能技术，以秒的时间决定是不是给一个人贷款，而这过去恐怕是以天为单位来计时的。

今天，互联网或数据公司可以从网上集结用户的海量数据，再结合声纹识别、人脸识别等人工智能技术进行分析与学习，可以很好地构建出一套信用模型，弥补原有征信体系的不足，提供覆盖广、效率高、更个性也更安全的征信系统。以前人们申请贷款，要准备好多资料，可能需要不止一次去柜台办理，要花几天的时间。

事实上，我国有信贷记录的人数远远低于美国征信体系的覆盖率，而面对如此庞大的尚未被纳入征信体系的消费人群，完善中国的征信体系则同样也成了一个"技术"问题。融入了人工智能、大数据技术的智能金融系统甚至能做到"秒批"，大大提升了金融服务的效率，在安全性上也有了更好的保障，还让越来越多的人被纳入征信体系，让普惠成为可能。

正如李彦宏所说，不仅仅是金融行业，在很多领域中，"人工智能都能对其产生巨大的改变"。人工智能等前沿技术与传统产业的融合，最终有可能会彻底改变行业已有的模式和规律，让互联网和传统产业的结合方式实现从"提升效率"向"重构产业"的质变。

在演讲过程中，李彦宏回顾了人工智能的发展历程，他表示2006年深度学习的兴起是人工智能的拐点，随着数据量增大和计算能力的增强，现在的人工智能技术已经达到了一个相当的阶段。

李彦宏现场展示了百度的语音识别技术和语音合成技术，并现场播放了一段无人车上路驾驶的视频。"无人车就是一台带轮子的电脑。"李彦宏又谈到三五年之内，无人驾驶将成为现实。

"人工智能是解放人类，还是毁灭人类？"提出这个问题后李彦宏当场回答，"至少在我有生之年，人工智能还是解放人类。"

李彦宏认为，能够毁灭人类的东西早就出现了，但是人类有最终的控制权。人工智能会激发无限的可能性，百度之后也会将深度学习的源代码放出来，使人工智能迅速渗透到各个领域。

四、互联网大佬之一：田溯宁

田溯宁：1963年出生于北京，1992年获得美国德州理工大学博士学位，1993年和丁健等留学生在达拉斯创建了Internet公司"亚信"。1995年"亚信"带着核心技术移师回国，先后承建近百个网络工程，被称为"中国Internet主建筑师"。2000年亚信成为在纳斯达克斯成功上市的第一家中国高科技企业，而此前一年田溯宁被中国网通通信有限公司聘为总裁(这是唯一的国企聘民企高管任职)。2006年田溯宁辞去网通CEO，成立宽带资本，十年来致力于在以云计算、大数据为核心的信息科技领域布道与投资。目前他还担任亚信集团董事长，领导亚信在传统大型系统软件与服务的基础上，聚合大数据、网络安全和互联网创新技术，向产业互联网转型，开启亚信2.0时代。

下面是他2016年2月到硅谷参加万事达董事会和全体董事会成员及硅谷主要企业领导深入交流后的体会和感想：

硅谷笔记

☆ Facebook的核心观点：

1. 手机/移动已经成为人们交流的核心：美国人平均每天使用3个小时，看手机120次，其中37%和商业有关；

2. 公司的组织形态在发生根本变化，核心是如何建立、影响员工的注意力。社交型组织正在建立；

3. 公司未来是以"人"为中心，围绕"移动的人"来组织、提供它的需求；

4. Messages(信息流)是公司的未来，世界上会因文化、监管的原因出现几个大的Messages群体(如WhatsApp, line, WeChat微信)。

☆ Apple的观点：

1. 5年之后的手机与今天完全不同，8年前世界前3名手机公司(MOTO, Nokia, Rim)均已消失；

2. 乔布斯的愿景是使每个人通过计算更有力量，这仍是公司核心战略。个人计算机仅解决人在办公室内的许多需求，可佩带设备会"外包"掉大部分今天的医院和医生的工作；

3. Apple董事会仅有8个成员，他们主要讨论产品的路线图，iPhone6光外壳材料就试过几千种，把"简单"交给客户，而把"复杂"放在创新和生产工程中；

4. Apple系统并未完全封闭，而是认为"个人"需要那些经过检验与符合社会观念的Apps。企业的使命就是让"人"节约更多时间。

☆ Google的观点：

1. 世界正在为"时刻"提供服务，Micro-Momennt(片刻)正在到来：

I want to know moment, I want to go moment, I want to do moment,

I want to buy moment.

即时、即地、想知、想去、想做、想买，正在成为年轻一代的生活方式。时空观念在变。

2. Google 对高管的战略要求：你能否做一个产品有一亿用户，或赚十亿美元？

3. 智能是下一代产品的核心。谷歌的时刻表（Calendar）将提醒你工作时间长了要休息；什么样的天气要注意保暖。音乐会有 DJ 功能，Deep learning VS 围棋的胜利是一个重要事件。

4. 有 13 年历史的谷歌正在进行组织再造，分拆成数个公司，来专注于创造。华尔街为这种新型公司"埋单"，知识时代需要新物种。

☆ 硅谷顶级 VC 公司 Andressen Horitz 的联合创始人 Mark Andressen 的观点：

1. 软件正在重新定义世界；

2. 新一代软件：云构架与智能化；

3. 企业计算会引导未来十年创新。

田溯宁的五大体会和感想

1. 硅谷的三大公司对未来非常乐观，同时有强烈的使命感和危机意识。

2. 对中国非常重视。苹果的库克最正面，他对中国市场信心十足并将接受监管要求，谷歌的新 CEO Sundar 说谷歌正在 Android 系统研发等方面加强与中国的合作，作为一个全球公司，如何与中国打交道是个难题。Facebook 表示要向微信学习商业化的经验。

3. 三个公司代表了三个不同的世界观、方法论与业务模式。如同 Google 的 Sundar 所讲，当代的社会管理与制度（封闭 VS 开放）也许难说有好坏之分，但却给人们提供了更多选择。

4. 企业管理在移动、社交与智能的时代正在发生根本变化。

5. 印度裔美国人在美国公司的影响力越来越强，比如谷歌 CEO 等三位高管，微软和万事达的 CEO 都是印度人。

综合以上，再加上访问的几个中小企业，田溯宁的总体感觉是：新型企业软件在崛起，移动智能以云与大数据的方式正在孕育大变革，信息技术会迎来前所未有的黄金时代。

五、互联网新宠：空间家创始人轷振宇谈 2B 行业

2016 年 5 月 30 日搜狐出品的针对企业级服务的报告《下一个万亿市场 2B 行业的启明星和独角兽》，将空间家与找钢网、纷享逍客并列为具有成为企业级服务市场独角兽基因的启明星，对于创业仅十个月的空间家创始人轷振宇来说，是一份意外的惊喜。下面听听轷振宇怎么说：（摘自自媒体达人占豪微信公众号）

我是 70 后，我们真的生在一个最好的时代，几乎见证了所有改变世界、改变生活的科技公司的诞生与成长，1970 年代的个人电脑，催生了苹果；80 年代的网络世界，催生了思科；90 年代的互联网，催生了谷歌、亚马逊；2000 年后的社交媒体，催生了 Facebook 和 Twitter。

仔细思考会发现，与传统公司相比，这些科技公司，其实经历了 B2B、B2C、C2C 的过程，Facebook 作为一家超级独角兽公司，估值已经超 3000 亿美元，其实见证的是个人消

费者汇集之后产生的超级能量。

在 C2C 领域走到极致后,其实也会倒逼市场,开始向 B2B 领域回流,特别是重度垂直领域。

为什么会这样呢?这是基于两个判断。首先,从消费本身来看,不论多么繁荣的 C2C,其基础依然会是实业,当针对个人的消费不断升级时,必然要求 B 端不断升级,才能够配合 C 端的发展。

其次,从生产本身来看,经过互联网的反复挤压,一些旧的、不合时宜的东西正在被慢慢打破甚至淘汰,留存下来的,是准备与互联网共舞的企业,他们实质上也做好了准备,说"实业已经到了触底反弹的时刻"并不夸张。

当我们说实业已经触底反弹时,应意识到,这时的实业,已经不是传统上"陈旧的实业"了,而是涅槃之后"重生的实业"。他们与之前的实业,开始有了质的变化。

有人认为,这种质的变化,是互联网给予的。诚然,互联网思维会从根本上改变企业的运行思路,但企业存活的本质并不是互联网。

我们要认识到,互联网只是工具,而非商业本质。我们看到互联网以"简单、便捷"对 C 端进行改造,传统业态几乎被重构,但在 2B 领域,企业面临的是更复杂的交易,如果只是简单地把原来在线下进行的交易搬到线上,聚合了需求,而没有真正从产业链上进行调整,这种改造,都是浮在虚处的。这从 2015 年以来大规模倒闭的 O2O 企业可见一斑。真正有机会的公司,是能够在除互联网加持后,还留下商业核心价值的公司。

以我所在的企业选址领域为例,从 2014 年起,陆续有一些创业者进入这个领域,有些公司看起来取得了不错的市场反馈。但通过我们与一线用户的交流,包括空间家积累的大量数据都显示,仅仅搭建一个平台,将原本在线下完成的交易搬到线上,貌似解决了信息不对称问题,但其背后的复杂交易,包括带看、财务、法务、合同、租后服务等一系列只能靠线下完成的业务,并没有被真正解决。

我们甚至可以说,用户的痛点貌似是信息不对称,可以通过互联网解决;但深入后你会发现 2B 业务的复杂性,并不简单体现在是否获取信息,而是在获取信息之后能否提供将信息变成交易的能力。这其实是一种在重度垂直领域对复杂交易的处理能力,一旦你搭建起来这样的一套系统,就能凭此建立护城河,将对手拒之门外。

企业级服务市场刚刚兴起,各个细分赛道上的企业都在疯狂发展,但真正拥有"护城河"的企业尚未出现。在成熟的 C 端消费市场,顺丰、京东和链家都在各自领域里建立了"护城河",他们未来的发展会十分可怕。链家是我一直观察的对象,近期,"链家"融资 60 亿,市场估值 330 亿,融资信息公布后,很多人关注链家,认为它通过互联网工具实现了收入和利润的增长。但我们仔细看链家模式,首先其发展是基于线下团队强大的覆盖能力和服务能力;其次是其根据业务积累的海量数据,给客户提供了更精准的解决方案。不仅如此,链家还积极布局房产市场,打造基于移动端的以房产交易为中心的生活服务平台,特别是开拓金融服务业务,推出掌上理财 APP,由一家以房屋交易为核心的公司,顺利转型为金融资产管理为核心的公司,收入和利润才得到进一步攀升,并具有了更大的想象空间。

空间家与链家有高度的相似性,我们的业务一个服务于为消费者找家,一个服务于为企业找家,所以,我们说"企业找家,就上空间家"。我们给市场注入了一个非常美好的"市梦率",但我们也清晰地认识到,如何快速建立基于大数据驱动的企业选址能力,提升空间家线下团队的覆盖能力和交易能力,是我们短期需要建立的核心竞争力。

如何才能真正成为这个赛道上的独角兽?Be Bent To Do!

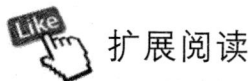
扩展阅读

互联网最亮的星,你是否看见

秦朔(文)

互联网改变了世界,也改变着公司的价值。现在,全球无论是市值最大的100家公司(注:彭博数据),还是品牌价值最高的100个品牌(注:BrandZ数据),前三名都是苹果、谷歌和微软,只是苹果和谷歌的顺序有时不同。把全球公司中市值最大、品牌价值最高和收入规模最大(注:财富500强数据)的三组数据放在一起,你会看到,高市值高品牌公司很多都在互联网领域。

想象一下,全球互联网是一片星空,最亮的星是谁?毫无疑问是苹果和谷歌,接下来是Facebook、亚马逊、腾讯、阿里巴巴,它们的市值在2000亿美元到5500亿美元之间,品牌价值都在全球前20强。

如果再仔细看下,有一颗雄浑有力的巨星被忽略了。它的市值比腾讯和阿里巴巴高差不多50%,品牌价值排在腾讯和阿里巴巴之间;同时,它的收入规模只落后于苹果。

这家极其独特的公司就是GE(通用电气),其历史可以追溯到爱迪生1878年创立的爱迪生电灯公司。1892年,爱迪生电灯公司和汤姆逊—休斯敦电气公司合并,成立GE。它是道·琼斯工业指数1896年创立至今唯一在榜的公司。

GE是互联网公司吗?

是的。它是一家工业互联网公司。

1. 下一波创新浪潮:工业中软件和机器的融合

1998年麻省理工学院首次提出物联网(IOT),这是工业互联网的起点。最初,物联网技术很简单,射频识别技术和传感器等。之后很长时间,物联网并没有真正连起来。直到2012年,GE提出并倡导工业互联网,通过机器和设备间的互联互通与分析软件,从机器上捕获数据,让机器"思考"起来,并将有价值的"思想"反馈给客户——到这个时刻,人、机器和数据能够无缝协作了,工业互联网才真正拉开帷幕。历经几年转型,GE已经变身为一家数字工业公司。

GE董事长兼CEO伊梅尔特说:"昨天晚上睡觉的时候,我们还是一家工业公司,第二天早上醒来的时候,就变成一家软件及分析公司了。"当每个引擎、每个涡轮、每台核磁共振,都被创造了一个"数字双胞胎"(Digital Twin),也就是物理资产或流程的软件模型,机器的运作情况和任何环境因素就都关联起来,让企业能够预判其运转,快速调校,持续升级,提升可靠性和适应性,创出更多的价值。

在伊梅尔特看来,如果说数字技术在消费领域创造了巨大的价值——光是"应用经济"(App)就催生了超过 3000 亿美元的市场规模,那么下一波创新浪潮的主要驱动力将不会来自点播服务或视频流,而来自工业领域中软件和机器的融合,信息技术(IT)和运营技术(OT)的融合。

2. 管理工业资产,让它们聪明起来

现在,让我们看看工业互联网能做什么?

通过工业经济的 App,可以追踪成千上万列机车的燃料消耗情况,从而根据火车运行时的坡度,为铁道公司提供关于最优行驶速度的实时建议,节省燃料费,还能减少碳排放量。

在"数字化蒸汽电厂",1 万多个传感器遍布在发电厂内,它们传输的数据能帮助对关键流程进行监控。燃料与空气是蒸汽发电过程的两个元素,燃烧混合物料当中的燃料过多,可能会导致排放增加。空气太少,又会导致燃烧效率降低。通过数据分析,微调电厂参数,效率就可以提高一个百分点,相当于为电厂10年内增加2000万美元的收入。

基于飞机发动机的实时数据,可以向航空公司推荐省油省时的飞行路径设计,并有效应对沙尘严重的地区存在的发动机效率和维护的挑战。

2.75-120风机上安装的传感器,将数据汇集到远程监控中心,让风机之间可以相互对话,共享运营参数,调节功率输出;风场还可以预测未来30分钟的风况,通过储能平滑系统为电网提供可预期的稳定功率输出,电网运营商可以借此判断是否需要提前补充电力。

每天,GE分析各类机器的5000万种参数,这些数据来自1000万台工业设备上的传感器。从价值看,GE管理的机器与设备总资产已经超过1万亿美元。

看看"智能工厂"(brilliant factories),通过采用传感器技术、互联设备、预判分析技术以及Predix系统,生产效率与产品品质得到了提升,开发和推出新产品的周期被缩短,成本也降低了。

在油气集团,所有新产品都运用数字能力进行优化。陆上解决方案包括:在潜水泵中嵌入油田储层特性和可视化能力,名副其实地将岩层数字化,并用"智能铁"(smart iron)来精确钻井。

……

机器和消费品不一样,它是一种用于生产的资产。通过数据挖掘,就能提高资产性能,延长资产寿命,增强资产安全。据测算,工业互联网帮助航空业提升1%的燃油效率,能节省300亿美元燃油开支;帮助提升1%的石油勘探资本利用率,能节省900亿美元支出;帮助铁路行业提升1%的运营效率,能节省270亿美元;帮助医疗行业提升1%的效率,能节省630亿美元。

预计到2020年,全球得益于工业互联网,将带动GDP增量达到15万亿美元,相当于目前美国GDP总量的90%。到2025年,80%到100%的制造业将使用物联网应用程序,产生9000亿到2.3万亿美元的潜在经济影响。

3. 属于工业数据的云平台：Predix

如果说苹果公司改变了人与数字产品之间的互动方式，那么GE正在改变人与机器、机器与机器之间的沟通方式。数据、机器、分析算法与人——将这些元素连接起来的基础，是一个叫Predix的云操作系统。它是针对整个工业领域的基础性系统平台，是资产的连接器，能够实现传感器、网关和软件定义机器的快速布置，机器数据有可扩展性。Predix对外开放，可以和业界其他合作伙伴进行"互操作"，将各种工业资产设备和供应商相互连接并接入云端，同时提供资产性能管理（APM）和运营优化服务。目前，APM系统每天监控和分析超过5000万条来自各种机器上的数据，并将数据转化为有意义的信息分析，再对机器做诊断并提高使用效率。

作为软件平台，Predix的四大核心功能是链接资产的安全监控，工业数据管理，工业数据分析，云技术应用和移动性。

和普通互联网公司的IT不同，Predix做的不仅是连接，更是运营，所谓OT（Operation Technology）。IT和OT有什么区别？IT是基于服务器和计算机对信息进行存储、处理和传输，OT是小到操作一台设备，运行一条生产线，运营一家工厂，都使用特定的硬件和软件，寻求优化的解决方案。

为了便于理解，让我们看几个OT的例子。

OT能够帮助患者在去医院放射科做CT或MR检查时，费时不超过几分钟。医生能在电脑上任意放大和缩小影像图片，让微小的病灶暴露无遗，如果不能确诊，轻击鼠标就能将数据发送给专家会诊。GE中国的医疗团队开发了一个小配件，能将胶片转换成数字图像。在这个手提箱大小的X光机读取设备的帮助下，成都的华西医院成功地与下属600多家合作医疗机构对接，让县级医院和社区卫生所的医生也能得到成都的专家的远程会诊支持。

春秋航空部署了GE智能发动机监控诊断技术，可以防止计划外发动机拆卸和停飞待用，将发动机可靠度提升到99.98%。

喷射发动机总是容易有些灰尘和锈蚀，必须进行定期清洗，一次水洗就能将它的工作效率提高1%到18%，但如果清洗得过于频繁就会产生不必要的高额成本。有了Predix

上的应用,你就能够准确预知下次清洗发动机的最佳时间。

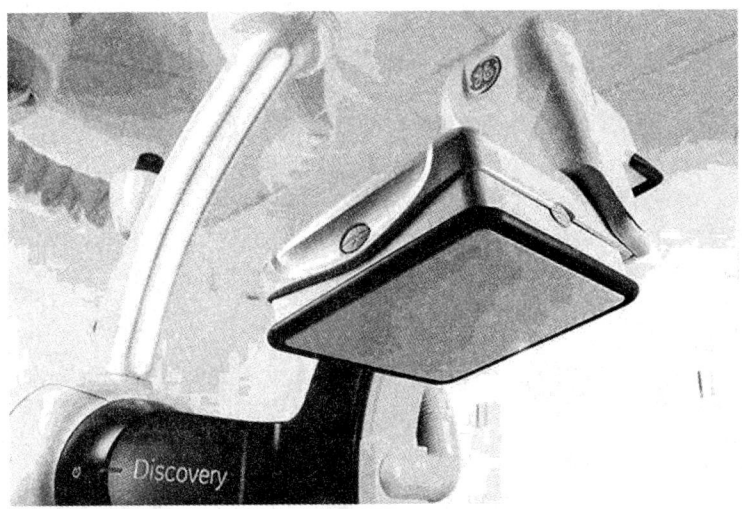

在 Predix 的帮助下,航空公司可以根据航程的长短,自动对比飞机起飞前和起飞之后发动机的滑油量,在滑油消耗量超过允许量值前及时报告运营商,并且给运营商预留出足够的时间去解决问题。

4. GE 前进的终点是回到未来

在工业互联网方面,GE 有很多独特优势,比如客户有价值一两千亿美元的机器和设备委托 GE 管理、维护。但要真正完成互联网公司的转型,也很不容易。30 多万名分布在全球 175 个国家和地区、分属九大业务集团的员工,从洞悉、决策到行动,需要怎样的反应机制,才能让整个组织保持快捷灵敏?

从 2012 年起,GE 开始了一场精减变革——

回归工业制造,出售超过半数的缺乏竞争优势的业务,剥离一度占收益半壁江山的金融集团。

2014 年推出全新价值观"GE 信念(GE Beliefs)",强调客户导向、速度、精益和学习,并将任务驱动型的"快速工作法"体现在整个组织的管理运营中,以应对互联网转型的文化要求。目前在 GE,从初级员工到全球运营总裁中间只隔五个层级。为了体现扁平化和效率,总裁也没有自己的办公室,与员工一样在开放的办公空间工作。每个经理带领的员工最多只有 8 名,便于员工和经理快速沟通,避免因长达十几层的汇报流程错失市场机会。

2015 年 9 月,GE 内部建立了一个横向整合的软件与数字公司(GE Digital),预计到 2020 年,它将跻身全球 10 大软件公司之列。

GE 这样预见未来:如果一切顺利,很快你的 Apple Watch、家里的智能温控器将和飞机引擎、大型发电厂一样,被工业互联网联结在一起。预计到 2020 年,将有 500 亿台设备接入互联网。

当人的世界的音乐、图片、健身信息都已上传至云端,机器的世界比以前任何时候都更迫切地需要安全耐用的专属云服务,让所有资产设备都说同一种数据语言。但与音乐、图片有所不同的是,一些机器上的传感器可能无法正常运行,收集到的数据常常是不完整或是凌乱的,需要尽快整理、修复、分析。因此GE的工业云服务不仅要具备存储功能,更要在对不同情景的感知中,处理不完整信息,提供解决之道。

GE曾是人类历史上最伟大的工业公司,今天,"GE前进的终点是回到未来。"密歇根大学罗斯商学院教授诺尔·迪奇说。

这个未来,就是惊涛拍岸的工业互联网。GE这样定义自己在今天的使命:发现数字的奥秘,倾听机器的对话,人类历史上第四次工业革命与你共创造。

从今天开始,谈到互联网,GE这个名字你不能忽略。

【点评】

GE是个百年公司,能够在当代不断地创新,值得我们国人企业好好学习。GE的发展史就是一本好的教科书,在这个新信息技术革命高潮迭起的年代,它仍然走在最前沿。跟一般互联网公司不同的是,它是顶尖工业和现代信息技术革命的结合。

波士顿咨询公司(BCG)发布过的一篇报告——《互联网时代的就业重构:互联网对中国社会就业影响的三大趋势》显示,互联网时代下的就业呈现出三个新的发展趋势,报告中认为,互联网不仅以全新的形式创造就业机会,推动就业结构变化,更重要的是,它带来更加多元化的就业方式,改变了人才素质要求。总体来说,互联网时代下的就业呈现出三大新的发展趋势:互联网行业的平台效应愈加明显,在其生态圈内创造了更多的就业机会;"平台型就业"逐渐浮现,同时"创业式就业"热潮快速发展;互联网行业人才呈现"两低一高"特征,互联网与传统行业人才跨界流动。

毫无疑问,这是一个创新创业最好的时代。你准备好了吗?

参 考 文 献

[1] 刘万韬.大学生创新与创业教程.天津:南开大学出版社,2016.
[2] 李肖鸣,朱建新.大学生创业基础.北京:清华大学出版社,2013.
[3] 杨安.创业管理——大学生创新创业基础.北京:清华大学出版社,2011.
[4] 人力资源和社会保障职业能力建设司组织编写.创办你的企业(大学生版):创业计划书.北京:中国劳动社会保障出版社,2010.
[5] 人力资源和社会保障职业能力建设司组织编写.创办你的企业(大学生版):创业培训手册.北京:中国劳动社会保障出版社,2010.
[6] 刘猛.大学生就业与创业指导.北京:中央民族大学出版社,2011.
[7] 李明,耿广利,卢慧勇,郭军明,赵俊亚.放飞梦想——大学生就业与创业指导.北京:清华大学出版社,2014.
[8] 宋玉琳,舒良荣.大学生职业指导教程.天津:南开大学出版社,2014.
[9] [美]罗伯特·巴隆,斯科特·谢恩著,张玉利等译.创业管理——基于过程的观点.北京:机械工业出版社,2005.
[10] 杜海东.创业启动.北京:清华大学出版社,2011.
[11] 吴文辉.创业管理实战.北京:中国经济出版社,2014.
[12] 谢科范.创业团队的理论与实践.北京:知识产权出版社,2011.
[13] 梅伟惠,徐小洲.大学生创业技能要素模型研究.北京:高等工程教育研究,2012.
[14] 关冬梅.创业技能.北京:清华大学出版社,2011.
[15] 李兴洲,单从凯.职业生涯规划.北京:北京师范大学出版社,2015.
[16] 吴新业.职业生涯规划与就业创业指导.天津:南开大学出版社,2015.
[17] 蒋乃平.职业生涯规划.北京:高等教育出版社,2013.
[18] [美]杰弗里·蒂蒙斯著,周伟民等译.创业学.北京:人民邮电出版社,2005.
[19] 雷家骕.高技术创业管理——创业与创业成长(第二版).北京:清华大学出版社,2008.
[20] 洪峥.创业融资最佳模式.广州:广东经济出版社,2014.
[21] 赵淑敏.创业融资.北京:清华大学出版社,2009.
[22] 陈道富.我国融资难、融资贵问题思考.财经网,2015年3月.
[23] 张德山.大学生创业教育案例分析.江苏:江苏大学出版社,2015.
[24] 佚名.全球创业观察2011中国报告.百度文库,2013年2月.

[25] 佚名.透视全球创业生态——全球创业观察(GEM)2014报告要点.今日头条,2015年5月.

[26] 佚名.全球创业观察中国报告:创业环境与政策.人民网,2014年1月.

参考网站

MBA智库,百度百科文库,好搜百科,凤凰博报,第一食品网,人和网,创业邦等.